Flensburger Hefte

Sucht

Neue Drogenwirkungen, Onlinesucht, Beziehungssucht

Aus dem Inhalt

Zu den Steiner-Zitatangaben in den FLENSBURGER HEFTEN: Die GA-Nummern beziehen sich auf die jeweilige Bibliographie-Nummer der Rudolf Steiner Gesamtausgabe im Rudolf Steiner Verlag, Dornach/Schweiz. Danach sind in der Regel das Erscheinungsjahr der benutzten Ausgabe, das Vortragsdatum bzw. Kapitel und die Seitenzahl angegeben, von der Autor-, Titel- und Ortsnennung wird abgesehen. Nach Bibliographie-Nummern geordnet ist die Rudolf Steiner Gesamtausgabe im Katalog des Rudolf Steiner Verlags aufgeführt. Der Katalog ist durch den Buchhandel erhältlich.

Liebe Leserinnen und Leser!

Süchtig sind nicht nur die anderen. Süchtig sind wir - fast - alle: sei es nun durch die Zigaretten vor dem Frühstück, die Chat-Bekanntschaft am Vormittag, die Schokolade am Nachmittag oder durch den Rotwein vor dem Schlafengehen. Sucht ist eine heimtückische Kraft, die sich der meisten Menschen mehr oder weniger stark bemächtigt hat, auch wenn wir davon oft kein Bewußtsein haben.

1987 haben wir zwei FLENSBURGER HEFTE zum Thema Sucht herausgegeben: FH 16, „Kulturvergiftung. Rauschgift, Sucht und Therapie", (erweiterte Neuauflage 1990) sowie FH 17, „Kulturvergiftung. Alkohol", (Neuauflage 1991). Seitdem hat sich viel verändert, nicht nur durch die Öffnung des Eisernen Vorhangs. Der Trend geht eindeutig von den harten zu den eher weichen Drogen wie Cannabis, Alkohol oder Tabletten. Die Konsumenten werden immer jünger, ihre Zahl ist erschreckend hoch und steigt weiter. Drogen sind schon längst kein Phänomen einer Randgruppe mehr, sondern ein beherrschendes Gesellschaftsphänomen.

Dieses Flensburger Heft kann keinen Überblick über alle Drogen geben. Deswegen haben wir uns drei Bereiche ausgewählt: die Veränderung der Drogenlandschaft mit Schwerpunkt auf den sogenannten weichen Drogen, die Beziehungssucht und die Onlinesucht. Die Onlinesucht mit allen ihren Begleiterscheinungen - Chatsucht, Online-Sexsucht, Computerspielsucht, SMS-Sucht - ist die aktuellste Sucht, die noch gar nicht richtig wahrgenommen wird, die aber schon sehr bald zu einer der katastrophalsten Süchte werden wird, die man sich nur vorstellen kann.

Wir wünschen viel Vergnügen bei der Lektüre der Interviews, Artikel und Selbsterfahrungsberichte

Es grüßt Sie
Ihre
FLENSBURGER HEFTE-Redaktion

Sucht

Gottfried Stockmar*

Die Seele ist der Sucht ausgesetzt

Jedes seelische Erlebnis kann - zum Extrem gesteigert - zur Sucht werden. Ein leises Mißtrauen in einer Partnerschaft kann zu intensiver Eifersucht führen, ein Anflug von Ärger kann zur Tobsucht eskalieren, ein zunächst besonnenes Hinterfragen kann sich zur Kritiksucht auswachsen, ein leichter Genuß endet in Sucht und Abhängigkeit. Das Kriterium von Sucht liegt in der Zunahme von Wirkungen, denen gegenüber das Ich sich als machtlos erweist. Das Ich verliert seine autonome und freie Lenkung über die Seele und gerät in einen Sog von Kräften, mit denen es sich entweder identifiziert - die Sucht wird in diesem Falle nicht bemerkt -, oder es kann das Geschehen nur mehr oder weniger leidend begleiten. Der Verlust von Ich-Autonomie wird als leidvoll erlebt.

Sinngemäß formulierte Friedrich Nietzsche in einem seiner Aphorismen: Man muß sich einmal am Tag etwas Kleines versagen können, um sich die Freude an der Selbstbeherrschung zu bewahren.

Nietzsches Aussage ist in mehrfacher Hinsicht bemerkenswert, zumal er sich als Feind jeder falschen Askese zu erkennen gibt. Zum einen ist der Ausgangspunkt des Verzichts das eigene Ich und keine fremdmoralische Instanz, und zum anderen zielt er auf eine im Seelischen erlebte Freude. Der Mensch vergewissert sich des freien Umgangs mit seiner intentional auf die Welt bezogenen Seele.

Sehnsucht

Ein menschenkundlicher Ausgangspunkt zum Verständnis der Sucht kann das genauere Hinblicken auf das Grundgefühl der Sehnsucht sein. Dieses Gefühl kann als ein unerfülltes Streben oder als ein zurückgewiesener Willensimpuls erlebt werden. Geschlossenheit und Ruhe der Seele werden durch das Auftreten der Sehnsucht in einen Spannungszustand versetzt. Die Erfüllung der Sehnsucht hängt einerseits von den eigenen

*s. Interviewer und Autore S. 233

Kräftepotentialen und andererseits von der objektiven Erreichbarkeit eines ersehnten Zustandes ab. *Die Sehnsucht ist Ursprung seelischer Bewegung.*

Wird eine Sehnsucht nicht erfüllt oder wird sie zurückgewiesen, treten Folgen für das weitere Seelenleben auf. Der Mensch sucht dann andere Wege, seine Sehnsucht zu befriedigen. Er kann sich veranlaßt fühlen, sich in sich selbst zurückzuziehen. So wird die nicht gewährte Befriedigung einer Sehnsucht zum Ausgangspunkt aller möglichen Egoismen, Rückzüge und Verweigerungen.

Eine andere Form der Konsequenz aus unerfüllter Sehnsucht ist der Beginn ruheloser Bewegung gleichsam in die Breite seelischer Ablenkungen. Sie sind Ausdruck seelischer Heimatlosigkeit. Schließlich wird nach Erlösung und Ruhe gestrebt. Betäubung durch Substanzen, Auslieferung an freiheitsfremde Mächte beenden den Kreis seelischer Bewegung.

Erstrebte der Mensch durch die Sehnsucht etwas, was seine Seele in Bewegung und auf die Zukunft gerichtet hielt, erlebt er in der Sucht etwas, das ihm anhaftet und das er nicht oder nur schwer wieder loswird.

Unerfüllbare Sehnsucht und nicht wieder loszuwerdende Sucht markieren die Extrempunkte, an denen das Seelenleben erlischt.

Formen der Sucht

Das heute vorherrschende Lebensgefühl ist zugleich Erfüllung einer Sehnsucht und Ausgangspunkt neuer Bestrebungen. Eine auf breiter Basis errungene Freiheit ist zumindest in Europa und im weiteren Westen zum Bestand und Maßstab der Lebensführung geworden. Gleichzeitig wird diese Freiheit jedoch auch als Last, Entfremdung und Öde erlebt.

Dieser doppelte Zustand kann Ausgangspunkt recht verstandener Sehnsucht nach produktiver Freiheit oder einer aus der Erschöpfung erzeugten Sehnsucht nach der verloren geglaubten Wirklichkeit Vorschub leisten.

In Rausch- und Traumzustände entflieht der Mensch, der die „Ruhe des Bewußtseins“ nicht als Ausgangspunkt schöpferischer Freiheit sehen und ergreifen kann.

„Im Wachzustande muß der Mensch, um *sich* im vollen, freien Selbstbewußtsein zu erleben, auf das Erleben der wahren Gestalt der Wirklichkeit im eigenen und im Naturdasein verzichten. Er erhebt sich aus dem

Meere dieser Wirklichkeit, um in den Gedankenschatten das *eigene Ich* zum wirklich *eigenen* Erleben zu machen." (Rudolf Steiner, GA 26/1982/S.206)

Nach drei Richtungen kann die Sehnsucht wieder in dieses Meer der Wirklichkeit zurückkehren und Befriedigung suchen:

1. Realitätsverlust, Öde und Langeweile neigen, um die Sehnsucht nach Wirklichkeit zu befriedigen, zu Grenzerfahrungen durch Einnahme von Drogen. Rauschzustände, die zunächst seelisch erlebt werden, gehen zunehmend in Lebensgewohnheiten über und enden dann in konstitutionellen Zerrüttungen.
2. Wird die eigene Lebenslage als isoliert, einsam und sozial entfremdet erlebt, wird zu allen Spielarten von Ablenkung durch Gruppenzusammenhänge, Arbeitssucht und Beziehungen gegriffen. Die individuelle Freiheit wird zugunsten von Sozialabhängigkeiten aufgegeben.
3. Schließlich kann auch das Grunderleben von Sinnlosigkeit vorherrschen. Eine Fülle von tradierten, aus alten Zeiten und Kulturräumen zur Verfügung stehenden spirituellen Richtungen bietet sich als Ausweg an. Eine begonnene Suche nach geistiger Erfüllung endet nicht selten in missionarischen oder gar fanatischen Erscheinungen.

Jede Sehnsucht, die sich zur Sucht auswächst, bedeutet einen zunehmenden Verlust von Freiheit und Autonomie. Auswege können sich positiv nur an der Wiedergewinnung der Herrschaft des Ich über die Seele und der damit verbundenen Freude orientieren.

Der Winterschlaf der Gefühle

Interview mit Ron Dunselman

von Henning Kullak-Ublick

Ron Dunselman, *geb. 1945 in Amsterdam, verheiratet, vier Kinder. Ausbildung am Gymnasium, Tennisspieler. Schloß 1971 sein Psychologiestudium mit dem Doktoral-Examen ab. Von 1973-77 Kunsttherapie-Ausbildung und Tätigkeit als Dozent an der Sozial-Akademie.*

Von 1973 einige Zeit im Gründungsvorstand von ARTA und seit 1978 Mitarbeiter. Jetzt ist er dort als Gesundheitsorg.-Psychologe endverantwortlich für die Behandlung und Aufnahme und Mitglied des Management-Teams der neuen Organisation ARTA-Lievegoedgroep (Fusion von ARTA mit der Lievegoedgroep für anthroposophische Psychiatrie in Holland).

Er war Mitbegründer und Vorstandsvorsitzender der Waldorfschule Meppel, aktiv in der holländischen Waldorfschulbewegung.

Ebenfalls Gründer und Mitarbeiter von St. Esdoorn, einem Zentrum für künstlerische Kurse und Bildung in Meppel.

Seit 1996 ist er Vorsitzender und Generalsekretär der Anthroposophischen Gesellschaft in den Niederlanden sowie Koordinator der Sektion für Sozialwissenschaften der Freien Hochschule für Geisteswissenschaft.

Wußten Sie, daß im Jahr 2003 allein in Deutschland 3,8 Millionen Männer mehr als 30g und 1,7 Millionen Frauen mehr als 20g Reinalkohol pro Tag zu sich genommen haben? 6,6 Millionen Männer und 4,7 Millionen Frauen gehörten zur Gruppe der „riskanten Raucher". Obwohl diese Zahlen gegenüber den Vorjahren leicht rückläufig sind, erhöhte sich der Cannabiskonsum in Deutschland innerhalb der letzten Jahre um das 2,7fache.

Die Losung „Am Morgen ein Joint und der Tag ist dein Freund" aus dem Film Easy Rider mag dem einen oder der anderen Leserin dieses Buches selbst oft genug über die Lippen gekommen sein - angesichts der Tatsache, daß gegenwärtig allein in Deutschland fast 400.000 junge Menschen einen mißbräuchlichen oder abhängigen Konsum und behandlungsbedürftige Störungen durch den Cannabiskonsum aufweisen, verliert er seinen naiven Charme.

Rechnet man die Palette der übrigen illegalen Drogen - wie Kokain, Ecstasy, LSD, Speed oder Heroin - sowie die medizinisch verordneten Beruhigungs- oder Aufputschmittel hinzu, kommt man um die Erkenntnis nicht herum, daß unsere Zivilisation in einem Maß von Drogen beeinflußt wird, das es in der Geschichte noch nicht gegeben hat.

Ron Dunselman beschäftigt sich seit Jahrzehnten mit der Therapie von Drogensüchtigen. Seine Begegnungen mit Tausenden von Einzelschicksalen regten ihn zu einer intensiven Forschungsarbeit nach dem Wesen der Drogen an, deren Ergebnisse er auf zahlreichen Fachtagungen und in seinem Buch „An Stelle des Ich" dargelegt hat.

Vor 17 Jahren führten die FLENSBURGER HEFTE schon einmal ein Interview mit ihm und mit Jaap van der Haar, mit dem er gemeinsam die Drogentherapieeinrichtung ARTA in den Niederlanden gegründet hatte.

Im nachfolgenden Interview nähert sich Ron Dunselman unter verschiedenen Gesichtspunkten der Wirkung und dem Wesen der Drogensubstanzen. Immer wieder tritt dabei seine Überzeugung in Erscheinung, daß die Drogenproblematik unserer Zeit eine Herausforderung darstellt, moralische Kräfte im Zusammenwirken von Menschengruppen und im sozialen Organismus wachzurufen.

Henning Kullak-Ublick: Wie lange gibt es schon das Phänomen der Sucht in der Menschheit? Ist das etwas, was sie schon immer begleitet hat, oder gibt es einen Zeitraum, in dem sie erstmalig auftritt?

Ron Dunselman: Man findet zum Ende des 18. Jahrhunderts zum ersten Mal das Wort Sucht in der Literatur, und es gibt Beschreibungen aus den USA und aus Europa. Das hängt gesellschaftlich auf der einen Seite mit der industriellen Revolution zusammen, während der es große „Völkerwanderungen" vom Land in die Stadt gab, die ihrerseits viel Armut mit sich brachten. Dann fing man in den Fabriken an, den Lohn statt mit Geld mit Branntwein auszubezahlen, um Kosten zu sparen. Das war der eine Grund für die große Ausbreitung der Alkoholsucht; zum anderen war die Qualität des Trinkwassers in den Städten ganz schlecht, und man trank lieber Wein, Bier oder andere alkoholische Getränke als normales Wasser.

H.K.-U.: Und das war vor allem in England und den USA?

R. Dunselman: In Deutschland, in England, in Holland – es kam mit der Industrialisierung in Europa. Friedrich Engels hat z.B. darüber geschrieben und diese Zustände heftig beklagt.

Es lag auch daran, daß die Menschen in den Städten weitgehend aus ihren gesellschaftlichen Bindungen entbunden waren; sie steckten nicht mehr so stark in den Traditionen wie die Landbevölkerung. Man kann vielleicht auch sagen, daß für sie die Bewußtseinsseele zum Erlebnis zu werden begann, indem ihr Ich angesprochen wurde: „Wie kann ich mit dem Alkohol leben?" Vor dieser Zeit lief der Alkoholkonsum in geordneten Bahnen: Es gab geregelte Gelegenheiten, um zu trinken. Im Mittelalter und auch noch danach gab es einen stringenten Zwang zur Affektbeherrschung. Es gab zwar Zeiten der Lockerung, aber wenn es zu viel wurde, dann wurde man aus der Gesellschaft, also aus dem Gemeinschaftsverband, verstoßen. Das hörte mit der Industrialisierung auf, und damit begann das Problem des Ich oder der Sucht in der Menschheit zu wirken, vorwiegend in Europa und den USA.

Auch in China gab es in dieser Zeit – ab der ersten Hälfte des 18. Jahrhunderts – eine unglaubliche Explosion der Opiumsucht. Diese wurde durch die Engländer verursacht, die das Opium zur Freihandelsware zählten. In meinem Buch habe ich erwähnt, daß es 1850 in China zwei Millionen Süchtige gab und ca. dreißig Jahre später sogar ungefähr 20 Millionen. Das ist also das Zeitalter, in dem die Sucht in die Menschheit einzog.

H.K.-U.: Gibt es denn charakteristische Unterschiede in der Bezeichnung der Sucht in verschiedenen Sprachen?

R. Dunselman: Das ist interessant, denn auf Deutsch heißt es Sucht, da ist das Wort „Suche" enthalten. Man könnte sagen, daß man auf der Suche nach dem Paradies ist, nach einem Leben ohne Sorgen oder nach einem Leben ohne negative oder peinliche Gefühle. In Holland heißt es „verslaving". In diesem Begriff ist das Wort „Sklave" enthalten. Man wird also, wenn man süchtig ist, zum Sklaven. Das ist sehr schön ausgedrückt.

Scham, Verneinung, Lüge

H.K.-U.: Tritt Sucht in verschiedenen Kulturen verschieden auf?

R. Dunselman: Auch hier ist es interessant, wieder nach China zu schauen. In China war Sucht nämlich gesellschaftlich eigentlich eine große Schande. Man verlor sein Gesicht, und es gab deshalb sehr viele Selbstmorde; wesentlich mehr als in Europa oder den USA. Also, es gibt diese kulturellen Unterschiede. Sehr interessant ist, was Rudolf Steiner einmal darüber sagte: An der Opiumsucht seien so viele Chinesen zugrunde gegangen, daß viele Menschenseelen, die sich in China inkarnieren wollten, dort keine gesunden, sondern nur noch degenerierte Leiber vorfanden, und daß diese sich inkarnierenden Seeelen deshalb nach Europa ausweichen mußten. Man konnte also zu dieser Zeit in Europa viele „Chinesen" herumlaufen sehen - in europäischen Leibern. In der Folge mußten viele Menschen, die sich eigentlich in Europa inkarnieren wollten, ihrerseits ausweichen. Man kann also sagen, daß das Karma vieler Menschen in Unordnung kam und daß eine Ursache dafür in der Opiumsucht in China lag.

H.K.-U.: Gibt es wesentliche Merkmale der Sucht, die für alle ihre Erscheinungsformen gleichermaßen gelten?

R. Dunselman: Ja, die gibt es. Ich würde sagen, Sucht kann man als eine unwiderstehliche Begierde beschreiben, man kann ihr kein „Nein" entgegensetzen, und das führt zu einer tiefen Scham. Man verliert seine königliche, freie Selbständigkeit und wird Sklave der Sucht. Das versucht man zu verneinen, und dann beginnt die Lüge. Also: Scham, Verneinung, Lüge. Das ist ein Merkmal der Sucht, dem man immer begegnet. – Dann gehört auch zur Sucht, daß man nicht warten kann. Wenn man also z.B. heroinsüchtig ist, kann man nicht sagen: Ich nehme mein Heroin über zwei Monate oder drei Wochen verteilt. Oder, wenn man in der Weise alkoholsüchtig ist, daß man jeden Tag trinkt - es gibt verschiedene Arten, alkoholsüchtig zu sein -, kann man nicht sagen: Jetzt höre ich für drei Wochen auf! Also die Unmittelbarkeit gehört dazu, die Sucht hat einen triebhaften Charakter.

Die Seele schrumpft

Ein weiteres Merkmal ist, daß das Denken, das Fühlen und das Wollen auf die Sucht gerichtet werden. Man denkt nur noch an das, was man haben will, also an die Drogen oder den Alkohol, an die Börse oder die Frauen, Autos oder so. Dadurch wird auch das Fühlen manipuliert, und auch der Wille ist letztlich nur noch damit beschäftigt.

H.K.-U.: Sind das Merkmale, an denen man bei sich selbst Sucht erkennen kann?

R. Dunselman: Klar, und man sieht auch, daß nach einiger Zeit die Beziehungen zu den Mitmenschen, also zur Frau, zu den Kindern, zum Mann, zur Arbeit usw. weniger wichtig werden. Man verliert den Blick auf die Zukunft. Ich denke, Sucht hat auch ein sehr egoistisches Gepräge, denn man will immer etwas zu sich holen, man wird ein wenig wie ein kleines Kind, man muß haben, haben, haben.

Bei vielen Süchtigen - ich habe in meinem Leben Tausende kennengelernt - beobachte ich, daß die Aura kleiner wird. Ihr Raum wird kleiner. Der Heroinsüchtige hat seinen Raum, seinen Platz, er ist wie ein Raubtier in seinem Gebiet. Dieser Raum wird kleiner, die Bewegungen werden weniger, die Zeit wird kleiner - wegen der Unmittelbarkeit -, d.h. die Seele schrumpft, und man wird aurisch gesehen kleiner und, wenn ich es ganz extrem ausdrücke, eigentlich etwas tierhaft. Ein Tier hat auch seinen begrenzten Raum, seine begrenzte Zeit, es ist auf seine Gruppenseele reduziert. Die Menschenseele wird demnach verkleinert.

Zusammenfassend würde ich sagen: Ein Trieb, wie es die Sucht ist, hat immer auch eine destruktive Seite. Das gilt für jeden Trieb. Auch der Ernährungstrieb führt, wenn man zu viel ißt, dazu, daß man krank wird. Das ist bei vielen Trieben so. Sie tragen eigentlich den Tod in sich, und wenn ein Trieb so stark ist wie die Sucht, kann man sagen, daß er mich dem Tod näherbringt - real oder seelisch.

Unsere Gesellschaft ist eine Kokaingesellschaft

H.K.-U.: Viel mehr Menschen leben heute mit legalen, bewußtseinsverändernden Drogen wie Alkohol, Tranquilizern, Amphetaminen, also mit den sogenannten illegalen Drogen. Ist das Drogenproblem überhaupt noch ein Randgruppenproblem, oder ist es nicht längst ein Massenphänomen, das zum kulturbildenden Faktor der modernen Gesellschaft geworden ist?

R. Dunselman: Ein Fünftel bis ein Viertel des internationalen Geldhandels ist Handel mit illegalen Drogen. Dabei sind unglaubliche Mengen von Geld im Umlauf.

H.K.-U.: Woher hast Du diese Zahlen?

R. Dunselman: Das sind Zahlen aus der Literatur und die bei Kongressen immer genannt werden. Im Jahresbericht 2000 des Europäischen Wahrnehmungszentrums für Drogen und Drogensucht, also zu einem Zeitpunkt, als die EU noch klein war, ist zu lesen, daß etwa zehn Prozent der finnischen Bevölkerung mindestens einmal Cannabis zu sich genommen haben, gegenüber 20 bis 30 Prozent der Bevölkerung in Dänemark, Spanien und England. In Holland, Irland und England haben etwa 30 bis 40 Prozent der 15- bis 16jährigen Erfahrung mit Cannabis.

H.K.-U.: In Deutschland jetzt auch.

R. Dunselman: Ja, in Amsterdam haben 9,4 Prozent der Bevölkerung im Alter von 12 Jahren und darüber ein- oder mehrmals Kokain konsumiert. Drogen werden zum gesellschaftlichen Faktor. Gerade in der Medienwelt werden Drogen sehr häufig konsumiert. Man sagt in Holland, daß Hilversum (das holländische Zentrum für Fernsehen, Radio und andere Medien) weiß wie der Schnee aussieht, das bedeutet: weiß durch Kokain. Das ist das eine; aber auch Ecstasy mit seiner Bewußtseinsverdünnung und -erweiterung, durch die man sich mit ganz großen Menschengruppen vereint fühlen kann, hat, wie ich glaube, einen Impuls gegeben. Die großen Partys wie die Love Parade und andere haben bewirkt, daß das - wie auch der Kokaingebrauch - zu einem Lifestyle geworden ist. In der Hälfte der heutigen Gesellschaft sehe ich die Wirkung von Kokain - wir leben in einer Kokaingesellschaft...

H.K.-U.: ...und einer Alkoholgesellschaft.

R. Dunselman: Genau. Der Alkohol verhärtet den Menschen ähnlich wie das Kokain.

H.K.-U.: Worin siehst Du diese Kokaingesellschaft im besonderen?

R. Dunselman: In den Medien, in der Härte, im Fehlen jeglicher Gefühle und jeder Andacht, z.B. in vielen Interviews, die hart und kalt und ohne jegliches Mitgefühl geführt werden. Man sieht es auch in den Zeitungen: Alles ist verhärtet. Und Kokain ist hart!

Aber noch einmal zurück zu den Zahlen: Allein in der alten Europäischen Union, also vor der EU-Erweiterung, gab es im Jahr 2000 1 bis 1,2 Millionen Heroinsüchtige. Das ist doch ziemlich viel.

H.K.-U.: Du beschäftigst Dich seit vielen Jahren sowohl therapeutisch als auch wissenschaftlich mit der Wirkung von Rauschdrogen. In Deinem Buch „An Stelle des Ich. Rauschdrogen und ihre Wirkung" (Stuttgart 1997 und erweiterte Taschenbuchausgabe Stuttgart 2004) gibst Du einen großangelegten Überblick über die Ergebnisse Deiner Forschungen auf diesem Gebiet. Abgesehen von den zahlreichen verarbeiteten Quellen liegt die besondere Bedeutung des Buches darin, daß die einzelnen Drogen mit einem goetheanistisch geschulten Blick charakterisiert und ihre Wirkungsweise unter Berücksichtigung der anthroposophischen Menschen- und Wesensgliederkunde beschrieben werden. Wie kamst Du dazu, Dich diesem Projekt zu widmen, und wie würdest Du Deinen Forschungsansatz selbst charakterisieren?

R. Dunselman: Ich hatte das Gefühl, daß es an einer wirklichen Beschreibung der Drogen in der Literatur fehlt. Das ist auch für die Drogensüchtigen ein Problem, denn sie wissen eigentlich nicht, was passiert. Man sagt dann, materiell gesehen gäbe es ein Problem mit den Neurotransmittern im Nervensystem, also eine Änderung der Stoffwechselvorgänge im Nervensystem mit dem Dopamin oder Enkephalin oder den Serotoninen usw., aber daß dann all diese Folgen auftreten, daß man beispielsweise aus seinem Körper heraustritt oder daß man Nah-Todeserfahrungen erlebt, das wird nicht erklärt. Es heißt dann, das seien Halluzinationen, aber nachdem Tausende von Menschen das erlebt haben und ihre Erlebnisse ziemlich genau übereinstimmen, ohne daß es nähere Erklärungen gab, dachte ich, es muß etwas kommen, das diese Dinge erklärt, auch seelisch, daß die Erfahrungen der Drogensüchtigen ernst genommen werden müssen und daß sie nicht nur merkwürdige halluzinierende Naturen sind. Ich wollte, daß ihre Seele als Realität genommen und gehört wird.

Ich mußte die Biographien der Drogen kennenlernen

Zuerst habe ich mit einer Gruppe begonnen und die Menschen befragt, um mehr und besser zu verstehen. Durch meine Arbeit mit den

Drogensüchtigen hatte ich natürlich die Gelegenheit, sehr viele von ihnen kennenzulernen, vor allem ihre Biographien, ihre Berichte darüber, wie die Drogen auf sie gewirkt haben usw. Nachdem ich einmal damit angefangen hatte, habe ich immer mehr bemerkt, daß das Buch mich geleitet hat. Ich habe neben meiner Arbeit sechs Jahre daran gearbeitet, die letzten drei Jahre ganz intensiv. Auf diesem Weg bemerkte ich, daß ich, bevor ich weitergehen konnte, die Biographien der Drogen kennenlernen mußte. Ich wollte ihr Wesen, das Wesen der Drogen kennenlernen, damit es gesehen wird und nicht im Dunkeln bleibt, sondern damit Licht - Bewußtseinslicht - auf sie fällt. So habe ich also zunächst die Biographien der Drogen studiert, damit man ihren Weg in die Menschheit kennenlernt, und dann die Wirkungen.

Ich habe versucht, das so zu gestalten, daß es einerseits Bilder gibt, daß andererseits aber auch die Gebärde der Droge schon durch die Art meiner Darstellung erkennbar wird. Das Kapitel über LSD habe ich beispielsweise ganz anders geschrieben als die Kapitel über Marihuana, Alkohol, Heroin und die Opiate. Ich wollte, daß das Lesen des Buches nicht nur im Kopf abläuft, sondern daß man die Drogen fühlen kann, kennenlernen kann, also letztlich, daß man dem Wesen der Drogen begegnen kann und dann weiß: „Ach, das ist jetzt in unserer Welt drinnen, und ein Viertel bis ein Fünftel unserer Weltgeschäfte geht um diese Wesen!“

Ja, so ist das für mich gewesen, und das habe ich beim Schreiben auch selbst sehr intensiv gefühlt. Ich habe ganz tief mit diesen Drogen gelebt, auch innerlich. Meine Erfahrungen beim Schreiben über LSD waren ganz andere als beim Schreiben über Alkohol. Beim Alkohol hatte ich ein starkes Erlebnis am Ringen mit der Dunkelheit, ich fühlte mich fast wie eine Kartoffel.

H.K.-U.: Um eine konkretere Vorstellung von der Wirkung der Drogen zu bekommen, möchte ich gerne auf einige dieser Substanzen eingehen. In welche Hauptgruppen kann man Drogen unterteilen, und wen sprechen diese Hauptgruppen besonders an?

R. Dunselman: Es gibt verschiedene Möglichkeiten, sie einzuteilen. Die eine Weise ist die übliche: Man benennt die *Halluzinogene*, beispielsweise LSD und auch stärkere Dosierungen von Marihuana und Haschisch, MDA, Meskalin, PCP usw.; dann haben wir die *Dämpfer* wie das Heroin und Methadon, von denen man sagen kann, daß sie einen Winterschlaf der Gefühle hervorrufen. Hierzu gehören auch viele Medikamente, die das Bewußtsein abdämpfen, wie beispielsweise das Valium, und natürlich ist dies für viele auch eine Wirkungsseite des Alkohols. Schließlich gibt es die *stimulierenden Mittel.* Das sind das Kokain und die Amphetamine, ein wenig auch der Kaffee. Das ist *eine* mögliche Einteilung.

Eine andere Einteilung ist die nach Denken, Fühlen und Wollen. Wenn man das Denken stimulieren will - assoziativ, nicht das freie Denken -, dann kann man sagen: Ich nehme Kokain, vielleicht auch ein wenig Alkohol. Durch den Kaffee wird das Denken auch ein bißchen stärker und geradliniger gemacht. Für das Fühlen kann man Haschisch, Alkohol und auch Ecstasy nehmen. Für das Gefühl, *nicht* zu fühlen, nimmt man Heroin. Das Wollen kann man mit Amphetaminen, Kokain und auch Ecstasy stimulieren, wenn man z.B. tanzen will.

Die meisten Drogensüchtigen wollen nicht nur bei der einen Wirkungsweise bleiben und mischen sich ihre Drogen wie ein Koch. Sie sagen z.B.: Jetzt will ich stimulieren und nehme Kokain. Aber das ist mir zu stark, das muß ich wieder beruhigen, also nehme ich Heroin usw."

Das Gefühl, *nicht zu fühlen*

H.K.-U.: Du hast zum Heroin gesagt, es bewirke das „Nicht-Fühlen der Gefühle". Meinst Du damit, daß man den Schmerz am eigenen Körper, an der eigenen Biographie, an der Welt nicht fühlt?

R. Dunselman: Ja, die Schmerzen an sich selbst, an dem, was im Leben passiert ist, an der Scham, an der Erziehung, an der Pein darüber, wie man behandelt worden ist, als man als Mädchen vergewaltigt wurde; all diese Schmerzen fühlt man zunächst nicht mehr.

H.K.-U.: Und wenn man einen Entzug macht, kommt der Schmerz in geballter Form über einen.

R. Dunselman: Ja, das kann schneller gehen oder länger dauern, aber der Schmerz darunter bleibt. Oft kommt Panik dazu, und dann nimmt man wieder etwas. Heroin ist auch ein Angsthemmer. Man fühlt die Angst nicht mehr.

Es gibt noch eine dritte Art, die Drogen einzuteilen. Man kann zurückgehen ins *alte Lemurien*, also in die dritte Entwicklungsphase der Erde vor unserem Zeitalter, nach Rudolf Steiners Terminologie. Heute leben wir im fünften Zeitalter, und darin auch wieder in der fünften nachatlantischen Kulturepoche. Unser jetziges Zeitalter ist auch eine Spiegelung der lemurischen Zeit. Nach Rudolf Steiners Beschreibungen wurden in Lemurien die Frauen stimuliert, viele Bilder zu haben, in Bildern zu leben, in großartigen Phantasien. Ich denke, ähnliches wird heute durch das Opium, das LSD und den Gebrauch von Marihuana und Haschisch stimuliert, wenn es einen starken THC-Gehalt hat. Die Männer dagegen wurden damals trainiert, großartige körperliche Anstrengungen leisten zu können. Das gibt das Gefühl der Kraft, und das entsteht durch Kokain. Für beide, also für Männer und Frauen, gab es das Tanzen. Sie tanzten nach der Musik und den Rhythmen. Das gibt heute das Ecstasy. Durch die Drogen erleben wir heute also Reminiszenzen der lemurischen Zeit. Sehr interessant ist, daß Wilhelm Pelikan beschreibt, daß der Milchsaft des Opiums, aus dem Heroin oder Morphium gewonnen werden, eine Reminiszenz, ein Überbleibsel aus dem alten Lemurien ist. Gerbert Grohmann schreibt in seinen Büchern über die Pflanze, daß das sogar ein Rest des alten Mondes sei. Man kann also sogar noch weiter gehen.

H.K.-U.: Wenn ich Drogen einnehme, hole ich mir also von außen eine Substanz, um in diesen alten Bewußtseinszustand zurückzukehren?

R. Dunselman: Ja, wenn auch auf ganz andere Weise. Interessant ist das z.B. für meine weibliche Seite, die ich ebenso wie meine männliche Seite in mir trage. Es ist aber etwas ganz anderes, es ist überhaupt nicht modern. Ich sage immer den Drogensüchtigen: Ihr seid so alt und altmodisch, was ihr macht, ist überhaupt nicht modern!

Eine unbewußte Suche nach Anthroposophie

H.K.-U.: Kannst Du noch etwas zu der Wirkung von Cannabis, also von Marihuana und Haschisch, sagen?

R. Dunselman: Das Haschisch wird aus dem Harz der weiblichen Hanfpflanze gewonnen, wenn sie auf die Blüte zugeht. Die Wirkung besteht darin, daß der Astralleib aus dem ätherischen und physischen Leib herausgeht, gelockert wird. Das ist etwas kompliziert. Man kann es daran erkennen, daß die meisten Menschen etwas entspannen, zu lächeln beginnen, einen „Lächel-Kick" bekommen. Der Astralleib geht also teilweise aus dem physischen und Ätherleib heraus, kommt dann teilweise in die astralische Welt, erweitert sich, und man ist dann in jenem Gebiet, in dem man sonst im Schlafe ist. Das sich in seinem Schoße befindende Ich breitet sich dann dort aus, wo Astralleib und Ich normalerweise unbewußt im Schlaf sind. Man kommt in ein Zwischengebiet zwischen Wachen und Schlafen, eigentlich in das Astralgebiet.

Interessant ist, daß Rudolf Steiner, als er über Goethe spricht, beschreibt, daß, wenn sich der Astralleib etwas vom physischen und Ätherleib lockert, einerseits das passiert, was ich eben beschrieb, er sich also in die astralische oder Nachtwelt ausbreitet, daß sich andererseits der Astralleib auch mehr mit dem Nervensystem des Rückenmarks verbindet. Da sich das Ich mit dem autonomen, oder vegetativen, Nervensystem verbindet, gibt das ein Gefühl des Verbundenseins mit der alldurchdringenden Weisheit (Astralleib) und der allumfassenden Liebe (Ich) der Welt. Das wird von Rudolf Steiner illustriert, indem er an Goethe zeigt, wie das bei ihm der Fall war - aber in gesunder Weise! (In meinem Buch habe ich das sehr viel ausführlicher geschildert.) Beim Haschischrauchen wird aber das Gefühl, mit der alldurchdringenden Weisheit und Liebe der Welt verbunden zu sein, zwanghaft stimuliert. Das haben wir ja auch gesehen, als das Haschisch Ende der 60er, Anfang der 70er Jahre kam, mit den Love-Partys, dem „Make-love-not-War", den Blumenkindern usw. Dieses Gefühl wird traumhaft erfahren.

Es ist interessant, wie Rudolf Steiner am Ende der „Geheimwissenschaft im Umriß" (GA 13) schreibt, die Liebe sei das Ergebnis der im Ich wiedergeborenen Weisheit. Man kann sagen, daß die Anthroposophie als Ergebnis Liebe hat, wenn sie wirklich im Ich lebt. Dieses Zusammenleben von Weisheit und Liebe passiert in unfreier Weise und nicht vom Ich aus, also zwanghaft, durch den Gebrauch von Haschisch. Haschischkonsum ist zugleich eine Karikatur und möglicherweise eine ganz innerlich lebende unbewußte Suche nach der Anthroposophie. Deswegen kann man auch mit Haschischsüchtigen darüber sprechen, das verstehen sie sofort.

H.K.-U.: Wodurch kommen die starken Sinnesempfindungen, die durch Haschisch bewirkt werden?

R. Dunselman: Die Verstärkung der Sinneserlebnisse kommt einerseits daher, daß man in einen traumhaften Bewußtseinszustand kommt, und in diesem hat man oftmals stärkere gefühlsmäßige Erlebnisse, weil die Kontrolle des Ich viel geringer ist. Zum anderen lockern sich Äther- und Astralkräfte, um sich an anderen Stellen mit den Äther- und Astralkräften des Nerven-Sinnessystems - namentlich mit den Sinnesorganen - zu verbinden. Dadurch erlebt man die Farben und die Musik als viel voller und gesättigter, und man erlebt viel mehr daran.

Das Tetra-Hydro-Cannabinol (THC), die wirksame Substanz des Haschisch, ist ein Gift, das sich am meisten mit den Fetten im ganzen Leib verbindet. Es wird sehr langsam abgebaut. Wenn man einen Joint geraucht hat, kann man noch nach einem Monat Stoffwechselreste finden. Das THC verbindet sich auch ganz stark mit den Fetten im Gehirn. Wenn man viel raucht, lagern sich THC-Stoffwechselreste immer mehr ab, und die Kraft des Denkens wird immer schwächer und schwächer, natürlich auch, weil man nicht ganz in seinem Leib ist. Man wird verwirrter, träumerischer und kann nicht mehr gut logisch denken. Die Gefühle werden durch die Droge etwas voller, bei anderen auch etwas ruhiger, aber die eigenen, persönlichen Gefühle werden weniger, und der Wille verschwindet. Ich sage immer, die Leute tun alles halb, quasi „als ob".

Und THC hat eine schleichende Wirkung. Man hat die stärkeren Gefühle nur noch, wenn der Kick da ist. Danach wird alles grau.

H.K.-U.: Wie lange dauert es denn, bis die Reste der Haschischwirkung abgebaut und überwunden sind, nachdem man mit dem Gebrauch aufgehört hat?

R. Dunselman: Das ist von Person zu Person verschieden. Man muß dann an seiner Seele arbeiten, so daß man selbst wieder die Gefühle in sich wachrufen kann. Das Malen, die Farben, künstlerische Therapien sind dafür sehr gut. Z.B. ist das Plastizieren der Platonischen Körper sehr hilfreich. Man muß auch wieder Gedankenkraft und Logik entwickeln, z.B. durch die Rückschau auf den Tag, bei der man das Wesentliche vom Unwesentlichen unterscheiden lernt. Man muß wieder denken gehen! Unsere ehemalige holländische Gesundheitsministerin sagte ganz zu Recht: „Wenn die Leute länger Haschisch rauchen, arbeiten sie nicht mehr mit!" Sie schalten sich aus, und die Welt geht weiter.

Junge Menschen wollen die Welt kennenlernen – auch die Drogen

H.K.-U.: Die Wirkung von Cannabis hat sich seit den 70er Jahren durch den bis zu siebenmal höheren THC-Gehalt der heute gebräuchlichen Pflanzen sehr verstärkt. Kannst Du darüber etwas sagen?

R. Dunselman: Das ist sehr interessant. Wenn die jungen Menschen heute auf die Erde kommen, sind die Drogen schon da. Ich glaube, daß viele dieser jungen Leute ihnen begegnen wollen. Sie suchen die Auseinandersetzung mit ihnen, denn sie sind da, sie sind überall! Früher waren sie viel weniger da, heute gibt es selbst in den kleinsten Dörfern Drogen. Das ist nicht nur in Holland so. In Frankreich hat man sehr gegen den Cannabis-Konsum gekämpft, und trotzdem hat er sich in den letzten zehn Jahren verdoppelt. Drogen sind also da, und man will sich mit ihnen auseinandersetzen. Sie gehören zur Welt. Junge Menschen wollen die Welt kennenlernen – also auch die Drogen. Die meisten werden wieder damit aufhören. Vielleicht ist es auch, wie ich vorhin sagte, ein tiefes Verlangen nach Weisheit und Liebe, und Cannabis gibt ihnen das in verzerrter Form.

H.K.-U.: Wie wirkt denn im Gegensatz zum Cannabis der Alkohol?

R. Dunselman: Der Alkohol hat in früheren Zeiten, im Dionysos-Kult, die Wirkung gehabt, daß der Mensch für die Erde wach wurde und die Verbindung mit der göttlichen Welt verlor. Er erwachte für die Erde und als Teil dieser Erde für seinen Leib. Man könnte sagen, es war eine Hilfe für den Menschen, sein Selbstbewußtsein zu entwickeln. Der Alkohol schneidet das Ich von der höheren Welt und auch von dem eigenen höheren Wesen ab.

Der Astralleib bekommt dadurch mehr Kraft und kann sich manifestieren wie ein Schein-Ich, wie das oftmals genannt wird, oder wie ein Alkohol-Dämon. Man wird aggressiver, man wird enthemmter, man kann vielleicht etwas mehr weinen. Man könnte sagen, daß die nichtbeherrschten oder auch etwas tierhaften Kräfte des Astralleibes zum Teil freigegeben werden.

Im Ätherleib wird die Kraft des Ätherleibes, das „Sich-immer-wiederholen-Wollen“, auch stärker, freier und weniger durch das Ich beherrscht. Alkoholisierte erzählen immer dasselbe, es ist ganz langweilig. Man wird etwas „pflanzlicher“. Deshalb trinken viele Menschen auch vor dem Einschlafen etwas Alkohol. Er vertreibt auch die Sorgen, weil das Ich außer Wirkung ist. Auf den physischen Leib wirkt der Alkohol so, daß seine Kräfte, die den Tod in sich tragen, also auch die Schwere, stärker erlebt werden und Zugang zum Äther- und Astralleib bekommen. Man fühlt sich schwerer und konserviert eigentlich sich selbst. Das Konservieren ist ein Merkmal des Alkohols: Man bleibt immer derselbe, und die Entwicklungsimpulse des Ich haben weniger Zugang. Man kann auch sagen, daß die Ich-Organisation zerstört wird. Man kann nicht mehr so gut laufen, die Sprache wird lallend und undeutlich, und man kann natürlich weniger gut denken, wenn man viel trinkt. Laufen, Sprechen und Denken als Wirksamkeiten der Ich-Organisation werden außer Wirkung gestellt. Das Licht des Ich geht aus, und es wird dunkler.

Als ich dieses Kapitel über den Alkohol geschrieben habe, habe ich das genau so gefühlt: Es baute sich eine schwarze Wand vor mir auf, die ich nicht durchdringen konnte. Ich habe fünf, sechs Wochen immer wieder vor dieser Wand gearbeitet. Ich habe Hilfe bekommen, indem ich mit dem Zug verreiste, viel Bewegung suchte, und dann gelang es mir schließlich, die Wand zu durchdringen, und ich konnte in einem Monat das Kapitel schreiben. Es ist interessant, daß Rudolf Steiner einmal gesagt hat - so hat es mir jemand erzählt -, Alkohol sei wie eine schwarze Wand. Damals habe ich auch beschlossen, kein Alkohol mehr zu trinken. Ich konnte es nicht mehr. Ich wollte mein Ich nicht mehr auslöschen.

H.K.-U.: Was passiert, wenn man Alkohol und Haschisch gleichzeitig zu sich nimmt?

R. Dunselman: Mit dem Alkohol wird man irdischer und mit dem Haschisch himmlischer - nicht wirklich himmlischer, aber scheinhimmlischer. Wenn man beide Drogen gleichzeitig nimmt, ist das wie ein Jojo.

H.K.-U.: Bitte schildere noch die Wirkung einiger anderer Drogensubstanzen.

R. Dunselman: Bei LSD hat man es mit Lockerungserscheinungen des Ätherleibes zu tun. Man kommt verzerrt in die Ätherwelt und hat verzerrte Nah-Todeserfahrungen, auch verzerrte Erfahrungen der geistigen Welt. Eigentlich kommt man in das Gebiet des Todes und stirbt partiell - aber eben verzerrt, weil alle Erfahrungen an dem physischen und dem Ätherleib gespiegelt werden, die nicht mehr harmonisch miteinander verbunden sind. Es sind verzerrte Wahrnehmungen in Zeit und Raum, denen man nicht vertrauen kann. Das ist auch bei stärkeren Mengen von Haschisch der Fall. Rudolf Steiner hat darüber gesprochen, als er sagte, viele Orientalen machten große Reisen durch die geistige Welt, aber ihre Erfahrungen seien nicht richtig.

H.K.-U.: Gibt es einen großen Unterschied zwischen LSD und Meskalin oder Peyote?

R. Dunselman: Keinen großen Unterschied, aber Meskalin wirkt etwas sanfter. Das LSD ist etwas direkter.

Beim Kokain fühlt man sich stark und hat einen höheren Blutdruck. Der Astralleib wird aktiviert und verbindet sich stärker sowohl mit dem physischen als auch mit dem Ätherleib. Dadurch fühlt man sich stärker und fühlt auch keine Ermüdung. Das ist also eine stimulierende Wirkung. Auf der anderen Seite tritt der Astralleib aus bestimmten Bereichen des Nervensystems aus, und das hat eine lokal betäubende Wirkung, vorzüglich bei niedriger Dosierung.

H.K.-U.: Womit hängt das schnelle, assoziative Denken zusammen, das vom Kokain bewirkt wird?

R. Dunselman: Alles geht schneller. Gedanken, Vorstellungen und Bilder wechseln rasch, und zwar durch eine Stimulierung des zentralen Nervensystems, des Gehirns.

Der Winterschlaf der Gefühle

Dann gibt es den Winterschlaf der Gefühle, der vom Opium bewirkt wird. Aus Opium wird auch Heroin hergestellt. Das lindert alle Formen von Schmerz, auch den seelischen Schmerz, man ist einfach nicht mehr ganz dabei. Man verliert sein Feuer, seine Wärme, man wird lau und ist nicht mehr seelisch warm.

H.K.-U.: Wie lange dauert es, bis Heroinabhängige nach dem Entzug diese Wärme wiederfinden können?

R. Dunselman: Das dauert ziemlich lange. Man hat ja auch mit seinem Charakter einiges getan, was nicht so schön ist – oftmals durch Lüge und Kriminalität –, und jetzt muß man wieder ehrlich werden und die Wahrheit und Moralität neu kennenlernen. Das gehört oftmals dazu. Man muß seinen Astralleib, Ätherleib und physischen Leib erst wieder betreten, denn man hat sein Haus verlassen! Man hat sich nicht mehr entwickelt. Ein großer Entwicklungsrückstand muß aufgeholt werden. Dazu gehören Krisen, und dazu gehört Liebe.

In unserem Programm für schwer Heroinabhängige und Langzeitsüchtige in der holländischen Drogenstätte Arta bauen wir das langsam auf. Es geht auch um die Frage, warum man diese Drogen benutzt, also was in der Vergangenheit passiert ist und welche Traumata da verborgen liegen. Wir haben ein Programm, das sich über zehn Monate erstreckt und dann noch einmal freiwillig über zwei Jahre, bis die Drogensüchtigen sich wieder in die Gesellschaft einfühlen können.

H.K.-U.: Gibt es einen prinzipiellen Unterschied zwischen natürlichen und synthetisch hergestellten Drogen?

R. Dunselman: Nein, ich glaube nicht. Man kann ja auch, wenn man die Formel der Wirksubstanz natürlicher Drogen gefunden hat, ins Labor gehen und das nachmachen. Man versucht ja inzwischen, die „Paradiespille" zu finden, die keine Nebenwirkungen mehr hat, aber das ist noch nicht so weit und ich denke, sie wird auch nicht kommen.

H.K.-U.: Albert Hofmann, der Erfinder des LSD, dokumentiert in seinem Buch „Pflanzen der Götter", daß in vielen antiken Mysterienstätten Drogen verwendet wurden. Carlos Castaneda schildert in seinen Berichten über seine Schulung durch den mexikanischen Brujo Don Juan, daß dieser ihm einige Male Meskalin gab, weil er „zu dumm" gewesen sei, ohne dieses Hilfsmittel weiterzukommen. In Deinem Buch schilderst Du, wie in alten Einweihungsstätten mit dem „Vergessenheitstrunk" beispielsweise bestimmte Substanzen verabreicht wurden. Wozu und von wem wurden diese Substanzen verwendet?

R. Dunselman: Sie waren in Ritualen eingebettet, und die Menschen, die sie bekamen, wurden lange darauf vorbereitet und waren dadurch geschützt. Das ist ein unglaublicher Unterschied zu heute, wenn z.B. jemand LSD nimmt.

Interessant ist, wie Rudolf Steiner im Zusammenhang mit den griechischen Mysterien darüber spricht. Er schildert, daß man dort eine Substanz bekam, die bewirkte, daß das normale irdische Gedächtnis ausgelöscht wurde und zugleich das Gehirn in seiner Wirkung weicher, wäßriger machte. Dadurch konnte das Seelisch-Geistige des Menschen einen Zugang zum Gehirn des Menschen bekommen. Es wurde nicht durch die alltäglichen Erinnerungen behindert. Das wurde noch verstärkt, indem die Menschen während der Einweihung in einen großen Schreck versetzt wurden und durch diesen Schock mit ihrem seelisch-geistigen Wesen aus dem physischen Leib herausgetrieben wurden. Der seelisch-geistige Teil des Menschen konnte jetzt durch das nicht von Erinnerungen gebundene und weicher gewordene Gehirn wahrgenommen werden. Das härtere Gehirn hätte zu diesen feinen geistig-seelischen Erfahrungen keinen Zugang bieten können.

H.K.-U.: Und man konnte sich nach der Erfahrung daran erinnern, weil das Gehirn diese Erfahrung mitmachen konnte?

R. Dunselman: Ja, das waren Nachrichten aus der Götterwelt, die diese Menschen mitbringen konnten.

Aber heute ist es nötig, daß man vom Ich aus sein Denken so beweglich und transparent macht, daß die geistige Welt Zugang bekommen kann. Man muß lernen, die Ängste und Lebenskrisen auszuhalten. Das ist also ganz anders geworden. Rudolf Steiner hat beschrieben, daß diese alten Einweihungsmethoden noch bis ins Mittelalter gebraucht wurden; aber jetzt, im Zeitalter, das auf dem Weg zur Freiheit ist, ist das altmodisch.

H.K.-U.: Worin bestand in früheren Zeiten die Vorbereitung auf den Gebrauch von Drogensubstanzen?

R. Dunselman: Die verschiedensten Formen von Geduld und Mut mußten geübt werden, das Aushaltenkönnen, dic Erkenntnis. Es war ein langer Vorbereitungs- und Einweihungsprozeß. Heute ist das nicht so. Früher hatten die Drogen einen Sinn, auch der Alkohol, nämlich den, den Menschen erwachen zu lassen. Heute ist das wesentliche Merkmal von Drogen, daß sie vergiftend sind. Die meisten Drogen können töten. Wenn man zuviel Alkohol trinkt, wenn man zuviel Heroin, zuviel Kokain, zuviel Amphetamin nimmt, zerstört man sich selbst. Früher mußte man einen sehr aktiven, schweren Weg beschreiten, heute ist das nicht so, man kann passiv bleiben. Dadurch bindet man sich mehr an die Materie, man macht sich abhängig von den Prozessen des Leibes. Man ist nicht frei.

H.K.-U.: Bei allen Drogen?

R. Dunselman: Ja! Das passiert durch eine stoffliche Wirkung im Leib. Man ist nicht frei, nicht im freien Denken, sondern man bindet sich immer mehr an den Leib. Wenn ich mit Drogensüchtigen spreche, sage ich ihnen immer: Du gehst zurück in der Zeit. Deine Erfahrungen sind durch den Leib verursacht. Und du wirst nicht freier vom Leib, sondern du wirst unfrei. – Das ist wirklich ein großer Unterschied zu früheren Zeiten, denn da war es eine einmalige Benutzung und hatte einen Sinn. Heute ist es bei einer Sucht für den Genuß. Nicht-Fühlen ist auch ein Genuß. Damals hatte es einen Sinn für die Entwicklung der Menschheit, man leistete einen Beitrag für die soziale Gemeinschaft.

H.K.-U.: Sind wir denn alle Zeitgenossen, oder kann es auch Menschen geben, für die es ganz gesund ist, heute solche Erfahrungen durchzumachen, die für andere nur noch eine Giftwirkung haben?

R. Dunselman: Das denke ich schon. Ich war für einige Zeit in Finnland. Wenn man im Sommer nach Helsinki kommt, findet man da viele junge Menschen, die ganz viel trinken und betrunken sind. Sie empfinden, daß sie in diesem finnischen Sommer zu weit draußen sind und aus dem Leib gehen. Der Alkohol mildert das etwas ab, man kann besser bei sich selbst bleiben. Er ist fast ein Medikament, wenn er natürlich auch nicht befreit. Aber so wird Alkohol benutzt.

Auch die Fischer in Schottland, die bei Wind und Wetter aufs Wasser gehen, machen das so. Ich hatte gestern ein Gespräch mit einem Drogensüchtigen, der das mitgemacht hat und erzählte, daß der Alkohol diese elementaren Naturkräfte abmildert. Wenn man das von alleine nicht kann, kann er eine Hilfe sein, aber man muß natürlich sehr gut aufpassen, daß das nicht zur Ausrede wird. Ja, es gibt individuelle Unterschiede, aber das zu entscheiden ist eine Frage der Wachheit.

H.K.-U.: Du hast vorhin gesagt, daß die jungen Menschen, die heute auf die Erde kommen, die Drogen als einen Teil ihrer Umwelt vorfinden und oft die Auseinandersetzung mit ihnen suchen. Gibt es denn gegenüber der Zeit vor 20, 30 Jahren einen Unterschied in der Art, wie Drogen heute auf die Menschen wirken? Das letzte Interview, das die FLENSBURGER HEFTE mit Dir geführt haben, ist 17 Jahre her (vgl. FH 16, „Kulturvergiftung. Rauschgift, Sucht und Therapie"). Hat sich seitdem etwas verändert?

R. Dunselman: An den Menschen hat sich etwas verändert. Immer mehr junge Menschen sind durch das, was sie in ihrem Leben mitgemacht haben, ganz verkrüppelt. Gewalt, sexuelle Mißhandlung, Vergewaltigung und andere furchtbare Dinge sind heute in vielen jugendlichen Biographien vorhanden. Es gibt viele Schulabbrecher oder Jugendliche, die von der Schule geflogen sind, die Eltern haben Probleme usw. Dadurch sind die Drogen oft wie Medizin, um das nicht alles fühlen zu müssen. Die Welt ist soviel härter geworden.

Hinzukommt, daß man beispielsweise LSD einfach nur so nimmt. Früher war das ein Sakrament, wie es beispielsweise von *Timothy Leary* geschildert wird. Heute ist es eine Art Partydroge, die man eben nimmt wie Alkohol. Das ist die eine Seite. Andererseits gibt es immer mehr Menschen, die sagen: Ich will die Drogen kennenlernen, und ich will Herr über die Droge werden! – Sie suchen die Auseinandersetzung, um ihre Ich-Kraft zu prüfen. Sie wollen Herr über die Droge sein und nicht die Droge Herr über sie sein lassen. Das ist auch eine Auseinandersetzung mit dem Tod.

Bei der Drogensucht ist der Mensch die Medizin für den Menschen

H.K.-U.: Welche Auswirkung hat es auf das Karma der Menschen, wenn sie das Zusammenwirken ihrer Wesensglieder immer wieder durch den Gebrauch von Drogen stören?

R. Dunselman: Ich habe den Eindruck, daß man dadurch innerlich stillsteht, also nicht das tut, was man tun könnte. Man bleibt Kind. Zum anderen bindet man sich mehr an die Materie und verpaßt die Freiheit.

Man kann nur über die Drogen hinwegkommen, wenn man Werte in sich entwickelt. Das sind die Werte der Wahrheit, der Moralität und der sozialen Schönheit. Wenn man ein Lügner bleibt, kommt man meistens nicht aus der Sucht heraus, und wenn man unmoralisch bleibt, auch nicht. Und wenn man keine sozialen Fähigkeiten sucht, ebenfalls nicht. Diese Werte, die zur Bewußtseinsseele gehören und internalisiert Keime des Geistselbst sind, sind der einzige Weg aus der Sucht. Es ist auch für die Menschen, die mit Drogensüchtigen arbeiten, ganz wichtig, darum zu kämpfen und das nicht zu verlieren. Man kann sagen, das Vergangene ruft nach der Zukunft.

Es ist ja ein Merkmal unseres Zeitalters der Bewußtseinsseele, daß das Geistselbst als Keim entwickelt wird, und das gehört zur Arbeit mit Drogensüchtigen. Es ist wirklich bewundernswert, wenn man sieht, wie die Menschen um diese Werte kämpfen. Es ist ja ein Gesetz, daß das nächsthöhere Wesensglied auf das niedere wirkt, also das Geistselbst, auch aus der Umgebung, durch Vorbilder, wirkt auf das Ich. Wenn die Drogensüchtigen das in ihrer Umgebung erleben, stärkt das ihr Ich.

Ich glaube, diese Auseinandersetzung kreiert ein Menschheitskarma. Bei der Drogensucht ist der Mensch die Medizin für den Menschen. Das ist sehr wichtig. Wenn man selbst nicht in diesem Ringen um Wahrheit und Moralität steht, ist es sinnlos, Drogensüchtigen helfen zu wollen.

Wichtig ist auch, daß ein Drogensüchtiger ein passiver Mensch geworden ist. Was da hilft, ist Aktivität, Kreativität. Also, Drogensucht schafft auch Kunst. Wenn man in der Therapie künstlerisch tätig wird, schafft man auch damit eine Art gesellschaftliches Karma.

H.K.-U.: Was kann man tun, wenn man an sich selbst die Neigung zur Sucht in ihren verschiedenen Formen entdeckt? Können die Nebenübungen, die Rudolf Steiner gegeben hat, dabei helfen?

R. Dunselman: Das Streben nach den oben genannten Werten ist sehr wertvoll. Außerdem ist es gut, wenn man Wahrnehmungsübungen macht, also Objektivität entwickelt, denn die geht mit dem Drogengebrauch verloren. Die Nebenübungen, die Du in Deiner Frage erwähnt hast, sind natürlich sehr hilfreich. Was auch sehr wirksam ist, ist die Tagesrückschau, bei der man den Tag noch einmal rückwärts an sich vorüberziehen läßt. Das schult die Objektivität.

Grenzen erkennen

H.K.-U.: Zum Ende hin möchte ich noch etwas zur Suchtprävention an den Schulen fragen. Wenn man auf die Waldorfschulen schaut, kann man sehen, daß sie viele Anstrengungen machen, um die Sinne der

Kinder zu kräftigen, die Unterrichtsinhalte werden nicht in toten Begriffen, sondern in möglichst lebendigen Bildern vermittelt, die künstlerische Übung spielt ebenso wie die soziale Gemeinschaft eine große Rolle. Trotzdem gibt es ganz ähnliche Drogenprobleme wie an den anderen Schulen. Was können die Schulen - nicht nur die Waldorfschulen - tun, um die Jugendlichen noch besser für die Begegnung mit den Drogen zu stärken?

R. Dunselman: Wie schon genannt, suchen viele junge Menschen die Auseinandersetzung, um die Drogen und sich selbst kennenzulernen. Ich denke, es ist gut, wenn in einer Schule eine Vertrauensperson ist, mit der die Schüler über ihre Erfahrungen sprechen können. Diese Vertrauensperson sollte auch Verbindungen mit anderen Menschen oder Hilfsorganisationen schaffen. Es ist gut, wenn ein Netzwerk von Menschen vorhanden ist und daß man z.B. an einer Schule mit Eltern zusammenkommt, die sich damit beschäftigen wollen. Es ist auch gut, wenn es ein Gespräch gibt und man keine Angst davor haben muß, was mit dem Kind passiert, sondern daß man sich in das einfühlen kann, was los ist, vielleicht Probleme in der Familie. Vielleicht ist es ein Notsignal. Das müssen Menschen machen, die auch an sich selbst arbeiten und sich entwickeln und nicht nur moralisieren.

In Arta haben wir die Erfahrung gemacht, daß Drogensüchtige auch gut über ihrer Erfahrungen sprechen können. Es darf aber niemals sensationell werden. Aber das Netz von Menschen, das ist ganz wichtig.

H.K.-U.: Und welchen Rat kannst du den Eltern geben?

R. Dunselman: Eigentlich denselben: daß man ein offenes Ohr hat und sich auch für die Drogenschicksale interessiert. Es darf kein dunkles Loch geben, sondern man muß voneinander lernen. Die Kinder sollen keine Angst vor ihren Eltern haben. Es wäre schön, wenn das gelingen könnte und man entweder zusammen sprechen oder den Weg zu einer Vertrauensperson finden könnte.

Und es muß natürlich Grenzen geben. Beim Drogengebrauch geht man über Grenzen. Man überschreitet die Grenzen der Leiber und der Wesensglieder. Man muß ihre Grenzen erfahren und kennenlernen. In der Pubertät brauchen die Jugendlichen Erfahrungen in der Auseinandersetzung mit Grenzen, die real und redlich sind und die auch gesetzt werden. In jeder Therapie besteht eine der großen Aufgaben darin, die richtigen Grenzen zu setzen und anzuerkennen.

Die süchtige Gesellschaft

Interview mit Peter Elsing

von Wolfgang Weirauch

Peter Elsing, *geboren 1952 in Wesel (Niederrhein); 1958–1967 Hauptschule; 1970–73 Ausbildung zum Kaufmann. 1970 Beginn der Drogenkarriere, 1983 inhaftiert, 6 Monate Untersuchungshaft, verurteilt zu 30 Monaten Haftstrafe sowie § 35 BTMG (Therapie statt Strafe).*

Seit 1984 bei Synanon e.V. in folgenden Funktionen: 1984–1988 Leutearbeit, 1988 Leiter der Berliner Häuser, 1997–2004 Vorstandsvorsitzender der Stiftung. Nach insgesamt 20 Jahren Ausstieg bei Synanon aus gesundheitlichen Gründen (Leberzirrhose).

Der Trend der Drogenkonsumenten geht von den harten zu den weichen, von den illegalen zu den eher legalen Drogen. Und die Zahl der Konsumenten nimmt erschreckend zu, vor allem der jüngeren.

Der *SPIEGEL* (Nr.27/04) veröffentlichte erschreckende Zahlen: 11 % der 15jährigen kiffen regelmäßig, 23 % hatten bereits Cannabis-Erfahrungen; 50 % der 14jährigen hatten mindestens einen Vollrausch; 27 % der 15jährigen rauchen täglich. Von Hamburgs Schülern ab 14 gaben 13,4 % an, auf Klassenfahrten gekifft zu haben. 15.000 Kiffer wenden sich heute jährlich an Drogenberatungsstellen – fünfmal so viele wie noch vor zehn Jahren.

Eine besonders problematische Rolle spielen die Einstiegsdrogen Alkohol, Zigaretten und vor allem Cannabis. Gerade Haschisch ist deshalb gefährlich, weil seine neue Wirkung weitgehend unbekannt ist. Haschisch gilt weitgehend als unbedenklich, eine starke gesellschaftliche Gruppe wünscht sogar die Legalisierung von Haschisch, aber daß es seit einiger Zeit ein durch intensive Züchtungsmethoden entwickeltes Power-Kraut mit einer fünf- bis siebenmal so starken Wirkung gibt, wird selten erwähnt, meist nicht einmal gewußt. Die Folgen dieses Krauts können lebenslange Psychoschäden sein.

Peter Elsing, einstmals heroinsüchtig, dann langjähriger Vorstandsvorsitzender von Deutschlands größter Selbsthilfeorganisation für ein Leben ohne Drogen, Synanon, schildert in folgendem Interview neben seinen persönlichen Erlebnissen die Gefahr der Einstiegsdrogen, die problematische Haschisch-Legalisierung – auch in Abwägung zu einem etwaigen Alkoholverbot - und die Veränderung der Drogenszene in den letzten zwei Jahrzehnten.

Wolfgang Weirauch: Anfang 1990 habe ich ein Interview mit Ingo Warnke geführt, Mitbegründer von Synanon und zu dieser Zeit Vorstandsvorsitzender (siehe FH 16: „Kulturvergiftung. Rauschgift, Sucht und Therapie"). Damals veränderte sich gerade die Drogenszene enorm, u.a. durch die Öffnung des Ostens. Wie hat sich die Szene seitdem entwickelt?

Peter Elsing: Bis zum Ende der 80er Jahre galt Synanon schwerpunktmäßig als Einrichtung für Heroinabhängige. Mit dem Fall der Mauer hat sich das schlagartig verändert. Viele aus dem Osten kamen mit dem Alkoholproblem. In relativ kurzer Zeit hat sich das soweit verändert, daß wir mittlerweile 40 % Alkoholiker und 60 % Heroinabhängige in Synanon haben. Den rein Heroinabhängigen findet man heute ohnehin nur noch ganz selten. Fast immer ist es so, daß die Süchtigen zu jedem ihnen möglichen Stoff greifen, und meist beginnt es mit den weichen Drogen als Einstiegsdrogen, also mit Cannabis, Gras oder Alkohol. Viele junge Leute nehmen exzessiv alles, was ihnen in die Finger gerät, gleich ob das nun Pillen, LSD oder Haschisch sind.

Veränderungen stellen wir heute auch in der Drogenkarriere fest, nämlich in der Geschwindigkeit, mit der man von Einstiegsdrogen zu harten Drogen und zur Sucht kommt. Früher war der Zeitraum vom Haschischrauchen bis zum Hängen an der Nadel oft ein Zeitraum von 5, 10 oder 20 Jahren. Das ist heute vollkommen anders. Die jungen Menschen fangen heute an, Drogen zu nehmen, und schon nach einem halben oder einem dreiviertel Jahr sind sie drogenabhängig, und zwar von fast allen Drogen.

Lebensunfähig

W.W.: Welche Motive hatten die Jugendlichen in den 60er und 70er Jahren, Drogen zu nehmen, und welche sind es heute oder in den letzten zehn Jahren?

P. Elsing: Die Drogenkarriere ist ein Weg - zumindest ist das meine eigene Erfahrung und die von denjenigen Süchtigen, mit denen ich gelebt und gearbeitet habe - auf der Suche nach etwas Unbestimmtem. Es ist ein falscher Weg, auf dem man dichtmacht, weil man in diesem Leben emotional nicht klarkommt. Selbstverständlich gibt es heute andere Probleme als vor einigen Jahrzehnten, vielleicht sogar noch mehr, selbstverständlich gibt es auch Menschen, die durch Mißbrauch oder Gewalt oder andere extreme Dinge in die Drogensucht hineingeraten, aber das ist meiner Meinung nach nicht die Masse, sondern die Ausnahme. Die Masse der Menschen, die Drogen nehmen, sind meiner Meinung nach zu einem gewissen Stück lebensunfähig.

W.W.: Woher kommt das?

P. Elsing: Das hängt mit dem zusammen, was in den letzten 20 bis 30 Jahren geschehen ist. Ich bin 1952 geboren, kenne also noch eine Situation in Deutschland, in der nur das Nötigste vorhanden war und das Familienleben sowie der Tagesablauf in einigermaßen klaren Konturen verlief. Ende der 60er begannen die gewaltigen Umbrüche und Veränderungen in der Gesellschaft, aber die althergebrachten Gesellschaftsformen trugen noch eine Weile. Die Ideale der 68er Generation hatten in großen Teilen etwas Berechtigtes, aber heute sind sie meist komplett verschüttet. Die Probleme treten nun in der Erziehung auf, oder denken wir an ein aktuelles Beispiel - die Folter der Amerikaner im Irak. Die

Werte in unserer Gesellschaft verschwinden nach und nach. Und ähnliche Beispiele könnte man zuhauf nehmen.

Wenn nun Kinder mit acht, zehn oder zwölf Jahren in einer solchen Welt heranwachsen, dann spüren sie, daß in unserem System und in der menschlichen Gemeinschaft etwas faul ist. Sie sehen beispielsweise, daß die sogenannten „Guten“ einen Präventivkrieg gegen den Irak führen und dadurch eigentlich zu Bösen werden. Solche Erlebnisse prägen die Kinder und Jugendlichen und führen dazu, daß sie mit diesem Leben nicht mehr zurechtkommen. Das kann ich sehr gut verstehen. Oder wenn in einer Familie beide Elternteile von morgens bis abends arbeiten, wie kann dann überhaupt noch Erziehung stattfinden? Oder wie weit sind die Generationen, die heute Kinder gebären, überhaupt noch in der Lage, mit der Erziehung umzugehen? Es geht überhaupt nicht darum, daß sie unwillig sind, sondern die Unwissenheit ist heute allgemein verbreitet. Denn sehr viele Menschen haben Erziehung nicht gelernt. Und das führt allmählich zu einer Katastrophe.

W.W.: Der Werteverlust unserer Gesellschaft greift immer mehr um sich, oftmals zählen keine inneren, sondern nur noch die äußeren Werte.

P. Elsing: Genau dieser Werteverlust ist es, und oftmals zählt nur noch dasjenige als Wert, was man mit Geld bezahlen kann. Wir können andererseits auf die Ebene der Wahrheit schauen, auf unsere Medien, auf die überzogenen Gehälter der Vorstandsvorsitzenden der großen Firmen, die selbst noch bei Versagen Millionen Euro an Abfindungen kassieren. Oder wir können auf verschiedene politische Skandale schauen. Überall herrscht die Diskrepanz zwischen dem Empfinden der Bürger und der maroden Welt, in der diese leben. Das spüren die jungen Leute mehr, als daß sie es wissen. Ein junger Mensch braucht aber Vorbilder, an die er glauben kann. Wenn man aber erlebt, daß diejenigen, die eigentlich Vorbilder sein sollten, etwas reden, aber entgegen ihren Worten handeln, dann werden die jungen Menschen in eine Situation gebracht, daß sie jeglichen Glauben an den Menschen verlieren. Das ist eines der gravierendsten Probleme unserer heutigen Zeit und einer der Gründe für die Zunahme der Sucht.

Nachtmenschen

W.W.: Der Griff zur Droge wird also dadurch verstärkt, daß die Jugendlichen keine Welt mehr vorfinden, in der sie leben können und statt dessen die Flucht in die Droge wählen?

P. Elsing: Ja. Viele Frauen fliehen obendrein noch in die Prostitution. Gerade die Prostitution hat in den letzten Jahren enorm zugenommen, nicht im Bereich der Vollprofis, sondern daß junge Frauen - aber auch Männer - nebenbei anschaffen gehen. Sie tun das mit absoluter Selbstverständlichkeit, nur um Geld zu verdienen. Denn sie haben in unserer Gesellschaft gelernt, daß das Hauptaugenmerk auf das Geld und einen hohen Lebensstandard gerichtet ist. Und diesen hohen Lebensstandard kann man heute nur noch selten mit normaler Arbeit erwirtschaften. Sie glauben, daß sie diesen Nebenjob einige Jahre durchziehen können und dabei keinen Schaden an ihrer Seele nehmen. Aber das funktioniert nicht, denn selbstverständlich nehmen sie Schaden. Wenn man ein derartiges Leben führt, entwickelt sich etwas, das man nicht mehr im Griff hat und das man eventuell nicht mehr eigentätig beenden kann.

Man braucht sich nur die Szene in Berlin anzuschauen. Hier leben etwa 100.000 Menschen, die ich immer Nachtmenschen nenne. Das sind Menschen, die tagsüber überhaupt nicht mehr auftauchen, die keinem sozialen Netz angehören und die nur noch nachts unterwegs sind, vorwiegend in der Techno-Szene. Das sind junge Leute, die sich auf kriminelle Art und Weise irgendwie den Lebensstandard, der nicht einmal besonders hoch ist, verdienen. Bei den Frauen geschieht dies vorwiegend durch Prostitution.

W.W.: Sind das wirklich 100.000 junge Menschen?

P. Elsing: Eher noch mehr. Sie haben keinen Job, sie tauchen in keiner Statistik auf, und die Politiker kennen dieses Problem. Man beobachtet diese Szene ganz genau, weil man weiß, daß sie in dieser Größenordnung nicht ganz ungefährlich ist.

W.W.: Kommen diese jungen Menschen aus dem Ausland oder aus Deutschland?

P. Elsing: Sowohl als auch, gerade hier in Berlin ist diese Szene sehr international geworden. Unter ihnen sind besonders viele junge Menschen aus dem Osten. Sie leben hier, und niemand weiß, wie man mit ihnen umgehen soll. Alles geschieht, weil die jungen Menschen keine Perspektiven mehr sehen und an das Wertesystem, so wie es ihnen hochgehalten wird, nicht mehr glauben können, weil es von denen, die es zu verantworten haben, nicht mehr gelebt wird. Und hier werden wir noch einige Katastrophen erleben.

W.W.: Sind diese sogenannten Nachtmenschen jetzt alles Süchtige, oder ist es nur ein Teil von ihnen?

P. Elsing: Ich denke, daß so gut wie alle in irgendeiner Form irgend etwas konsumieren, was aber nicht heißen muß, daß sie süchtig sind. Verändert hat sich die Heroinszene. Die Zahl der Heroinsüchtigen nimmt seit einiger Zeit nicht mehr zu, und sie sind auch nicht in der Techno-Szene aufzufinden, sondern am Bahnhof Zoo oder in der illegalen Heroinszene. Viele von ihnen leben auch noch halbwegs normal. Ich war viele Jahre auch selbst einer von ihnen.

Aber die sogenannten Nachtmenschen sind junge Leute, die langsam aber sicher in diese Nachtszene oder auch in die Drogenszene hineinrutschen. Meist konsumieren sie wahllos irgendwelche Drogen, vor allem Pillen wie Ecstasy und auch Kokain. Im großen und ganzen sind es aber Rauschmittel, die nicht so stark abhängig machen wie Heroin. Von daher kann man nie sagen, wer jetzt genau zu den Süchtigen zu zählen ist.

W.W.: Wohnen die Nachtmenschen offiziell in einer Wohnung?

P. Elsing: Sie wohnen alle irgendwo, aber nicht offiziell. Das ist in Berlin heute kein Problem, denn es sind sehr viele Wohnungen frei, und meist wohnen sie irgendwo unter einem Decknamen. Viele Vermieter interessieren sich nicht für Arbeitsverträge, wenn ihnen pünktlich die Miete gezahlt wird.

Einfach in den Tag hineinleben

W.W.: Inwieweit wird diese Szene denn beobachtet, oder ist das den Behörden vollkommen gleichgültig?

P. Elsing: Meiner Meinung nach hat die Polizei ein Auge auf diese Szene, wenn ein gewisser Rahmen nicht überschritten wird. Allerdings ist man seitens der Polizei nicht in der Lage, diese Szene zu steuern. Es gibt einige Kneipen oder Diskotheken - ich will jetzt keine Namen nennen -, in denen einem fast alles angeboten wird und in denen auch Drogen - mit Ausnahme von Heroin - konsumiert werden. In einer von ihnen bin ich auch schon einmal gewesen, und als ich das mir offerierte Drogenangebot ablehnte, wurde ich komisch angeguckt. Vielleicht dachten sie ja, daß ich zur Polizei gehöre, weil ich schon ein wenig älter bin.

Wenn man in diese Techno-Szene bzw. die Szene der Nachtmenschen eintaucht, dann kommt man in eine andere Welt. Diese Szene funktioniert irgendwie, aber man gehört nicht dazu.

W.W.: Was haben diese Menschen für ein Weltbild? Haben sie Ziele oder irgendwelche Perspektiven?

P. Elsing: Die meisten leben einfach in den Tag hinein und denken nicht darüber nach, was im nächsten Jahr sein wird.

Auch die Freizügigkeit der Sexualität hat mich wirklich erstaunt. Als ich mir vor einigen Jahren diese Szene näher angeschaut habe, erlebte ich eine Fülle von jungen Frauen, die sich einfach das nehmen, was sie haben wollen. Sie warteten nicht darauf, angemacht zu werden, sondern wenn ihnen jemand gefiel, gingen sie zu ihm hin und machten ihn an. Und dann passiert etwas, ob mit oder ohne Schutz - das entscheidet man selbst -, aber das war's dann auch. Kurzfristig war man interessant, gleich darauf wurde der Schnitt gemacht. Heute trifft man sich mit dem, morgen mit jenem. Ich habe dort Frauen gesehen, die als Model arbeiten könnten, wirklich interessante und hübsche Menschen, aber sie hatten überhaupt keine Basis mehr und lebten einfach vor sich hin. Irgendwie ist jeder dieser Nachtmenschen zu. Keiner von ihnen ist nüchtern. Irgend etwas nimmt jeder: Alkohol, Pillen oder Koks. Alle waren in diesem Techno-Laden, an den ich momentan denke, ungeheuer freizügig. Ihre Verhaltensweise war in diesem Laden ganz normal und für niemanden ein Problem; nur für mich war es eines.

Das Streben nach ewigem Glück

W.W.: Was ist eigentlich Sucht?

P. Elsing: Für mich ist Sucht ein Stück Lebensunfähigkeit. Das Problem ist lediglich, daß diejenigen, die süchtig sind oder in der Gefahr, süchtig zu werden, ihren Zustand nicht begreifen. Schwerpunktmäßig spielt sich die Sucht im emotionalen Bereich ab. Man versucht, Situationen zu schaffen, in denen man halbwegs zufrieden ist, oder Situationen, in denen man das Glücklichsein permanent steigern kann. Immer weniger Menschen wissen, daß Glücklichsein ein Ausnahmezustand ist und nicht etwas, was man jeden Tag haben kann. Denn wenn Glücklichsein alltäglich wird, verliert es seine Besonderheit. Glücklichsein, Zufriedenheit oder Liebe sind Emotionen oder Zustände, die man nur ab und zu einmal spürt, auch dann, wenn die Liebe immer vorhanden ist.

Ein Süchtiger möchte diese Zustände erreichen und sucht nach Möglichkeiten, derartige Glückszustände immer zu haben oder sogar noch zu toppen. Man sehnt sich nach dem sogenannten Kick, den das Leben auch sonst hin und wieder bietet, aber hier durch Drogen oder bei einem Spielsüchtigen durch den Spieleinsatz. Für diesen Kick helfen einem die Drogen in der ersten Zeit, und deswegen sind sie auch so stark verführerisch.

Gleichzeitig helfen sie abzuschalten. Viele nehmen Drogen, um ihren alltäglichen Problemen zu entfliehen, um die Mißstände und das Elend, die sie um sich herum wahrnehmen, nicht betrachten zu müssen.

Einen weiteren wichtigen Bereich möchte ich ansprechen: die Familie und das zwischenmenschliche Gespräch. Gespräche in der Familie, zwischen Freunden, mit Pädagogen oder auf der Ausbildungsstelle waren früher sehr viel häufiger als heute. Wer heute in gewissen Bereichen von Berlin, z.B. in Neukölln, als Lehrer an einer Schule arbeitet, wird zu allem kommen, aber nicht dazu, sich mit den Problemen eines jungen Menschen zu beschäftigen, obwohl es sein eigener Schüler ist. Dazu ist er gar nicht in der Lage. Diese Zuwendung, dieses Gespräch fehlt heute.

Die jungen Menschen sind auf sich gestellt und lernen nicht, mit ihren Problemen umzugehen. Und ich glaube nicht, daß heute andere Probleme herrschen als vor 30 Jahren! Vor 30 Jahren hatten wir lediglich andere Möglichkeiten, mit Problemen umzugehen, aber das scheint heutzutage nicht mehr möglich zu sein. Viele Menschen sind meiner Meinung nach immer weniger in sich gefestigt als noch vor Jahren. Heute gibt es kaum noch Perspektiven, es gibt weitgehend keine Sicherheit mehr, und man geht mehr oder weniger davon aus, daß auch das Rentensystem zusammenbrechen wird. Vieles davon mag eintreffen, aber das ist noch lange kein Grund zu resignieren, sich nicht mit Problemen auseinanderzusetzen oder kleinere Katastrophen auszuhalten.

Man kann sich auch die Beziehungskrisen anschauen. Wie viele Menschen gehen Beziehungen ein oder heiraten. Aber wenn man zwei Jahre abwartet und dann schaut, wer noch zusammen ist, dann ist das fast schon der kleinere Teil. Zwischenmenschliche Auseinandersetzung, die Gründung von Familien, das Aushalten von Problemen gehören nicht mehr zu dem Anspruch der heute lebenden Menschen. Viele Menschen haben einfach Angst, sich auseinanderzusetzen, eine Familie zu gründen, Kinder zu bekommen, zu erziehen oder darüber nachzudenken, was man heute tun muß, wenn man in 30 Jahren einigermaßen vernünftig leben will. Die meisten trauen sich gar nicht, so weit zu denken.

Das soziale Ich entgleitet

W.W.: Sind die Menschen heute lebensuntüchtiger als vor 20 oder 30 Jahren, sind sie schwächer, oder liegt das an den Umständen, die wir heute haben, daß man gar nicht mehr mit dem Leben zurechtkommen kann?

P. Elsing: Eigentlich werden die einzelnen Persönlichkeiten stärker, und die heute lebenden jungen Menschen sind immer weniger Massenmenschen. Daß irgendein Volksverführer aufsteht und die Massen ihm nachrennen - das würde heute nicht mehr geschehen.

Insofern sind die Persönlichkeiten stärker geworden. Aber eine solche Persönlichkeit braucht ein Umfeld, und dieses Umfeld müßte z.B. eine Familie schaffen. Da die Familien und andere Strukturen aber zunehmend zerbrechen, führt das Stärkerwerden des Ichs dazu, daß man sich immer öfter auf negative Raster einläßt und daß das Ich kaum noch in der Lage ist, ein soziales Ich zu sein. Also nicht mehr Du und Ich, sondern nur noch Ich, und Du bist uninteressant. Diese Entwicklung führt dazu, daß wir asozial werden, daß wir nicht mehr miteinander umgehen können. Oftmals ist auch gar nicht mehr der Anspruch da, miteinander umgehen zu wollen.

Der Bedarf an Liebe ist riesig, aber die Menschen begreifen nicht, daß ich auch geben muß, wenn ich Liebe haben will. Und eine solche Haltung führt bei einem stärker werdenden Ich dazu, daß man geliebt werden möchte, aber nichts mehr dafür geben will. Das aber funktioniert nicht! Man sollte jedem Menschen, der eine solche Einstellung hat, entgegenrufen: Wenn du mich möchtest, dann komm doch erst einmal auf die Idee, selbst jemanden zu lieben, denn dann veränderst du dich und wirst in deinem Menschsein offener und freier. Und wenn man sich auf diese Weise öffnet, dann wird man auch von anderen geliebt. Aber davor haben die meisten Angst. Sie haben Angst, sich zu öffnen, und statt dessen machen sie alle zu. Und dann wundern sie sich, wenn einen andere Menschen nicht mögen, nicht ansprechen oder nicht einmal anlächeln.

Ich habe das ausprobiert, als ich noch bei Synanon arbeitete. Synanon liegt am Potsdamer Platz, und irgendwann kam ich auf die Idee, jeden Morgen aus meinem Büro herauszugehen und drüben am Potsdamer Platz bei einem Italiener einen Espresso zu trinken.

Am Potsdamer Platz trifft man Russen, Chinesen, Japaner oder Schwarze - es geht dort sehr international zu. Irgendwann habe ich angefangen, jemanden anzuschauen, nett und freundlich zu lächeln oder sogar jemanden anzusprechen. So etwas habe ich viele Jahre nicht gemacht. Wenn man das auf eine bestimmte offene Weise macht, ist es überhaupt kein Problem, und man kommt mit den meisten Menschen – auch wenn man nicht ihre Sprache spricht – irgendwie ins Gespräch. Auf eine verbindende Weise versteht man sie. Und man bekommt ein entsprechendes Feedback. Selbstverständlich klappt es nicht mit jedem, da auch viele Nichtsüchtige zumachen und sich fragen, was der denn von einem will. Aber das ist doch ein Zeichen dafür, daß wir heute kaum noch in der Lage sind, miteinander umzugehen.

Gefühle aus dem Osten

W.W.: Was veränderte sich dadurch bei Synanon, daß mit Öffnung der Mauer und dem Zusammenbruch der kommunistischen Staaten auch Alkoholiker zu Euch kamen?

P. Elsing: Das war für Synanon sehr wichtig. Durch die Heroinsüchtigen herrschte dort eine gewisse Härte, und man konnte seine Gefühle kaum zeigen. Die Alkoholiker haben dies verändert. Die Alkoholiker aus dem Osten haben die Gefühle und die zwischenmenschliche Kommunikation zu Synanon hereingetragen. Und sie haben miteinander geredet.

Als die Mauer fiel, bin ich ganz schnell nach Ost-Berlin zur Komischen Oper gegangen und kam dort für 70 Pfennig rein. Das war für mich totaler Wahnsinn. Und als ich dort in der Schlange stand, geschah es mir doch tatsächlich, daß mich viele Leute einfach anquatschten. Wenn ich hier in West-Berlin in einer Schlange vor einem Kino stehe, kommt niemand auf die Idee, mich anzuquatschen. Im Osten war man das einfach gewohnt. Und dieses Element haben die Menschen aus dem Osten nach Synanon hereingetragen. Das führte dort dazu, daß alles „weicher“ wurde und ein Stück normales Leben hereingetragen wurde. Von daher kann eine solche Einrichtung froh darüber sein, daß die Alkoholiker aus dem Osten hinzugekommen sind.

W.W.: Und kamen die Heroinsüchtigen und die Alkoholiker miteinander zurecht?

P. Elsing: Ja, es gab keine sehr großen Probleme. Das einzige Problem war lediglich, daß die Heroinsüchtigen ein wenig auf die Alkoholiker herabgeschaut haben, die Alkoholiker dagegen auf die Kriminellen. Aber das war bei Synanon kein sehr großes Problem, da man dort miteinander lebt, miteinander ißt, miteinander arbeitet, und so lernte man sehr schnell, daß zwischen den Süchtigen keine großen Unterschiede bestehen und jeder irgendwie eine arme Sau ist. Diese Klassenunterschiede sind selbst in der Szene heute nicht mehr so gravierend, da fast alle Heroinsüchtigen ebenfalls Alkohol trinken.

W.W.: Die Menschen verändern sich, mit ihnen auch das Suchtverhalten. Scheinbar wirken die Jugendlichen heute lebensuntüchtiger und schwächer, andererseits sind sie auch viel individualisierter als die Jugendlichen vor 30 Jahren. Und nun gibt es dementsprechend andere Angebote, die zu einem neuen Suchtverhalten führen, z.B. die SMS-Sucht und die Onlinesucht. Jeder sitzt vor seinem Gerät, jeder hat die Sehnsucht, geliebt zu werden, jeder möchte Kontakt mit anderen Menschen haben, aber kaum einer traut sich im realen Leben dazu, Kontakt aufzunehmen und macht es deswegen online. Ist es so, daß das Angebot für etwaiges Suchtverhalten den Jugendlichen von heute entspricht?

P. Elsing: Ganz bestimmt. Deswegen ist das Angebot der Prostitution auch so riesig. 70 % der Männer, die zu Prostituierten gehen, sind verheiratet oder in einer festen Beziehung. Das sagt doch fast genau das gleiche wie die Onlinesucht aus. In der Beziehung wird es schwierig, man spricht nicht mehr miteinander oder denkt nicht mehr über den Sinn der Ehe nach und flüchtet deshalb hin und wieder zu Prostituierten. Immer weniger Menschen sind in der Lage, innerhalb einer Partnerschaft miteinander zu kommunizieren, gerade auch was die Sexualität betrifft.

Ich habe z.B. einige Tantra-Kurse mitgemacht und dadurch erfahren, wie wenig wir heute in der Lage sind, ein wirkliches Körperbewußtsein zu entwickeln. Das ist heute noch viel weniger möglich als vor 20 oder 30 Jahren. Man spricht nicht einmal darüber. Wenn die Menschen das könnten, würde es von den 70 %, die jetzt zu Prostituierten gehen, bestimmt die Hälfte lassen. Denn dann brauchen sie sich nicht mehr zu holen, was sie sich eigentlich wünschen. Aber zu Hause können sie darüber nicht sprechen.

Es kann eine Wohltat sein, einen Partner mit den Fingerkuppen zu berühren, gerade dann, wenn man erschöpft von der Arbeit kommt. Wenn man das lernt, und dabei geht es gar nicht um den Orgasmus, entwickelt man einen viel sensibleren Austausch mit seinem Partner. Aber wie soll eine Beziehung funktionieren, wenn man nicht einmal dazu mit seinem Partner in der Lage ist? Wir werden nicht als soziale Wesen geboren, sondern wir werden dadurch sozial, daß wir lernen, miteinander zu leben. Und wenn wir das nicht lernen, dann werden wir aus unserem Umfeld und von unseren Mitmenschen herausgeschmissen.

Rauchen als ein erster Schritt in die Sucht

W.W.: Inwiefern macht Tabak süchtig?

P. Elsing: Ich bin davon überzeugt, daß Tabak auch mit ein Auslöser für eine spätere Sucht sein kann. In der Einrichtung Synanon besteht Rauchverbot, aber viele, die Synanon verlassen haben, haben wieder mit dem Rauchen begonnen. Für viele von ihnen war das auch wieder der Einstieg zum Gras. Bei vielen Fixern habe ich dagegen erlebt, daß bei ihnen nicht mehr das Heroin, sondern der Alkohol zum Thema wurde, und zwar weil die eine Droge illegal und die andere legal ist. Deshalb halte ich Alkohol für weitaus gefährlicher als Tabak.

W.W.: Sind im Tabak süchtigmachende Stoffe enthalten?

P. Elsing: Ich glaube, daß sich die Zigarettenindustrie das durch die heutigen Kontrollen einfach nicht leisten kann. Allerdings gehe ich davon aus, daß solche süchtigmachenden Stoffe früher einmal beigemischt worden sind. Aber ich glaube nicht, daß das heute noch der Fall ist. Mit modernen Untersuchungsmethoden würde man das sehr schnell herausfinden.

W.W.: Aber Rauchen ist der erste Schritt zur Sucht?

P. Elsing: Rauchen kann ein erster Schritt zur Sucht sein. Viele kommen mit dem Rauchen zurecht, und abgesehen davon, daß sie nikotinsüchtig sind, nehmen sie keine anderen Suchtmittel. Für andere ist es ein Einstieg in weitere Drogen. Das Problem des Rauchens liegt bei den Jugendlichen. Sie rauchen nicht, weil die Zigaretten für sie Genuß sind, sondern oftmals, weil sie denken, dadurch erwachsen zu wirken. Auch ich habe nicht mit dem Rauchen angefangen, weil es mir geschmeckt hat - ich weiß noch sehr genau, wie ich nach dem ersten Zug gekotzt habe -, sondern weil ich erwachsen wirken wollte.

Die legale Droge Alkohol

W.W.: In Deutschland gibt es ca. 1,2 Mio. Männer und 300.000 Frauen, die alkoholabhängig sind; zusätzlich viele Millionen mit riskantem Trinkverhalten. Warum ist Alkohol ein derartig gravierendes Problem in der heutigen Zeit?

P. Elsing: Diejenigen mit riskantem Trinkverhalten werden auf sechs bis acht Millionen geschätzt, also fast jeder Zehnte in Deutschland. Man kann also nicht mehr davon ausgehen, daß die Alkoholsucht nur eine Randgruppe betrifft. Das ist der Unterschied zu den Heroinsüchtigen.

Die meisten Menschen wechseln nicht vom Tabak oder vom Alkohol zu Gras, Shit oder gar zum Heroin, denn über diese Suchtmittel hat man in den letzten Jahrzehnten einfach zu viel gehört. Allerdings ist der Alkohol viel schlimmer, aber das wird in den Medien nicht dargestellt. Hier bedarf es einer viel breiteren Aufklärungskampagne in allen Medien.

Alkohol ist legal, aber es gibt mehr Menschen, die sich zumachen wollen, als man denkt. Deswegen wählen sie das legale Mittel Alkohol, meistens durch regelmäßigen Konsum. Nur die wenigsten Menschen trinken Alkohol wegen des guten Geschmacks, die meisten konsumieren ihn um seiner Wirkung willen. Und um immer die gleiche Wirkung zu erzielen, muß man kontinuierlich mehr trinken. Deswegen haben wir so viele Alkoholiker. Daran sehen wir, wie viele Menschen nicht mehr mit dem normalen Leben zurechtkommen. Auch vor 20 Jahren hat man schon extrem Alkohol getrunken, aber trotzdem hatten wir damals noch nicht so viele Alkoholiker.

W.W.: Alkohol ist vor allem ein Problem der Jugendlichen: 38 % der Jungen und 20 % der Mädchen trinken regelmäßig. Warum greifen gerade die Jugendlichen heutzutage so stark zur Flasche?

P. Elsing: Ein gravierender Punkt ist die Werbung, die viele zum Trinken anstiftet. Viele Jugendliche sehnen sich nach dem, was sie in der Werbung sehen: Bacardi-Werbung war ja immer recht anspruchsvoll, denn wer will nicht auf eine sonnige Insel mit einem Hotel, schönen Frauen und Sex! Gerade junge Menschen fahren darauf ab, denn sie möchten auch eine Freundin haben, die alle anderen bewundern. Das ist völlig normal. Und solche Wünsche werden durch die Werbung angeregt.

Auf der anderen Seite gibt es seit geraumer Zeit die Warn-Nachrichten auf den Zigaretten-Päckchen, daß Rauchen tödlich sein kann usw. Aber das hat überhaupt keine Wirkung. Denn die Jugendlichen haben in bezug auf die Folgen des Rauchens überhaupt keine Ängste. Genauso ist es beim permanent sich steigernden Alkoholkonsum: die Ängste sind nicht vorhanden. Und wenn die Menschen irgendwo auf einer Gesellschaft oder einer Party aufeinanderstoßen und sich zu Beginn fremd sind, wissen die meisten nicht, wie sie sich benehmen und was sie mit den anderen reden sollen. Aber man braucht nur eine halbe Stunde zu warten, bis alle einige Glas Bier oder Sekt zu sich genommen haben, dann kommen plötzlich alle Menschen wunderbar miteinander klar.

W.W.: Wann ist ein Mensch alkoholabhängig; wie wird das gemessen?

P. Elsing: Das ist ganz unterschiedlich und hängt fast absolut von der Individualität ab. Der eine kann fast fünf Liter Bier trinken, der andere nur einen halben. Die Menge ist kaum entscheidend, sondern der Umgang mit dem Alkohol. Es gibt Menschen, die jeden Tag Alkohol trinken. Mein Vater war so einer. Er hatte einen Weinkeller, und es war für ihn eine Art Ritual, jeden Tag seinen Wein zu genießen. Es gibt auch Biertrinker, die Bier trinken, weil sie den Geschmack mögen. Bei diesen Menschen ist das Alkoholtrinken vielleicht in Ordnung.

Aber die meisten Menschen trinken Alkohol, weil sie eine Wirkung haben wollen. Jeder sollte sich fragen, warum er Alkohol trinkt. Wenn es wegen der Wirkung ist, dann ist das bereits die beste Voraussetzung, abhängig zu werden. Wer auf eine Veranstaltung geht und dort Alkohol trinkt, um mit den Menschen besser klarzukommen, trinkt Alkohol wegen der Wirkung. Und das ist die beste Voraussetzung dafür, süchtig zu werden. Und bestimmt die Hälfte aller Menschen, die Alkohol trinken, wissen nicht, daß sie auf diese Weise in die Sucht hineinrutschen.

Wenn die Alkoholsüchtigen körperlich abhängig sind, ist bereits alles gelaufen. Die Abhängigkeit beginnt zuerst in der Psyche. Man kennt das vom Rauchen: Jemand raucht 25 Zigaretten am Tag, dann aber kommt er in eine Krisensituation, steht vor einem wichtigen Vorstellungsgespräch, einer Abitur-Prüfung oder der Fahrprüfung. Jeder Raucher weiß, daß er vor einer solchen Situation wesentlich mehr raucht als normalerweise. Das ist Sucht.

Eine alkoholisierte Gesellschaft

W.W.: Sind Menschen, die regelmäßig Alkohol trinken, beispielsweise eine halbe Flasche Wein, Alkoholiker?

P. Elsing: Das kann man erkennen, wenn man ihnen nicht zwei Wochen, sondern zwei Monate den Wein wegnimmt. Dann wissen diese Menschen, ob sie Alkoholiker sind oder nicht. Und die meisten werden sich wundern: Sie sind es! Das Schlimme ist aber, daß solche Menschen Entscheidungen treffen, auf wirtschaftlicher, politischer oder anderer Ebene. Da faßt sich ein normaler Mensch - wie Du und ich - an den Kopf und fragt sich: Wieso dürfen solche Menschen noch Entscheidungen fällen?

W.W.: An welche Menschen denkst Du dabei?

P. Elsing: Eigentlich an alle diejenigen Menschen, die regelmäßig Alkohol trinken und irgendwo im öffentlichen Leben Entscheidungen fällen. Das sind Massen von Menschen. Sie trinken regelmäßig Alkohol, haben oft 1,5 Promille im Blut und glauben, daß sie fit und nüchtern seien. Sie trinken am Tag zwei oder drei Bier, und zwar jeden Tag, und sind davon überzeugt, daß sie nüchtern sind. Wenn man das regelmäßig tut, kommt der Körper überhaupt nicht mehr dazu, nüchtern zu sein. Die Wirkung dauert immer länger, als man gemeinhin annimmt. Solche Menschen sind eigentlich nie nüchtern, und insofern treffen sie fast immer Entscheidungen, obwohl sie nicht klar bei Verstand sind. Wenn man die vielen unsinnigen Entscheidungen im öffentlichen Leben genauer untersuchen würde, würde man bestimmt feststellen, daß viele von ihnen durch Alkoholiker getroffen worden sind.

Sucht ist heimtückisch

W.W.: Stimmt es, daß ein trockener Alkoholiker, wenn er nach Jahren lediglich einen Tropfen Alkohol zu sich nimmt, wieder alkoholabhängig werden kann?

P. Elsing: Streng genommen ist das so richtig. Allerdings läuft der Prozeß anders ab, und das genau ist das Problem. Sucht ist heimtückisch und geht nie den geraden Weg. Nach einem Entzug und in den Jahren danach hat man sich meist verstandesmäßig im Griff und verhindert alles, um erneut an Stoff zu geraten. Das Irrationale aber ist die Sucht, denn sie kommt hinterrücks und flüstert einem ein, daß man Bock habe, sich erneut eine Spritze zu setzen oder Alkohol zu trinken. Ich kenne dieses Problem ganz genau. Noch nach Jahren bin ich wach geworden und habe morgens meine Pumpe im Bett gesucht.

Sucht ist gemein, sie meldet sich immer wieder, aber sie kommt nicht so, daß man ein Bewußtsein in bezug auf sie hätte. Sie kommt von hinten. Man rutscht dabei in Tätigkeiten hinein, die man nicht vollbewußt kontrolliert. Ich kann dazu ein Beispiel nennen: Während meiner Zeit bei Synanon, in der ich mich fast ausschließlich mit Sucht beschäftigt habe und auch verantwortlich tätig war, ist es mir immer mal wieder passiert, daß ich beim Italiener essen gegangen bin und nicht gefragt habe, ob in einer Speise Alkohol enthalten sei. Das ist Sucht. Und für mich war es lebensnotwendig, dies zu wissen. Auf diese Weise übertölpelt einen die Sucht.

Viele sind auf diese Weise wieder in die Sucht hineingeraten, oftmals auch erst Wochen, nachdem sie unbewußt in einer Speise Alkohol zu sich genommen haben. Manche trinken auch ein Glas Bier, und es passiert nichts. Wochen später erzählen sie dann ihren Freunden: „Du, ich habe ein Glas Bier getrunken, und es ist nichts passiert. Also trinke ich noch einmal eines." Aber dann trinkt er nicht nur eines, sondern mehrere, und auf diese Weise wird er wieder alkoholabhängig. Durch das erste Glas wird ein Hebel umgelegt, der sich oft erst Wochen später auswirkt.

W.W.: Nehmen wir an, ein Alkoholiker ist seit zehn Jahren trocken und ißt aus Versehen eine Alkoholpraline. Kann es sein, daß er daraufhin sofort wieder zu trinken beginnt?

P. Elsing: Das kommt auf den Menschen an. Wer aus Versehen eine Alkoholpraline ißt, hat dies nicht mit Bewußtsein getan. Wenn er sich seiner Handlungen nach dem Essen dieser Praline bewußt ist und er verhindern will, erneut zu etwas Alkoholischem zu greifen, wird wahrscheinlich nichts passieren. Aber er muß auf die unbewußten Prozesse, das Hinterlistige der Sucht, achtgeben, denn sie führt einen mit Sicherheit erneut in Situationen, in denen man Alkohol trinken will. Es kommt also darauf an, auf welche Weise sich der Mensch bewußt steuert.

Mangelnde Ehrlichkeit

W.W.: Immer größer wird das Problem des sogenannten Rauschtrinkens bei Jugendlichen, also so viel Alkohol zu trinken, bis man fast in Ohnmacht fällt. Warum machen Jugendliche dieses?

P. Elsing: In der Praxis bzw. aus reiner Anschauung kenne ich mich mit diesem Problem nicht aus. Aber das ist ein großes aktuelles Problem und wird wahrscheinlich bei den meisten in Richtung Sucht gehen. Vor allem geht es dabei um Grenzerlebnisse, um den sogenannten Kick, wahrscheinlich weniger um den Alkohol. Andere erleben diesen Kick z.B. durch unvernünftiges Autofahren, indem man in rasender Geschwindigkeit aufeinander zufährt. Oder sie verabreden sich über das Internet, treffen sich irgendwo und hauen sich gegenseitig in die Fresse, bis einer liegenbleibt. Neulich ist daran sogar jemand gestorben. Wenn die Polizei einschreitet, herrscht natürlich allgemeiner Frieden, und anschließend fährt man an eine andere Stelle und macht weiter.

Bei diesen unsinnigen Tätigkeiten geht es genauso wie beim Rauschtrinken um Grenzerfahrungen, vielleicht sogar um eine Art Todeserfahrung mit hohem Risiko. Man hat keine Angst vor dem Tod. Diese Phänomene zeigen uns, daß solche Menschen nicht mehr mit ihrem Leben zurechtkommen.

W.W.: Wie gefährlich schätzt Du die Alcopops ein?

P. Elsing: Zum Glück geht man hier seitens des Staates ziemlich rigoros vor, indem man die Steuern auf Alcopops massiv angehoben hat. Alcopops sind eine große Gefahr, denn sie schmecken gut, sie kommen vor allem bei Jugendlichen gut an, und man wird quasi durch die Hintertür zum Alkoholiker. Aber ich hoffe, daß man durch die öffentlichen Kampagnen und die angehobenen Steuern einen Teil der Gefahren durch Alcopops verhindern kann.

W.W.: Aber sie kosten lediglich etwas mehr. Ob das die Jugendlichen abhält? Außerdem gibt es nun sogar schon Weinpops, auf die keine erhöhten Steuern erhoben werden.

P. Elsing: Natürlich ist es vor allem auch für die Hersteller in der Industrie ein Wirtschaftsfaktor. Wenn man gesamtstaatlich den Gewinn durch Verkauf von alkoholischen Getränken den Kosten der Folgeschäden gegenüberstellen würde, dann kann man nicht einmal im Ansatz das mit Alkohol erwirtschaften, was er langfristig an Schäden verursacht. Eigentlich müßte dieses Problem politisch gesteuert werden. Aber die Politik hält sich weitgehend heraus. Dem Staat sind die Steuern, die er durch den Alkohol einnimmt, wichtiger als die Gesundheit der Menschen. Aber durch die Alkoholiker und alle anderen Süchtigen wird unser Gesundheitssystem extrem belastet.

Wenn man sich die jüngste Shell-Studie anschaut, bekommt man einen Eindruck davon, warum Jugendliche sich immer mehr von der Politik abwenden. Das liegt zu einem großen Teil daran, daß landläufig nicht mehr die Wahrheit gesagt wird oder man nur mit Teilinformationen abgespeist wird. Vieles wäre anders, wenn man alle Fakten für die Probleme des Staates auf den Tisch legen und ganz deutlich sagen würde: So ist die Situation! Wenn diese Ehrlichkeit - z.B. in bezug auf die Sucht und die Kosten der Sucht - auf den Tisch gelegt werden würden, dann würden sicherlich alle Menschen einen Beitrag dafür leisten, um die Kosten zu dämmen. Statt dessen wird man immer öfter belogen.

Wenn man durch Politiker angelogen wird, dann wird man auch eher dazu neigen, selbst zu lügen. Würde man aber durch die Politik in allen Problemen ehrlich aufgeklärt, dann würden die Menschen auch dazu angeregt, selbst ehrlich zu werden. In Synanon wurde diese Ehrlichkeit zwischen den Süchtigen geübt, und das hat mir geholfen, aus meiner Sucht auszusteigen, denn an sich hatte ich mich schon abgehakt. Durch die Ehrlichkeit, die wir in Synanon zu leben versuchen, habe ich mein Leben wieder in den Griff bekommen. Und das wäre etwas, was viele Politiker lernen müßten.

Der seelische Wattebausch

W.W.: Wie steht es mit der Tablettensucht: Diese Sucht ist eine, die gern ignoriert wird, aber weit verbreitet ist: 820.000 Frauen, 660.000 Männer sind medikamentenabhängig. Um welche Medikamente geht es hierbei, und was ist das Charakteristikum dieser Sucht?

P. Elsing: Vorwiegend geht es dabei um Schmerz- und Schlafmittel. Die Sucht entsteht schleichend. Die Menschen gehen zum Arzt und lassen sich von ihm Medikamente verschreiben, obwohl sie sie gar nicht brauchen. Meist kann der Arzt aber nicht die Situation der einzelnen Menschen einschätzen. Menschen, die an Schlafstörungen leiden, nehmen beispielsweise Schlaftabletten, und spätestens nach 15 Minuten stellt sich eine Wirkung ein. Und diese Wirkung sucht man, selbst wenn man noch gar nicht ins Bett geht. Es entsteht dann eine Art von seelischem Wattebausch, der einen vor den Problemen des Alltags einhüllt. Man nimmt diese Mittel, um meist ohne Probleme einschlafen zu können. Meist ist es eine angenehme Situation. Selbst wenn man morgens aufwacht, bleibt diese Annehmlichkeit bestehen. Auch morgens liegt man noch in diesem Wattebausch. Aber er ist nicht die Realität, ist nur ein Schein in der Wirklichkeit. Und wenn die Wirkung nachläßt, sind die Probleme des Alltags wieder da. Um den Zustand der Annehmlichkeit aufrechtzuerhalten, müssen diese Menschen immer mehr Tabletten schlucken, und flugs sind sie in einer Abhängigkeit und süchtig.

W.W.: Wissen die Menschen überhaupt, daß sie süchtig sind?

P. Elsing: Beim langsamen Hineinglitschen in die Abhängigkeit denken die meisten kaum über eine anstehende Sucht nach. Wenn sie süchtig sind, tun sie zuerst einmal gar nichts, es sei denn, irgendein Auslöser bringt sie dazu, gegen diese Sucht anzukämpfen.

Willenslahm durch Haschisch

W.W.: Kannst Du die schädliche Wirkung des gelegentlichen und des regelmäßigen Haschischrauchens auf die Menschen beschreiben?

P. Elsing: Auf jeden Fall stimuliert es. Man bekommt das Gefühl, Zugang zu Bereichen zu erhalten, für die man sonst keine Wahrnehmungen hat. Früher nannte man das Bewußtseinserweiterung. Viele Jugendliche der 60er und 70er Jahre griffen deshalb zum Haschisch und später auch zu anderen Drogen. Aber diese Bewußtseinserweiterung ist nichts als eine Illusion, denn Haschisch gaukelt einem etwas vor. Jeder, der Haschisch konsumiert hat und relativ gesund war, erlebte vielleicht die Musik gefühlvoller und inhaltskräftiger, bemerkte aber schon nach kürzerer Zeit die Illusion.

Normalerweise rauchen die Kiffer gerne Haschisch, um sich zu entspannen, um sich zu beruhigen. Man bekommt auch eine ganz eigenartige Art von Humor, allerdings ist dies ein sehr flacher Humor, denn man lacht über Sachen, über die es eigentlich nichts zu lachen gibt. Man fühlt sich wohl, man ist stimuliert und hat das Gefühl, daß man etwas empfindet, was man sonst nicht empfindet. Das aber stimmt nicht. Es ist ähnlich wie beim Koks, nämlich ein Vorstellen von etwas, was nicht wirklich ist. Und wer sich im Alltagsleben nicht entspannen kann, wer es nicht gelernt hat, sich auch in Nüchternheit wohlzufühlen, der ist für Haschisch prädestiniert. Ich kann diese Menschen verstehen, denn auch ich habe viele Jahre der Nüchternheit gebraucht, um mich ohne jede Droge entspannen zu können.

Wer regelmäßig Cannabis einnimmt, verliert seine Antriebskraft für das alltägliche Leben, für seine ursprünglichen Ziele. Die Willenskraft für das tägliche Machen erlahmt, und wer regelmäßig kifft, kommt irgendwann in den Zustand, morgens nicht mehr aufstehen zu können. Man verliert auch die Kraft, bestimmte Disziplinen nicht mehr kontinuierlich durchführen zu können.

Einstiegsdroge Cannabis

W.W.: Die einen sagen, Haschisch mache süchtig, die anderen sagen, es macht nicht süchtig. Wie verhält sich das?

P. Elsing: Es gibt viele Millionen Kiffer, aber nicht alle werden süchtig. Das ist wie beim Alkohol. Es gibt Menschen, die mit Haschisch umgehen können. Trotzdem schadet Haschisch jedem, denn meistens raucht man es zusammen mit Tabak, und es hat eine negative Wirkung auf die Psyche. Trotzdem bedeutet es nicht, daß jeder Kiffer abhängig wird.

Ich habe in den letzten 15 Jahren fast jedes Aufnahmegespräch in Synanon durchgeführt, und dabei interessierte mich besonders die Biographie der Süchtigen. Meine Frage an die Heroinsüchtigen war auch immer die nach der Einstiegsdroge. 99 % aller Heroinabhängigen haben zuvor gekifft.

W.W.: Also ist Haschisch eindeutig eine Einstiegsdroge?

P. Elsing: Für mich ist es eine Einstiegsdroge, ja.

W.W.: Ich lese über die Gefährlichkeit von Haschisch die widersprüchlichsten Darstellungen. Auf der einen Seite gibt es die, die den gelegentlichen Haschischkonsum bagatellisieren. Dazu folgende Zitate, zusammengestellt von www.stern.de/wissenschaft/gesundheit:

„Entwarnung Nr. 1: Schon 1997 stellten die Professoren Dieter Kleiber und Karl Artur Kovar in einer großen Untersuchung für das Bundesgesundheitsministerium fest, daß der Joint am Feierabend ‚weniger dramatisch und gefährlich' sei als überwiegend angenommen und ‚keineswegs zwangsläufig zu einer psychischen Abhängigkeit' führe - ein Ergebnis, daß von der damaligen Bundesregierung schlicht ignoriert wurde.

Entwarnung Nr. 2: Schweizer Experten kamen inzwischen zur Überzeugung, daß Marihuana ein weit geringeres Suchtpotential hat als Alkohol oder Nikotin, von Heroin oder Kokain ganz zu schweigen.

Entwarnung Nr. 3: Shit oder Gras könne nicht länger als klassische Einstiegsdroge für härtere Sachen gelten, wie holländische Forscher belegen. Viel öfter ist es der Suff, der ins Junkie-Elend führt."

Was hältst Du davon?

P. Elsing: Bei allen diesen Untersuchungen muß man sehr vorsichtig sein und sich als allererstes immer fragen, inwieweit diejenigen, die die Untersuchungen durchgeführt haben, voreingenommen oder nicht voreingenommen sind. Gerade bei Holländern sollte man sehr vorsichtig sein. Ich habe an der holländischen Grenze gelebt, als ich heroinsüchtig war, bin ich wöchentlich nach Amsterdam gefahren, um Stoff zu holen und um ihn anschließend zu verkaufen. Gerade bei Holländern kann es sein, daß diejenigen, die Untersuchungen durchführen, selbst Haschisch konsumieren. Zumindest würde ich das nicht ausschließen.

Allein daß man sagt, daß Haschisch nicht abhängig mache wie Nikotin, zeigt doch schon die Unsinnigkeit einer solchen Aussage. Denn man nimmt Shit zusammen mit Nikotin ein. Shit pur zu rauchen, ist überhaupt nicht möglich. Man kann es zwar im Tee trinken oder in einen Kuchen hineinbacken, aber das tut man gewöhnlich nicht. Nur wenn man Shit raucht, kommt die Wirkung sehr schnell.

Meines Erachtens will man den süchtigmachenden Charakter des Haschischs als Problem umgehen, will dieses Problem nicht zulassen.

Denn dann müßte man konstatieren, daß wir in Deutschland ein riesiges Problem mit dem Haschisch haben.

W.W.: Auf der anderen Seite gibt es beunruhigende Darstellungen:

„Aber andererseits melden sich bei Drogenberatungen immer mehr Dauerkiffer, weil sie ausgebrannt und depressiv sind. ‚Die Zahlen haben sich in den letzten Jahren nahezu verdoppelt', sagt Andreas Gantner vom ‚Therapieladen' in Berlin, der auf Cannabis-Fälle spezialisiert ist. Neben 40 Erwachsenen sind dort auch schon 20 Jugendliche in ambulanter Behandlung, die mehrere Jahre gekifft haben. ‚Manche haben das Gefühl, ihr Gehirn weggebrutzelt zu haben', sagt Gantner, ‚die haben ein richtiges Problem.'

Sven zum Beispiel, 25 Jahre, wachsbleiche Haut, feuchte Hände, dunkle Augenschatten. Hat sich mit täglichen Joints ab 15 bis zum Abitur durchgepfuscht und studiert jetzt Politologie. Nur hat er vor einiger Zeit gemerkt, daß er bei Seite 2 im Lehrbuch nicht mehr wußte, was auf Seite 1 stand. ‚Mir ist schon früher aufgefallen, daß mir bestimmte Wörter nicht mehr einfielen, so wie bei einem senilen 80jährigen', sagt Sven. ‚Später bin ich richtig paranoid geworden und dachte, daß alle über mich ablästern. Es war ein großer Kampf in mir, bis ich hier in der Therapie gelandet bin.'

Für den Psychologen Gantner hat die weiche Droge Cannabis eine besondere Gefahr: Sie ist wie Watte. ‚Der ganze Gefühlsbereich wird in Watte gepackt. Keine Weiterentwicklung. Konfliktaufschub statt abtrauern, wenn Beziehungen kaputt sind. Blockade und Depressionen.' Und manchmal ist ein Joint zuviel auch der ‚Trigger', der eine Psychose auslöst.

(...) Beunruhigend auch, daß Göttinger Forscher bei Früheinsteigern Gedächtnis- und Aufmerksamkeitsdefizite fanden und australische Wissenschaftler bei Alt-Kiffern verminderte Gehirnfunktionen. Für die meisten Konsumenten besteht dennoch kein Grund zur Panik, meint Gantner: ‚Die überwiegende Mehrheit aller Menschen, die mit Cannabis in Kontakt kommt, kriegt damit genauso wenig Probleme wie die meisten moderaten Alkoholtrinker.' Die Risikogruppe schätzt er auf fünf bis zehn Prozent."

Was hältst Du davon?

Plötzlich ist ein Teil der Erinnerung weg

P. Elsing: Das sind weitgehend realistische Einschätzungen. Besonders diese Gedächtnislücken kenne ich auch aus eigener Erfahrung. Plötzlich ist ein Teil der Erinnerungen einfach weg. Man spricht Worte zehnmal aus, und beim elften Mal sind sie einfach verschwunden. Das ist einfach so. Das Problem ist, daß diese Schäden nicht mehr reparabel sind. Das Gehirn ist beschädigt und läßt sich nicht mehr regenerieren. Man lernt als Kiffer, sich mit diesen Gedächtnislücken zu arrangieren und entwickelt eine Technik, den Gedächtnisverlust zu umgehen. Und das Depressive und Paranoide erleben auch viele Kiffer, natürlich nicht alle.

Haschisch wirkt fünfmal so stark

W.W.: Ich habe jetzt mehrfach gehört und gelesen, daß sich die Haschischpflanze durch intensiveren Anbau verändert haben soll, was dazu führt, daß der Wirkstoff THC fünf- bis siebenmal stärker im Haschisch enthalten ist. Daraus folgt, daß Cannabis mitunter verheerende Folgen für die Menschen hat, z.B. Psychosen und andere fast irreparable Schäden. Ist da etwas dran?

P. Elsing: Das ist eine ganz wichtige, neuere Entwicklung. Vor allem diese Psychosen nehmen immer mehr zu. Allerdings hängt das sehr stark von den Kiffern ab.

W.W.: Das ist ja eine beängstigende Wirkung, weil die meisten Kiffer davon ausgehen, daß Haschisch völlig harmlos ist. Wenn aber bei einem gewissen Prozentsatz Psychosen entstehen, man Stimmen hört oder irreparable Schäden bekommt, muß man hier doch eine weitaus verstärkte Aufklärungskampagne starten.

P. Elsing: Selbstverständlich. Dasselbe Problem haben wir mit Pillen, denn so gut wie nie kennt man die genaue Zusammensetzung der Pillen. Die Dosierung ist meist dem Zufall überlassen. Das ist meiner Ansicht nach noch viel gefährlicher. Denn wer Ecstasy oder LSD nimmt, kann sich noch sehr viel schneller kaputtmachen.

Keine Haschischlegalisierung

W.W.: Immer wieder gibt es politische Anstrengungen - vor allem von den Grünen, aber auch von der FDP, SPD und PDS, Haschisch-Konsum freizugeben. In Berlin steht dies bereits im Koalitionsvertrag von SPD und PDS. Ist dies der richtige Weg?

P. Elsing: Wir haben so viele Probleme in der Gesellschaft, daß man sich seitens der Politik nicht mehr mit dem Problem Haschisch beschäftigen will. Man kennt keine Lösung, man bekommt es nicht in den Griff, und ich glaube sogar, daß man mehr oder weniger resigniert hat. Deshalb findet man sich wahrscheinlich damit ab, Haschisch-Konsum freizugeben, obwohl man genau weiß, daß dies eigentlich nicht in Ordnung ist.

Das Problem liegt ganz woanders. Wenn alle Menschen halbwegs gesund wären, in sich gesund wären, dann könnte man sogar alle Drogen legalisieren. Denn dann würde es damit kein Problem geben.

Statt dessen läuft es anders herum. Die wirtschaftliche Situation vieler Menschen wird immer dramatischer, sie erleben die Unglaubwürdigkeit vieler Politiker. Der Staat spricht auf der einen Seite über die Gefährlichkeit von Haschisch und ruft dazu auf, Haschisch nicht zu konsumieren. Auf der anderen Seite strebt man an, Haschisch zu legalisieren. Für junge Menschen ist dies ein Widerspruch, denn wie soll er den Appellen des Staates Glauben schenken, daß Haschisch gefährlich ist, wenn Haschisch gleichzeitig legalisiert wird? Das ist die Gefahr bei dem Legalisierungsproblem. Und deswegen kann man Haschisch nicht legalisieren. Junge Menschen können gar nicht davon ausgehen, daß Haschisch gefährliche Wirkungen nach sich zieht, denn sonst würde man Haschisch ja nicht legalisieren.

Du selbst würdest wahrscheinlich nicht Haschisch zu Dir nehmen, wenn es legalisiert wäre, genausowenig wie Du Alkohol trinkst. Du bist von Deiner Konstitution her gesund. Aber das trifft auf einen großen Prozentsatz der deutschen Bevölkerung nicht zu. Und man muß gerade die Hilflosen und die Kranken schützen. Wenn 50 Millionen Menschen mit dem Haschischproblem klarkommen, heißt das noch lange nicht, daß die restlichen 30 Millionen ebenfalls damit klarkommen. Und mit dieser Problematik will man sich seitens der Politik nicht auseinandersetzen.

Ich weiß nicht genau, wie viele Kiffer wir in Deutschland haben, vielleicht 3 Millionen oder mehr. Das ist ein großes Potential, die natürlich ihrerseits das Interesse haben, daß Haschisch legalisiert wird. Das ist sogar eine Gruppe, die für alle Parteien von Interesse sind.

W.W.: Sogar die Junge Union in Flensburg tritt mittlerweile für die Haschischlegalisierung ein.

P. Elsing: Das ist doch Wahnsinn!

W.W.: Dann bist Du also auch gegen die Coffieshops, in denen an jedermann Haschisch und Marihuana abgegeben werden kann?

P. Elsing: Natürlich.

W.W.: Werden die Menschen eher und verstärkt zu Drogen greifen, wenn sie legalisiert sind?

P. Elsing: Das wird auf jeden Fall so sein.

Alkoholverbot führt zum Chaos

W.W.: Stellen wir die derzeitige Illegalität von Haschisch dem Alkohol gegenüber. Alkohol ist legal, Haschischbesitz und -konsum in größeren Mengen nicht. Ist das nicht eine völlig schiefe Situation? Muß man nicht entweder beides legalisieren oder beides verbieten?

P. Elsing: Das ist ein Problem. Aber dieses Problem kann man nicht lösen. Man sieht das z.B. an Schweden. Dort gab es ein Alkoholverbot, aber es hat nicht funktioniert. Auf den Schiffen vor der Küste war der Alkoholkonsum erlaubt. Einmal habe ich das erlebt. Als die Kioske auf den Schiffen aufgemacht wurden, stürzten sich die Menschen auf die Kioske, kauften Alkohol und haben sich wie die Irren betrunken. Das war Wahnsinn pur! Diese Schiffe fuhren vor der Küste und lebten davon, daß die Menschen Alkohol kauften und sich sinnlos besoffen.

Bei der Diskussion um die Haschischlegalisierung wird immer wieder angeführt, daß Alkohol schlimmer ist und viel stärkere körperliche Schäden anrichtet, z.B. Leberzirrhose, gravierende Folge während der Schwangerschaft usw. Das ist alles richtig. Aber nur, weil Alkohol gefährlicher ist und Haschisch vielleicht nicht ganz so gefährlich, aber auch gefährlich, kann ich Haschisch nicht legalisieren. Das ist ein krankes Argument!

Ein Alkoholverbot auszusprechen halte ich für Quatsch, denn das würde zum Chaos in der Bevölkerung führen, wahrscheinlich zum Zusammenbruch vieler gesellschaftlicher Bereiche. Ein Alkoholverbot wäre eventuell nur dann möglich, wenn man es in ein genaues Konzept - über Jahrzehnte hinweg - integrieren würde. Deswegen sollte man gar nicht über ein Verbot nachdenken, sondern statt dessen viel intensivere Aufklärung betreiben.

Beschaffungskriminalität und legale Kriminalität

W.W.: Was hältst Du von der kontrollierten Freigabe aller Drogen, um die Beschaffungskriminalität und die Drogenmafia auszutrocknen?

P. Elsing: Damit würde man schon einen Teil der Kriminalität abbauen können, vor allem auch in bezug auf die Drogenmafia. Aber das ist nur die eine Seite.

Kommen wir nun zur legalen Kriminalität. Wo finde ich die Kriminalität bei der legalen Droge Alkohol? Dazu gibt es verschiedene wissenschaftliche Untersuchungen, die besagen, daß Mißbrauch, Vergewaltigung und Gewalt in der Ehe zu 90 % unter Alkoholeinfluß ausgeübt werden. Diese Kriminalität wird nie richtig dargestellt und vor allem nicht in ausreichender Weise mit dem Alkohol in Verbindung gebracht. Man weiß es, aber trotzdem ist es nie wirklich Thema in den Medien.

W.W.: Warum nicht?

P. Elsing: Weil es wieder den ganz normalen Bürger betrifft. Wenn diese Alkoholiker keinen Alkohol mehr trinken würden, dann würden sie sicherlich trotzdem hin und wieder noch zu Tätern werden. Dennoch glaube ich, daß Alkohol das Gewaltproblem extrem verschärft.

Ich will die Kriminalität, die durch die legale Droge Alkohol entsteht, nicht gegen die Beschaffungskriminalität bezüglich des Heroins aufwiegen, aber man sollte sehr viel stärker zur Kenntnis nehmen, welche Kriminalität durch die legalen Drogen entsteht. Auch mit der Verurteilung der Prostitution sollte man vorsichtig sein, denn es gibt viele Forschungsergebnisse, die besagen, daß Kindesmißbrauch, Vergewaltigung und Gewalt extrem zunehmen würden, wenn es für die Männer keine Prostituierten gäbe. Insofern kann man sogar von einer gewissen Warte aus sagen, daß Prostituierte ein Stückweit soziale Arbeit leisten.

W.W.: Noch einmal zurück zur Legalisierung aller Drogen. Stell Dir einen Staat vor, der alle Drogen freigibt, aber nur in kontrollierten Stätten unter ärztlicher Aufsicht. Man wird registriert, man bekommt die Drogen umsonst. Ist das nicht ein Ansatz, der die Beschaffungskriminalität weitgehend einschränkt?

P. Elsing: Nein. Schau Dir an, was allein am Arbeitsplatz unter Einfluß von Drogen und Alkohol geschieht. Wenn man jetzt alle Drogen, vor allem auch Heroin, freigeben würde, dann kann man vielleicht bei der jetzigen Generation davon ausgehen, daß sie die schreckliche Wirkung von Heroin kennt. Aber bereits die nächste Generation weiß es nicht mehr. Heroin hat eine derartige Kraft, einen derartigen Sog – das ist einfach ein Hammer! Ich war jahrelang heroinsüchtig und weiß, wovon ich spreche. Heroin macht derartig abhängig, daß es kaum zu glauben ist. Nachdem ich mir meine ersten Spritzen gesetzt hatte, wußte ich, daß ich nie mehr etwas anderes im Leben tun würde als zu spritzen.

W.W.: Du meinst also, daß bei Freigabe von Heroin mehr Menschen zur Spritze greifen würden als sonst?

P. Elsing: Ja, und zwar deswegen, weil die Wucht des Heroins so stark ist. Die Anfälligkeit zur Sucht ist bei sehr vielen Menschen stark ausgeprägt, vor allem auch bei Jugendlichen und Kindern. Die Hemmschwelle „Verboten!" hält immer noch sehr viele Menschen von illegalen Drogen ab. Aber wenn man diese Hemmschwelle fortnehmen würde, dann würden immer mehr Menschen in die Sucht hineinstürzen. Ein solches verstärktes Suchtproblem muß gar nicht in den ersten zwei, drei Jahren auftreten, sondern wird wahrscheinlich erst in zehn bis zwanzig Jahren zum gewaltigen Problem werden. Viele Menschen sind heute einfach nicht lebensfähig und nicht in der Lage, wirklich Mensch zu sein. Man muß lernen, sich selbst auszuhalten, ohne etwas einzunehmen. Und dazu werden die Menschen immer weniger in der Lage sein.

Eine süchtige Gesellschaft

W.W.: Ich sehe das Problem, aber ist es nicht doch noch etwas anders gelagert? Die Beschaffungskriminalität richtet ungeheuren gesellschaftlichen und finanziellen Schaden an, und es wäre ein Segen, wenn sie wegfiele. Drogenabgabe könnte doch ausschließlich in Therapiezentren stattfinden, in denen man zwar Drogen abgibt, aber die Drogenabgabe zugleich mit intensiver Beratung verbindet und so auf die Süchtigen einwirkt, einem Entzug zuzustimmen.

P. Elsing: Das geht nicht. Du kannst niemanden dazu zwingen zu entziehen. Das muß er von ganz alleine tun. Und wenn die Drogenabhängigkeit zunimmt, braucht man dementsprechend immer mehr Hilfsangebote. Ich gehe sogar davon aus – obwohl das jetzt eine Theorie ist –, daß wir, wenn wir alle Drogen legalisieren und freisetzen würden, irgendwann so weit wären, daß 50 % der Gesellschaft Drogen nehmen würde.

W.W.: Bist Du davon wirklich überzeugt?

P. Elsing: Ja, davon bin ich überzeugt. Aber wenn so viele Menschen süchtig wären, könnte man sie nicht in Krankenhäuser oder Therapiezentren stecken, sondern sie müßten als Süchtige in der Gesellschaft herumlaufen und weiter in ihren jeweiligen Positionen arbeiten. Vielleicht kommen die Süchtigen in therapeutische Einrichtungen, aber dort würden sie den Therapeuten und Psychologen etwas vorführen, würden sich mittelfristig therapieren lassen, um möglichst schnell wieder entlassen zu werden. Ein Süchtiger ist ein Schauspieler wie kaum ein anderer. Und wenn wir 50 % Süchtige in der Gesellschaft haben, dann werden diese Menschen in Funktionen sitzen, in denen sie Entscheidungen treffen müssen, gesellschaftliche Entscheidungen. Oder sie sitzen an verantwortlicher Stelle und tragen die Verantwortung über Menschenleben, z.B. als Pilot. Wenn aber Süchtige an hochsensiblen Stellen sitzen, dann ist der Untergang der Gesellschaft vorprogrammiert.

„Alles, bloß kein Heroin!"

W.W.: Warum geht der Verbrauch von harten Drogen zurück, während dagegen der Verbrauch von sogenannten weichen Drogen zunimmt? Warum ist z.B. Heroin heute out?

P. Elsing: Die Anzahl der Heroinabhängigen ist gleichgeblieben, zumindest nimmt sie nicht mehr zu. Das hat m.E. damit zu tun, daß in den letzten Jahren sehr viel über Heroin in den Medien gebracht worden ist und die jungen Menschen einfach begriffen haben, daß mit diesem Zeug nicht zu spaßen ist. Wenn ich heute mit den jungen Menschen spreche, z.B. auch in besagtem Techno-Laden, dann sagen sie weitgehend unisono: Alles, bloß kein Heroin! Es könnte sogar sein, daß sich in den nächsten Jahren die Zahl der Heroinkonsumenten nach unten bewegt. Die Zunahme aller anderen Drogen steigt dagegen enorm.

W.W.: Stimmt es, daß man durch einmaliges Crack-Rauchen süchtig wird?

P. Elsing: Das kann ich auch nur aus Erzählungen beurteilen. Ja, es stimmt. Es hat ziemlich lange gedauert, bis Crack in Deutschland Einzug gehalten hat. Besonders problematisch ist es in Hamburg und Frankfurt. Mit Hilfe von Heroin will man eher ruhig werden und sich von der Umwelt abschotten. Das ist beim Crack anders. Crack ist „speedy", Crack macht auch gewalttätig, und es kann sein, daß man unter Crack-Einfluß einfach „nur mal so" einen Menschen umbringt. Die aus Crack resultierende Kriminalität ist demzufolge auch eine ganz andere als die durch Heroin; sie ist viel brutaler. Aber Crack ist eigentlich nur in den USA derzeit ein Problem.

Alkohol, in reiner Form genossen, wirkt tödlich. Heroin, in reiner Form genossen, schadet überhaupt nicht. Zwar wird man durch Heroin in reiner Form physisch abhängig, aber es macht körperlich nicht wirklich krank. Das Problem ist, daß Heroin nicht in reiner Form auf dem Markt ist und die Menschen durch die Begleiterscheinungen krank werden. In Amsterdam bekommt man vielleicht Heroin mit 60 % Reinheitsgrad, und das ist schon ein Super-Heroin. Hier in Berlin liegt der Reinheitsgrad höchstens noch bei 40 %. Das Problem ist, daß jemand aus Amsterdam kommt, Heroin mitbringt und dann wegen des Geschäfts Zusatzstoffe beimischt.

W.W.: Welche Zusatzstoffe sind das?

P. Elsing: Alles, was man sich vorstellen kann, bis hin zum Crack. Am liebsten nimmt man aber Zucker und Mehl, mitunter auch Backpulver oder andere Stoffe, die das Blut vergiften, wenn man sie in die Venen spritzt.

Ecstasy reißt Löcher in den Kopf

W.W.: Kannst Du etwas über die Wirkung von Ecstasy sagen?

P. Elsing: Ecstasy macht euphorisch. Wirft man eine Pille ein, ist alles easy. Dahinter steht das Bedürfnis nach Liebe, die Menschen gehen freudig miteinander um, jeder hilft sozusagen jedem. Unter ihnen gibt es meistens keinen Krach, keine Auseinandersetzung, und die Leute feiern miteinander. Das Problem ist, daß Ecstasy Löcher in den Kopf reißt und auch abhängig macht. Und diese Löcher sind nicht mehr reparabel. Ein weiteres Problem ist, daß man niemals die Dosierung der Pillen kennt, denn meistens wird Ecstasy schwarz hergestellt. Und dann kann man Pillen bekommen, die einem fast den Schädel wegreißen.

W.W.: Können diese Löcher im Gehirn durch eine einzige Pille entstehen?

P. Elsing: Ja, es ist immer wieder ein Pokerspiel. Man weiß nie, ob nicht die erste Pille bereits das Gehirn kaputtmacht. Natürlich könnte man auch hier argumentieren, daß Ecstasy in vernünftige Bahnen gelenkt werden könnte, wenn diese Droge nicht illegal wäre. Der Hintergrund der Einnahme von Ecstasy ist aber, daß die Menschen, die Ecstasy nehmen, in eine Rolle schlüpfen, die nicht wirklich ist. Das betrifft vor allem junge Menschen. Sie wollen, daß es ihnen gut geht, aber ohne dafür etwas zu tun. Und diesen Zustand wollen sie am liebsten immer oder immer wieder haben.

In Wirklichkeit ist dies ein Schrei nach Liebe. Das Eigenartige ist, daß diejenigen, die Ecstasy genommen haben, sich auch wirklich öffnen.

Aber wenn die Wirkung abklingt, sind sie verschlossener als ein normaler Mensch. Und auch hier haben wir das Problem, daß Menschen, die auf diese Weise leben wollen, eigentlich nicht lebensfähig sind, und daß sie nichts dafür leisten, sich selbst zu erziehen oder dazu beizutragen, die vielen Probleme der Welt ein wenig zu verbessern.

„Ich habe sehr viel gekifft"

W.W.: Wie war Dein Weg in die Droge?

P. Elsing: Ich habe eine kaufmännische Ausbildung gemacht. Heute bin ich darüber ganz froh, aber damals wurde ich mehr oder weniger unfreiwillig durch meinen Vater in diese Ausbildung hineingeschubst. Deswegen war ich etwas unzufrieden und stand auch etwas unter Druck. Um diesem Druck auszuweichen, habe ich mit Freunden angefangen zu kiffen. Ich habe allerdings meine Ausbildung zu Ende geführt und war dann in einem Möbelhaus als Kaufmann tätig. Meine Tätigkeit bestand darin, täglich im Auto zu sitzen und über Kataloge Möbel an Kunden zu verkaufen.

Diese Tätigkeit war für meine spätere Drogensucht mit prägend. Denn ich wußte, daß ich Möbel in einer Qualität verkaufte, die ihren Preis nicht wert war. Sie waren viel zu teuer. Aber ich war ein ausgezeichneter Verkäufer und habe dabei richtig Geld verdient. Nach jedem Vertragsabschluß wußte ich, wieviel Geld in meine Tasche fließen würde. Abends stieg ich immer im Hotel ab, und dort mußte ich dann etwas nehmen. Die Leute, mit denen ich Verträge machte, waren mir meistens sehr sympathisch, andererseits wußte ich, daß ich sie im Grunde beschissen hatte. Alkohol wollte ich nicht trinken, denn das war für mich damals etwas, was die sogenannten Normalen tranken, also habe ich gekifft. Mit Heroin habe ich im 19. oder 20. Lebensjahr begonnen.

W.W.: Wie bist Du an das Heroin gekommen?

P. Elsing: Ich habe sehr viel gekifft, gleichzeitig hat mich das Kiffen in meinem Beruf behindert. Ich wurde unzuverlässig, kam morgens nicht mehr aus dem Bett, habe einiges vergessen und gewisse Bereiche meiner Arbeit nicht mehr hinbekommen. Ich war also während meiner Arbeitszeit und auch am Wochenende, wenn ich mit Freunden in die Disco ging, nicht mehr mit dem Kiffen zufrieden. Und an einem Wochenende war jemand da, der Heroin hatte. Ich nahm Heroin – allerdings spritzte ich noch nicht –, und plötzlich hatte ich meine Arbeit wieder im Griff und fühlte mich in guter Form. Mein Heroinkonsum steigerte sich kontinuierlich, und irgendwann war ich an dem Punkt, daß ich mir die Menge, die ich benötigte, finanziell nicht mehr leisten konnte. Deswegen habe ich mich umgeschaut, wo und wie ich mehr Geld verdienen könnte – und da kam eigentlich nur eine Möglichkeit in Frage: Ich fuhr nach Amsterdam, kaufte Stoff und dealte damit in Deutschland. Das habe ich fünf Jahre lang gemacht. Ich vertrieb Heroin nicht, wie man es normalerweise kennt, auf der Szene, sondern ich hatte meine regulären Abnehmer. Zum großen Teil waren es Frauen, die anschaffen gingen und viel Geld hatten.

„Ich kapitulierte vor mir selbst'

Während dieser fünf Jahre habe ich immer mal wieder aufgehört, Heroin zu nehmen, denn ich mußte mir beweisen, daß ich nicht „drauf" bin. Mal habe ich vier Wochen, mal drei Monate nichts genommen, aber in Wirklichkeit war ich nie richtig nüchtern. Das Aufhören, Drogen zu konsumieren, war kein richtiges Aufhören, sondern lediglich ein Aufhören, um mir selbst zu beweisen, daß es möglich ist. Ich nahm immer wieder erneut Drogen, und irgendwann kam der Zeitpunkt, an dem ich nicht mehr aufgehört habe.

Eines Tages bemerkte ich, daß ich von der Polizei observiert wurde. Zu diesem Zeitpunkt wollte ich noch einmal aufhören, merkte aber, daß ich dazu nicht mehr in der Lage war und habe vor mir selbst kapituliert. Dieses Kapitulieren vor mir selbst war so schrecklich, daß ich nicht in der Lage war zu beschließen, in eine Therapie zu gehen. Ich war so weit von mir weg, ich hatte soviel Angst vor der Therapie und vor dem Aufhören, daß ich den Entschluß faßte, bis zum Letzten zu gehen. Ich war fest entschlossen, mir im äußersten Fall, wenn überhaupt nichts mehr geht, den goldenen Schuß zu setzen. Das ist etwas, was für Nichtsüchtige kaum nachzuvollziehen ist: daß man voll darauf zulebt, sich den Goldenen zu setzen.

Aber das Schicksal spielt meist sein eigenes Spiel. Meinen Job hatte ich längst verloren, und eines schönen Tages wurde bei mir die Tür eingetreten, und ich wurde verhaftet. Ich hatte keine Gelegenheit, mir den goldenen Schuß zu setzen. Vorher hatte ich jahrelang einmal pro Woche den Kurier von Holland nach Deutschland gespielt und schwamm im Geld.

Kaufen – schlucken – kotzen – verkaufen

W.W.: Welche Menge hast Du jeweils über die Grenze geschmuggelt?

P. Elsing: Zwischen 50 und 200 g. Das Problem war immer die Grenze und die Partnerin, mit der ich diesen Deal durchzog. Nach dem Kauf in Amsterdam haben wir irgendwo an der Autobahn angehalten und den Stoff in Pariser abgepackt, und dann hat jeder von uns die Hälfte geschluckt. Ich sah auch nie wie ein Fixer aus, fuhr grundsätzlich ein Auto der gehobenen Mittelklasse und fiel deswegen nicht unbedingt an der Grenze auf. Außerdem war ich noch halbwegs seriös gekleidet. Dann fuhren wir schnell nach Hause und haben möglichst schnell gekotzt, denn es konnte immer sein, daß sich das Präservativ irgendwo auflöste. Aber das Risiko geht man in einer solchen Situation ohne weiteres ein. Das ist überhaupt keine Frage. Normalerweise habe ich mir zuerst sehr viel Salz in ein Wasserglas geschüttet und dieses getrunken. Davor hatte ich einen derartigen Ekel, daß ich mich sofort übergeben habe.

Großeinkauf in Amsterdam

W.W.: Wie lange hast Du auf diese Weise gedealt?

P. Elsing: In dieser extremen Form etwa die letzten fünf Jahre. Und in dieser Zeit bin ich jede Woche nach Amsterdam gefahren. Allmählich bekam ich „seriösere" Kontakte und kaufte pro Besuch für 30.-, 50.- oder 70.0000 DM Heroin ein. Dabei lernte ich auch andere Dealer kennen. Sie kamen mit ihren Koffern, legten ihren Koffer mit Geld auf den Tisch und nahmen, ohne nachzuschauen, einen anderen Koffer mit Heroin mit. Und in diesen Koffern waren einige Kilo mehr, als ich einkaufte. Das war schon sehr interessant, dies einmal mitzubekommen. Diese sogenannten seriöseren Kontakte habe ich mir allmählich aufgebaut, bis ich einen Spürsinn bekam für diejenigen Menschen, mit denen man reale Geschäfte tätigen konnte. Die großen Deals gingen dann auf heftige Weise ab, mit Waffen und dergleichen. Irgendwann bin ich durch Zufall an einen Verkäufer geraten, dem ich vertrauen konnte, und von da an liefen die Geschäfte sehr reibungslos.

Die Großdealer sind alle nicht süchtig, aber die kleineren Dealer, mit denen ich zuerst Geschäfte machte, waren fast alle süchtig und teilweise recht paranoid. Einmal wäre ein Deal fast schiefgegangen, weil in der Nähe Polizei war. Der Verkäufer war so paranoid, daß ihm beim Anblick der Polizei der Schweiß in Strömen vom Körper lief und er mir seinen Stoff einfach ins Auto schmiß und abhaute. Ich mußte hinter ihm herlaufen, um ihm das Geld zu geben, denn sonst hätte ich mich in Amsterdam nie mehr blicken lassen können. Dort kennt jeder jeden in der Szene. Auch meine Freundin rastete aus und wollte angesichts der Polizei plötzlich Vollgas geben.

Solche Situationen streßten mich ungemein, und deshalb war ich froh, als ich letztendlich verhaftet wurde. Ich führte nebenbei zwar noch mein bürgerliches Leben, hatte eine Wohnung und besuchte regelmäßig meine Eltern. Aber als ich verhaftet wurde, schaffte man mich sofort ins Krankenhaus, denn zu dieser Zeit wog ich nur noch 42 Kilo. Bald darauf wurde ich zu 2½ Jahren Haft verurteilt. Für mich war diese damals ausweglose Situation so schrecklich, daß ich Therapiestätten angeschrieben habe, aber keine hat mich genommen. Und so kam ich zu Synanon. Das war im Jahr 1984.

Synanon

W.W.: Wie viele Monate nach Deiner Verhaftung bist Du bei Synanon gelandet?

P. Elsing: Ich war sechs Wochen in Untersuchungshaft, dann kam meine Verhandlung, und etwa nach einem dreiviertel Jahr landete ich bei Synanon in Berlin.

W.W.: Wie bist Du mit Synanon in den ersten Monaten zurechtgekommen?

P. Elsing: Meine Sucht machte mir extrem zu schaffen, aber ich fand mich relativ schnell in das System von Synanon hinein und fand das, was dort gemacht wurde, absolut klasse. Ich lernte Menschen kennen, die meiner Meinung nach wesentlich härter drauf waren und die trotzdem von ihrer Sucht loskamen. Das allein hat mich schon motiviert. Bei Synanon habe ich immer mit sehr vielen Menschen zu tun gehabt, was mir sehr wichtig war. Und nach einigen Jahren kam ich in eine leitende Funktion.

W.W.: Was waren Deine schwierigsten Momente bei Synanon?

P. Elsing: Bei Synanon kommen und gehen die Menschen in fliegendem Wechsel. Jeder kann kommen und jeder kann gehen. Wenn man dann jemanden sehr gut kennengelernt hat, in der gemeinsamen Arbeit mit ihm vertraut geworden ist, und wenn der dann plötzlich sagt: „Ich gehe", dann weiß man, daß er wahrscheinlich nie wiederkommt und wahrscheinlich bald stirbt. Das ist ein ganz schreckliches Erlebnis. Er sitzt dann auf der sogenannten Bank beim Ausgang. Man kann noch mit ihm reden, aber man weiß, daß er für immer geht.

Aber zusammen bei Synanon nüchtern zu werden, war eine Verbundenheit, die ich auf diese Weise nie wieder in meinem Leben erlebt habe. Das war etwas ganz Besonderes. Man entwickelt eine Nähe zu den Menschen, durch die man aneinander genau wahrnimmt, was der andere denkt, fühlt oder will. Und wenn dann einer von ihnen geht, ist das schwer zu bewältigen.

W.W.: Wie beurteilst Du Dein Leben im Rückblick?

P. Elsing: Ich bin durchaus im Einklang mit meinem Schicksal, auch mit meiner 15jährigen Drogenzeit. Denn in dieser Zeit habe ich Dinge erlebt, die man im normalen Leben nicht erleben würde. Diese haben mein Leben geprägt und mich mit Erfahrungen bereichert, die mich jetzt sicher im Leben stehen lassen. Auch wenn das weitgehend unschöne Erfahrungen waren, möchte ich sie nicht missen. Gleichermaßen haben mir die 20 Jahre bei Synanon sehr viel gegeben.

W.W.: Wenn Du auf Dein Leben zurückblickst, einerseits Deine Zeit als Süchtiger, andererseits Deine Zeit bei Synanon: Kannst Du einen herausgehobenen Moment nennen, der zu Deinen wichtigsten Erfahrungen zählt?

P. Elsing: Ich bin ein extremer Mensch, habe die Zeit der Sucht sehr extrem durchlebt, auf der anderen Seite war ich anschließend ein extremer Verfechter der absoluten Nüchternheit. Eigentlich bin ich immer ein solcher Verfechter, weiß aber gleichzeitig, daß man nicht pauschalieren darf, denn es gibt z.B. Menschen, denen man Heroin geben muß, anderen muß man Methadon geben. Auf einer Sucht- und Drogentagung in Dornach hat mich ein Holländer in dieser Meinung bestärkt, indem er mir von der Szene in Rotterdam berichtete. Er erzählte mir von Frauen, die bei der Prostitution umgebracht worden sind und die man hätte retten können, wenn man ihnen Heroin oder Methadon gegeben hätte. Aber so etwas darf man auf gar keinen Fall pauschalieren. Es gibt keine Lösung für alle, sondern man muß immer das Einzelschicksal betrachten.

Ein neuer Lebensabschnitt

Ich habe jetzt Ende 2003 wegen meiner Krankheit den Posten als Vorstandsvorsitzender von Synanon aufgegeben. Und so, wie mich das Leben bei Synanon bereichert hat, fange ich jetzt noch einmal ganz neu an zu leben und habe hier draußen, unabhängig von Synanon, ganz andere Wahrnehmungen, die ich zuvor noch nie gemacht habe. Ich habe mehr Zeit und gehe deshalb wesentlich offener durch die Welt. Andererseits erlebe ich, wie schwierig es ist, allein zu leben, denn die letzten 20 Jahre habe ich bei Synanon immer in einer Gemeinschaft verbracht. Bei Synanon habe ich auch das Spiel der Macht kennengelernt, aber ich habe nicht an meinem Posten geklebt und noch im letzten Moment die Kurve bekommen. Für dieses Geschenk bin ich besonders dankbar. Bei Synanon war ich auch Workaholicer, habe sechs Tage in der Woche von morgens um 6^{00} bis abends um 22^{00} Uhr gearbeitet. Aber jetzt gehe ich den Tag ruhiger an und habe deshalb ganz andere, feinere Wahrnehmungen. Unter diesem Streß gab es bisher keine Heilung für meine Leberzirrhose, aber durch mein jetzt radikal verändertes Leben hoffe ich, daß ich diese Krankheit vor allem durch meine veränderte psychische Situation in den Griff bekomme. Auch Heileurythmie hilft mir sehr.

Mein Leben mit dem Alkohol

Selbsterfahrungsbericht

Sebastian (41 Jahre)

„Allolo (= Alkohol) macht Birne hohl." - Wie wahr, wie wahr!

Ich bin Alkoholiker. Dieses Eingeständnis meiner Sucht, meiner Krankheit, hat mich befreit. Befreit wovon? Befreit davon, weiterhin Alkohol zu trinken und meinen Körper und mein Hirn dadurch zu schädigen. Und auch befreit von der Flucht vor mir selbst in die Welt des Rausches.

Ich bin jetzt seit ca. zehn Wochen trocken. Von einem Tag auf den anderen habe ich aufgehört zu trinken. Ich war in keinem Krankenhaus und auch in sonst keiner Einrichtung zum qualifizierten Entzug. Glücklicherweise hatte ich keine Entzugserscheinungen, und körperlich geht es mir ziemlich gut. Auch alle Blutwerte, Leberwerte etc. sind völlig normal. Habe ich vor dem endgültigen Absturz noch einmal Glück gehabt?

Wie fing es eigentlich an mit dem Saufen? Ich blicke auf ca. 25 Jahre mehr oder weniger regelmäßigen Trinkens zurück. Mit 13 Jahren kam ich in ein Jungeninternat in Österreich. Mit 15 war ich zusammen mit den Jungs aus meinem Zimmer zum ersten Mal in einer Kneipe. Dort standen wir hauptsächlich am Flipperautomaten, tranken aber auch schon das eine oder andere Bier. Im Sommer war ich dann auf einer Orchesterfreizeit, wo ich abends beim geselligen Zusammensein das „Stiefeltrinken" kennenlernte (ein 2-Liter-Glas in Form eines Stiefels wird mit Bier gefüllt. Reihum nimmt dann jeder einen Schluck, der vorletzte muß dann die nächste Runde zahlen).

Im darauffolgenden Jahr hatte ich zu Pfingsten meinen ersten Vollrausch. Ich war in ein älteres Mädchen verliebt, die so tat, als wolle sie auch was von mir; das stimmte jedoch nicht. Sie hat wohl ein bißchen mit mir gespielt. Aus Frust habe ich mir dann alles mögliche an Alkoholika reingeschüttet. Das Ergebnis? So schlecht war mir noch nie, und ich mußte mich übergeben. Zum Glück aber erst im Internat. Und noch mehr Glück: Ich war dort alleine. Es hatte also niemand mitbekommen.

Einige der Jungen aus meinem Zimmer brachten von zu Hause Wein mit, den wir dann genüßlich in „Mitternachts-Sessions" leerten. Dummerweise entsorgten wir die leeren Flaschen nicht, und der Skandal wurde publik. Als alles aufflog, gab es einen bösen Brief nach Hause, und ich wurde strafversetzt.

Mit 16 Jahren verließ ich das Internat und zog mit meinen Eltern nach Norddeutschland.

Ach ja, im Internat hatte ich mit dem Rauchen angefangen. Schon wieder eine Sucht. Klar fand sich dann in Norddeutschland eine Clique, in der geraucht wurde. Und auch dem Alkohol war man nicht abgeneigt. Versorgt haben wir uns hauptsächlich aus den Weinkellern der Eltern. Das Taschengeld war ja nicht so üppig und ging für Tabak und Blättchen drauf.

Mit 20 baute ich dann mein Abi und begann danach ein Studium der evangelischen Theologie. Weg von den Eltern war jetzt der Weg zu gepflegten und billigen Besäufnissen frei. So was nennt man dann studentische Selbstverantwortung. Studiert habe ich auch, alle erforderlichen Scheine und Prüfungen abgelegt.

Mein Weg führte mich von Bielefeld weiter nach Hamburg und Erlangen.

Ich hatte eine Freundin, mit der ich mich verlobte. Allerdings ging diese Beziehung auseinander. Habe ich dann wieder aus Frust getrunken? Oder weil ich das Alleinsein nicht im Griff hatte bzw. mich selbst?

Mit der Zeit kam eine weitere Sucht dazu, die Spielsucht. Harmlos fing es mit Geräten ohne möglichen Geldgewinn an, doch irgendwie entdeckte ich die Geldspielgeräte für mich. Meistens gewann der Computer.

Um meine Süchte finanzieren zu können, fuhr ich nebenbei Taxi. Dies hatte den Vorteil, daß ich sehr wenig trank, höchstens mal ein Bier nach Feierabend.

Was bei mir im Vordergrund stand, war das „Lala-Gefühl", das ich durch Alkoholkonsum erreichte. Betrunken zu sein, war für mich nicht das Ziel, nur die Leichtigkeit und Unbeschwertheit, das Lustigsein. Sicherlich mußte ich mit der Zeit, um an dieses Gefühl zu kommen, die Menge des Alkohols erhöhen. So läuft der Weg zur Abhängigkeit und weiter zur Sucht.

In Nürnberg lernte ich damals die sogenannte „Charismatische Bewegung" kennen und hörte mit dem Trinken und Rauchen auf. Irgendwann wurde ich aber das Gefühl nicht los, von der Gruppe, in die ich eingetreten war, manipuliert zu werden, und ich verabschiedete mich.

Während des Gemeindepraktikums, das ich im Rahmen meines Theologiestudiums absolvieren mußte, fing ich wieder mit dem Rauchen an und trank auch wieder das eine oder andere Bier. Komischerweise hatte ich nie eine Affinität zu harten Getränken wie Whisky oder Schnaps.

Ich ging zurück nach Bielefeld, um mich auf das Examen in Theologie vorzubereiten. Dort lernte ich B. kennen, die ich nur ein Dreivierteljahr später heiratete. Wir beschlossen beide, unser Studium abzubrechen (ich wollte einfach nicht mehr, hatte wohl auch Examensangst). Dann zogen wir nach Nürnberg, wo ich in Vollzeit Taxi fuhr. Regelmäßiger Alkoholkonsum war kein Thema, aber ich wurde zum Profispieler.

B. war in Nürnberg sehr unzufrieden und sehnte sich nach ihrer norddeutschen Heimat. Wir zogen nach Hamburg, wo ich eine Beschäftigung bei einer Versicherungsgesellschaft fand. Das verdiente Geld verplemperte ich an Geldspielautomaten. Dann erkannte ich endlich, daß es so nicht weitergehen konnte, und ich ging in eine Selbsthilfegruppe der Anonymen Spieler.

In dieser Zeit trennte ich mich räumlich von B. und bezog eine Ein-Zimmer-Wohnung, in deren unmittelbarer Nähe sich eine Kneipe befand. Soeben von den Fesseln der Spielsucht befreit, stürzte ich mich wieder auf den Alkohol. Ich hatte allerdings nie Fehlzeiten wegen Alkohol; ich bin regelmäßig zur Arbeit gegangen. Auch mit den Kumpels von der Arbeit bin ich oft um die Häuser gezogen. Schließlich war es chic, auszutesten, wer denn mehr verträgt. Am schärfsten waren aber die Betriebsfeste, an denen man sich bis zum Abwinken auf Firmenkosten vollaufen lassen konnte.

Mit 35 lernte ich dann S. kennen. Ich konnte, so glaube ich, eine Zeitlang meinen Alkoholkonsum verringern bzw. auch verbergen. Als ich dann mit S. zusammenzog, trank ich heimlich, aber sie hat es mitbekommen. Gesagt hat sie kaum mal etwas. Trotzdem war es unserer Beziehung nicht zuträglich. Wie so oft im Leben, habe ich mal wieder die Flucht ergriffen und bin einfach nach Freiburg abgehauen. Ich wollte mit meiner Sauferei allein sein, wollte nicht Verantwortung übernehmen für mich und auch das Geldverdienen und die Beziehung. Mein tägliches Pensum pendelte sich etwa bei sechs halben Litern Bier und einer Flasche Rotwein ein. Manchmal gab es auch mehr. Ich wurde zunehmend aggressiver, machte Einrichtungsgegenstände kaputt und verfluchte die Menschen, die brav und anständig waren.

Dann kam die Nacht, in der mir der Führerschein entzogen wurde. Ich Idiot, ich lebte auf dem Dorf und war eigentlich auf den Lappen angewiesen. Ich hatte nichts mehr zu schlucken im Haus und statt einfach ins Bett zu gehen (genug hatte ich ja intus), setzte ich mich ins Auto und fuhr zu einer Kneipe, wo ich vier Schnäpse kippte. Dann fuhr ich weiter und wollte zur nächsten noch offenen Tankstelle fahren, um mir was Alkoholisches zu besorgen. An einer Kreuzung wurde ich dann von der Polizei angehalten, die hinter mir fuhr. Wahrscheinlich eine reine Routinekontrolle. Jedenfalls mußte ich ins Röhrchen pusten, der Führerschein wurde gleich einkassiert und ich im Polizeiauto zur Wache befördert. Dort wurde mir dann Blut abgenommen. Ich hatte 1,52 Promille. Darüber war ich sehr erstaunt, weil ich mit mehr gerechnet hatte. Glück gehabt, der Führerschein wurde mir für neun Monate entzogen, und ich mußte, da ich unter 1,6 Promille hatte, nicht zum „Idiotentest" (MPU).

Doch schlauer wurde ich nicht. Ich habe weitergetrunken. Jetzt erst recht. Den Führerschein konnte man mir nicht mehr abnehmen und „schwarz" fuhr ich nicht.

Von Freiburg siedelte ich weiter nach Weil/Rhein wegen eines neuen Jobs.

Dort fand ich dann eine neue Kneipe, in der ich dem Dartspielen frönen und natürlich auch Alkohol trinken konnte. Dort war ich täglich. Meinen Verdienst hätte ich eigentlich gleich bei den Wirtsleuten abliefern können. Und all die Kumpels, die ich dort kennenlernte, sind im Grunde genommen auch Alkoholiker. Saufen macht Laune und ist gesellschaftsfähig.

Vor zehn Wochen habe ich festgestellt, daß kein Geld mehr da war. Klar hätte ich mir jetzt das 2-Liter-Tetrapack „Pennerglück" für wenig Geld bei Aldi und Co. holen können. Und dann? Ab unter die Brücke? - Ich habe für mich beschlossen, nicht mehr weiterzusaufen. Es bringt mich langsam um.

Und so gab es nur eines - die Radikalkur. Aufhören, Ende, vorbei. Auf der Suche nach einer Selbsthilfegruppe bin ich zum Blauen Kreuz gestoßen. Dort wurde ich sehr gut betreut und beraten. Jetzt beginne ich mit einer stationären Therapie, und ich werde mein Leben ohne Alkohol in den Griff bekommen.

Meine Droge war Cannabis

Selbsterfahrungsbericht

Peter (29 Jahre)

Ca. 1993 machte ich meine ersten Erfahrungen mit Drogen. Ich erschloß in dieser Zeit, in der ich auch arbeitslos war, einen neuen Freundeskreis, der u.a. von Drogen geprägt war. In diesem neuen Umfeld rauchte ich meine erste Haschisch-Zigarette, die – wenn ich jetzt darüber nachdenke – gar nicht so richtig geschmeckt hat. Das war auch der Anfang von vielen Jahren, die ich nicht mehr ohne Haschisch und Marihuana verbrachte. Anfangs fand ich das alles noch ziemlich normal. Ich war jung und euphorisiert von meinen Freunden und dem neuen Umfeld.

Wenig später machte ich auch erste Erfahrungen mit harten Drogen: LSD und Kokain, was vorher für mich immer ein Tabu war. Von meinem ersten LSD-Trip war ich sehr angetan. So ein Gefühl hatte mein Körper noch nicht erlebt: ein Gefühl von Zügellosigkeit und Schwerelosigkeit; der ganze Körper stand unter einer nicht zu definierenden Spannung. Ständig umherwabernde Geräusche und eine Optik, die mit ihren tausend Farben und verzerrten Bildern immer wieder versuchte, mich zu überrumpeln und zu überwältigen. Aber der nächste Tag, Mittag oder Abend war ernüchternd. So ein LSD-Trip wirkte bis zu acht Stunden, und ich reagierte mit heftigsten Depressionen. Um mit diesem Zustand klarzukommen, rauchte ich Haschisch, um – wie ich es nannte – wieder runterzukommen. Der krasseste LSD-Trip, den ich je genommen hatte, dauerte 14 Stunden. Nach diesen 14 Stunden durchlebte ich eine depressive Phase von einer Woche, in der mich lebensmüde Gedanken durchfuhren wie: Wenn mich jetzt ein Auto überfährt, ist das auch okay.

In der Zeit, als ich mit LSD herumexperimentierte, hatte ich viele schöne Erlebnisse, meistens mit ausgewählten Freunden, denn das Umfeld mußte genau abgesteckt werden, um nicht auf einen schlechten Trip zu gelangen. Unter freiem Himmel, am Tag, in der Natur oder auf Open Air-Konzerten waren die optischen Eindrücke am schönsten.

Aber auch negative Ereignisse haben mich dazu gebracht, mit dem „Zeug“ zu brechen. Ich wußte, nachdem ich Kokain und LSD eine Zeitlang probiert hatte, daß das nicht meine Drogen sind. Meine Droge war Cannabis.

Eines Tages bat ich einen langjährigen Freund auf einem Open Air-Konzert, mit mir einen Trip zu schmeißen. Er war neugierig und willigte ein. Am Anfang war alles noch ganz lustig, doch am nächsten Tag war alles anders. Meinem Freund ging es richtig schlecht, doch das entging meiner Wahrnehmung. Ich rauchte jede Menge Cannabis und trank sehr viel Wein, anstatt mich um meinen Freund zu kümmern, der einen Nervenzusammenbruch erlitt und am Boden lag. Als ich einen Kreislaufzusammenbruch erlitt und ebenfalls zu Boden ging, begriff ich erst, was für ein Egoist ich war. Dies war für mich der ausschlaggebende Punkt, kein LSD mehr zu nehmen, was ich von da an auch nicht mehr tat.

Irgendwann in dieser Zeit schniefte ich das erste Mal Kokain, was mit LSD nicht zu vergleichen ist. Kokain ist keine halluzinogene Droge, sondern macht einfach nur über viele Stunden wach. Man redet sich über viele Stunden - wie ich es einmal empfunden habe - um Kopf und Kragen. Ich saß mit einigen Leuten beisammen, schniefte jede Menge Koks, rauchte Cannabis und trank Bier, und zwar reichlich. Wir redeten über dies und das, was man doch alles machen könnte und machen müßte. Ähnliches spielt sich auf den Besuchen von Konzerten ab. Mit diesem „Halbgott-Gefühl" hatten wir große Themen wie „Morgen erbauen wir eine neue Welt, oder besser gleich zwei". Am nächsten Tag war alles Schall und Rauch. Es gab wenige Momente auf Koks - einige gab es schon -, die ich als wertvoll betrachtete. Den nächsten Morgen fand ich mich sehr oft beschämt, begleitet von Depressionen, die ich wiederum versuchte, mit Cannabis zu lindern. Kokain ist eine der unehrlichsten Drogen, die ich kennengelernt habe. Diese Droge entsprach nicht meiner Persönlichkeit, darum habe ich auch mit ihr gebrochen.

Womit ich aber viele Jahre lang weitergemacht habe, war das mal mehr, mal weniger intensive Rauchen von Cannabis. Anfangs machte es ja auch Spaß. Zuerst rauchte ich gelegentlich, später steigerte sich der Konsum stetig. Es waren ja nur Joints, sagte ich mir. Später fand ich aber immer extremere Formen, Cannabis zu konsumieren, z.B. durch diverse Rauchgeräte wie Wasserpfeife, Erdrohr oder einen Eimer. Ich dachte, daß ich es jederzeit im Griff hätte, damit aufzuhören, doch das war ein Trugschluß. Es stellte sich ein gnadenloser Selbstautomatismus ein. Nicht ich beherrschte das Cannabis, sondern das Cannabis mich. Es wurde immer mehr zum Alltag. Es war normal zu kiffen. Keiner sprach mehr darüber. Man saß täglich bei Freunden und rauchte jede Menge Haschisch oder Marihuana. Ich hielt mich auch immer nur bei Leuten auf, die selbst kifften. Mein Lebensrhythmus bestand in den vielen Monaten, in denen ich extrem unterwegs war, daraus, am Tage zu arbeiten und am Abend zu kiffen, bis die Augen zu waren. Ab und zu hatte ich auch lichte Momente, in denen ich mich wie ein Hamster im Laufrad fühlte. Aber geändert habe ich daran erst einmal nichts.

Einige Zeit später - als ich wieder einmal einen lichten Moment hatte - beschloß ich herauszufinden, wo meine wahren Interessen liegen. Ich wollte endlich eine Sache finden, mit der ich mich identifizieren konnte, und machte meinen Zivildienst in einem Altersheim. Diese Arbeit machte mir so viel Spaß, daß ich dort eine Ausbildung zum Altenpfleger absolvierte und auch nach der Lehre dort weiterarbeitete.

Trotzdem konsumierte ich immer noch Cannabis, wenn auch nicht mehr so viel. Nachdem mein engster Arbeitskollege - krankheitsbedingt - das Heim verließ und die Stelle nicht neu besetzt wurde, wurde mir immer bewußter, daß ich jetzt auf mich allein gestellt war und sehr viel mehr Verantwortung trug. In dieser Zeit durchdrangen mich immer häufiger Gedanken wie: „Du mußt an deinem Leben etwas verändern; Du mußt dich weiterentwickeln". Aber ich wollte es nicht wahrhaben, verdrängte diese Gedanken und lebte weiter mit dieser inneren Zerrissenheit. Als ich wenig später meinen Führerschein verlor, wegen „Fahrens unter Wirkung des berauschenden Mittels THC", hatte ich vielleicht das, was längst fällig gewesen war.

Aber es kam noch schlimmer: Ich erkrankte zum wiederholten Male, was mich sehr beunruhigte und mir große Angst machte. Ich hatte meine erste wirkliche Lebens- und Gesundheitskrise. Jetzt konnte und wollte ich mich nicht mehr belügen und mußte etwas tun. Ich setzte mich mit alternativer Medizin auseinander. Das war der erste Schritt, der mich weiterbrachte. Wenige Tage später suchte ich eine Psychotherapeutin auf, denn ich mußte - und vor allem wollte ich - an mir arbeiten.

An diesem Tag rauchte ich meinen letzten Joint. Durch lange Gespräche und Biographiearbeit wurde für mich einiges klarer, und ich hatte so manches Aha-Erlebnis, was mich bei aller Härte meiner Biographie, die einiges verbirgt, trotzdem ein Stück aufleben ließ. Ich war endlich an den Punkt gekommen, an dem ich mich entscheiden mußte: Will ich mich weiterentwickeln oder mein Potential verschenken?

FH

FLENSBURGER HEFTE VERLAG

Holm 64, D-24937 Flensburg
Tel.: 0461 / 2 63 63 • Fax: 0461 / 2 69 12
e-Mail: flensburgerhefte@t-online.de
Internet: www.flensburgerhefte.de

Liebe Leserinnen und Leser!

Sie werden bemerkt haben, daß dieses Abo-Heft fast zweieinhalb Monate zu spät erschienen ist.

Der Hintergrund ist, daß ich über den ganzen Sommer hin schwer krank war und lange im Krankenhaus lag. Mir wurde ein gutartiger Fremdkörper – ein sogenanntes Cholesteatom – aus dem Kopf operiert. Es ist alles gut verlaufen, aber die Folge war u.a. die Verspätung dieses Abo-Heftes.

Leider wird sich diese Verspätung auch auf die beiden nächsten Abo-Hefte auswirken. Sie werden auf jeden Fall kommen, aber bitte haben Sie noch etwas Geduld.

Bei FH 84 hat die Druckerei aus Versehen eine Leerseite hinterlassen (S.236). Wir legen diese fehlende Seite hiermit bei, so daß Sie sie gegebenenfalls einkleben können.

Bitte entschuldigen Sie diese beiden Vorfälle. Ich wünsche Ihnen noch einen schönen Spätsommer sowie mit dem vorliegenden recht bunten Heft eine interessante Lektüre.

Für den Flensburger Hefte Verlag GmbH
Wolfgang Weirauch

einem Unternehmen mit 400 ha zertifizierter biologischer bzw. biologisch-dynamischer Landwirtschaft. Produziert werden Trockenfrüchte und Fruchtmark sowie biologisch-dynamische Präparate. Seit 1995 aktiv in der biologisch-dynamischen Landwirtschaftsbewegung unter der Leitung von Peter Procter aus Neuseeland. Er veranstaltet Ausbildungsprogramme und Anleitungen zur Herstellung der Präparate. Mitglied des Leitungsgremiums der „Biodynamic Association of India".

Nicanor Perlas, geboren 1950 auf den Philippinen. Agrarökonom, Berater der Regierung für nachhaltige Entwicklung. Als Vertreter des PCSD (Philippines Council for Sustainable Development) Teilnehmer am Erdgipfel in Rio. Präsident des CADI (Centre for Alternative Development Initiatives), Preisträger des UNEP-Preises, des TOFIL als herausragender Filipino und des Right Livelihood Award 2003 (Alternativer Nobelpreis). Publikationen: Zahlreiche Aufsätze und Interviews. „Die Globalisierung gestalten", Manila/Frankfurt 2000.

Ulrich Rösch, geboren 1951 in Efringen. Studium der Philosophie, Pädagogik, Germanistik und Sozialwissenschaften. Mitbegründung des Internationalen Kulturzentrums 1971 in Achberg, am dortigen Institut für Sozialforschung und Entwicklungslehre tätig, Forschungsschwerpunkt: neue Wirtschaftsformen und Organisationsentwicklung. 1976 Gründung der Freien Waldorfschule Wangen im Allgäu, 1982 Gründung und Geschäftsführung eines Textil-Unternehmens, welches ökologische Bekleidung aus biologisch-dynamisch angebauter Baumwolle in Modellprojekten in Indien herstellt. Lehrtätigkeit an verschiedenen Hochschulen. Seit 1999 für die Sektion für Sozialwissenschaften am Goetheanum tätig. Publikationen: „Von der Sozialwissenschaft zur Sozialen Kunst", Wangen 1993, „Zum Geld- und Kapitalbegriff von Joseph Beuys", Wangen 1991, „Eine andere Welt ist möglich - mehr gute Ideen zur Globalisierung", Wien 2003.

Christoph Strawe, geboren 1948 in Bonn. Studium der Philosophie und Sozialwissenschaften. Nach der Promotion Arbeit im Verbandwesen und als Verlagslektor, Waldorflehrerausbildung. Nach Habilitation wissenschaftliche Tätigkeit, Initiative Netzwerk Dreigliederung. Buchveröffentlichung: „Marxismus und Anthroposophie", Stuttgart 1986; „Globalisierung betrifft uns alle - Die Welthandelsorganisation, WTO und ihre Abkommen, GATS und TRIPS", Bad Liebenzell 2002; viele Aufsatzpublikationen".

Ich begreife meine Lebensumstände als Chance; wichtig sind für mich inzwischen vor allem Gesundheit und eine Arbeit, die mir Spaß macht. Bewußter durchs Leben zu gehen, mich mit der Welt zu verbinden, alles, was ich mache, auf der Arbeit oder im Privaten, nicht nur oberflächlich zu durchdringen, wie ich es jahrelang getan habe, das sind meine Ziele.

Ich war und bin ein sehr extremer Mensch, sowohl damals beim Drogenkonsum als auch bei sinnvollen Aktivitäten. Ganz oder gar nicht! Ich hoffe, begriffen zu haben, daß diese extreme Seite nichts Schlechtes sein muß, ja sogar im Gegenteil. Ich muß lernen, dieses Extrem sinnvoll einzusetzen. Im Moment empfinde ich eine neue Lebensqualität durch gesunde, ausgewogene Ernährung. Kein Drogenkonsum, viel Sport und wirkliche Auseinandersetzung mit meinen beruflichen Aufgaben.

Ich war als Kind schon ein sehr positiver Mensch mit einer inneren Sonne in mir, und diese innere Sonne ist ein klitzekleines Stück zurückgekehrt. Vielleicht geht sie irgendwann ganz auf. Dennoch ist mir bewußt, daß die Arbeit an mir erst begonnen hat.

Warum ich jahrelang Drogen genommen haben, kann ich heute noch nicht eindeutig beantworten. Vielleicht mußte ich diesen Weg gehen, um zu meiner jetzigen Erkenntnis zu kommen. Vielleicht liegt der Grund auch in meiner Kindheit. Mein Vater war starker Alkoholiker, und ich habe als Kind sehr viel von den Streitereien zwischen meinen Eltern und den Ohnmachtsanfällen meines Vaters mitbekommen. Vielleicht habe ich versucht, diese Erlebnisse, mit denen ich mich noch nie bewußt auseinandergesetzt habe, zu verarbeiten.

Drogenambulanz Hamburg-Eppendorf

Interview mit Rainer Thomasius

von Renate Hasselberg und Dierk Lorenz

Prof. Dr. med. Rainer Thomasius, *Leiter des Arbeitsbereichs Persönlichkeits- und Belastungsstörungen im Zentrum für Psychosoziale Medizin des Universitätsklinikums Hamburg-Eppendorf (Psychotherapiestation, Psychotherapieambulanz, Drogenambulanz für Jugendliche und junge Erwachsene). Wissenschaftliche Schwerpunkte in der Sucht-, Psycho- und Familientherapieforschung sowie Evaluationsforschung bei Persönlichkeitsstörungen. Seit 1995 Leiter der interdisziplinär besetzten Forschungsgruppe „Designerdrogen" im UKE. Drittmittel-Projekte (BMBF, BMG, BfArM u.a.) zu den Themen „Familientherapie bei Substanzmißbrauch", „Gesundheitsschäden durch Ecstasy" und „Primärprävention bei Risikopopulationen".*

Veröffentlichungen u.a.: Lösungsmittelmißbrauch bei Kindern und Jugendlichen (Freiburg 1988), Familiendiagnostik bei Drogenabhängigkeit (Berlin 1996), Ecstasy (Stuttgart 1999), Ecstasy (Stuttgart 2000) sowie zahlreiche Original- und Buchbeiträge.

Die große Titelgeschichte des SPIEGEL zum Thema Cannabis (27/04) kam aufgrund der Initiative der Drogenambulanz des Universitätskrankenhauses Eppendorf (UKE) zustande. Der SPIEGEL recherchierte entlang einiger beunruhigender Fälle von sehr jungen Cannabis-Intensivkonsumenten, mit denen die Drogenambulanz konfrontiert ist. Was der SPIEGEL aufgrund dieser Recherchen in sehr kompakter Form präsentierte, traf sich mit den Motiven der erweiterten Redaktionskonferenz der FLENSBURGER HEFTE, dieses Buch zum Thema Drogen und Sucht zusammenzustellen. Es waren verschiedene, sehr beunruhigende Erfahrungsberichte aus dem privaten Umfeld, die uns veranlaßten, ganz neu zu fragen, ob das, was wir über Drogen - insbesondere über Cannabis - denken, wirklich noch zutrifft. Es sind dabei vor allem die Fälle von schweren psychischen Erkrankungen, welche mit dem Cannabis-Konsum in Zusammenhang gebracht werden, die wegen der großen persönlichen Tragik diese neue Aufmerksamkeit auf den Plan rufen.

Die Drogenambulanz des UKE hat in Deutschland sowohl in wissenschaftlicher als auch in praktisch therapeutischer Hinsicht eine Sonderstellung. Therapieangebote, die das familiäre Umfeld einbeziehen, zeitigen hier einerseits beachtliche Erfolge und verschaffen zum anderen auch einen besseren Einblick in das psychosoziale Problemfeld, in dem der exzessive Drogenkonsum bei Jugendlichen neuerdings auftritt. Deshalb war für uns Professor Dr. Thomasius, der Leiter der Drogenambulanz des UKE, der richtige Gesprächspartner, um das Sortiment der hergebrachten allzu selbstverständlichen Annahmen über Drogen auf den Prüfstand zu stellen.

Haschisch sei harmlos, ist eine Annahme. Sie rührt wohl wesentlich von einer wechselwirkenden, um sich selbst kreisenden Diskursstruktur her. Je mehr der eine warnt, desto entschiedener warnt der andere vor den Warnern. Dabei können die tatsächlichen Sorgemotive leicht aus dem Blickfeld geraten. Es geht dann nur noch darum, einander hysterischen Alarmismus oder herzlose Gleichgültigkeit nachzuweisen. Diese Gefahr dürfte dort am geringsten sein, wo sich Menschen dem Problem mit großer persönlicher und beruflicher Konsequenz zuwenden, wie es bei Professor Dr. Thomasius und in der Eppendorfer Drogenambulanz erlebbar ist.

Renate Hasselberg: Wie sieht die Arbeit hier in der Drogenambulanz in Eppendorf aus? Was ist Ihre Aufgabe? Wie sieht Ihr Tag aus, und seit wann gibt es diese Drogenambulanz?

Rainer Thomasius: Die Drogenambulanz ist cin Teil meines recht breit gefächerten Tätigkeitsfeldes. Ich leite die Abteilung Persönlichkeitsstörungen der Hamburger Psychiatrischen Universitätsklinik, die aus der Psychotherapiestation und der psychodynamisch-psychiatrischen Ambulanz besteht. ‚Dt', das ist eine Vor- und Nachbehandlungseinheit für Patienten mit Persönlichkeitsstörungen, Persönlichkeitsakzentuierungen, schweren Psychoneurosen, wobei wir in erster Linie eßgestörte und vor allem Frauen mit Borderline-Persönlichkeitsstörungen auf der Station oder in dieser Fachambulanz behandeln. Zur Abteilung gehört auch das Therapiezentrum für Suizidgefährdete. Hier arbeiten vornehmlich Psychoanalytiker mit Patienten in suizidalen Krisen. Weiter gehört die Drogenambulanz für Kinder, Jugendliche und junge Erwachsene zum Arbeitsbereich. Diese Ambulanz, die 1999 eingerichtet wurde, ist bisher die einzige Ambulanz in Deutschland, die von Krankenkassen die Ermächtigung erhalten hat, Kinder, Jugendliche und junge Erwachsene bis zum 26. Lebensjahr kinder- und jugendpsychiatrisch bzw. erwachsenenpsychiatrisch, kinder- und jugendpsychotherapeutisch bzw. psychotherapeutisch zu behandeln.

Kinder, Jugendliche und Erwachsene als Patienten

Mir war von Anfang an sehr wichtig, daß wir Patienten aus dem gesamten Übergangsbereich, also Kinder, Jugendliche und junge Erwachsene behandeln können, weil Suchtphänomene das Kindes- und Jugendalter betreffen und sich dann über die Adoleszenz bis in das Erwachsenenalter hinein entwickeln. Normalerweise gibt es im Suchtbereich starre Grenzen diesseits und jenseits des 18. Lebensjahres, was ich aus inhaltlichen Gründen paradox finde. In der Drogenambulanz beginnt die Therapie im Moment des Hilfegesuchs. Jeden Werktag wird Sprechstunde von 09.00 bis 12.00 Uhr gehalten für Kinder, Jugendliche oder ihre Angehörigen. In anderen Großstädten wird Beratung in Drogenberatungsstellen angeboten, welche über Landesmittel finanziert werden; zum anderen gibt es Rehabilitationskliniken, für die die Rentenversicherungsträger zuständig sind. Häufig sind die Antragsverfahren sehr langwierig und die Behandlung kann nicht im Moment des Hilfegesuchs beginnen. Inzwischen gibt es Initiativen in mehreren Großstädten, das Modell unserer Drogenambulanz zu übernehmen. Leider sind die Krankenkassen nicht so kooperativ wie in Hamburg. In unserer Drogenambulanz arbeiten eine Fachärztin für Psychiatrie und Psychotherapie, eine Ärztin der Klinik für Kinder- und Jugendpsychiatrie, ein psychologischer Psychotherapeut, ein Diplom-Psychologe, eine Sekretärin und ich als Leiter. Die therapeutische Ausrichtung und Qualifikation der Mitarbeiter sind unterschiedlich: Verhaltenstherapie, Familientherapie und tiefenpsychologisch fundierte Psychotherapie sind vertreten. Ich selbst habe hier in Hamburg die Ausbildung in Familientherapie und tiefenpsychologisch fundierter Psychotherapie und Psychiatrie gemacht.

Eppendorfer Familientherapie

Dierk Lorenz: Gibt es so etwas wie einen besonderen Therapieansatz der Drogenambulanz Eppendorf?

R. Thomasius: Den gibt es. Das ist der familientherapeutische Ansatz, der darauf zurückgeht, daß wir Anfang der 90er Jahre das große Glück hatten, im Rahmen des Förderschwerpunktes Suchtforschung des Bundesministeriums für Forschung und Technologie (BMFT) familientherapeutische Verfahren bei Suchtstörungen zu evaluieren, die die Amerikaner bereits seit den 70er Jahren angewandt haben. Wir haben damals diese Ansätze für den deutschsprachigen Raum modifiziert und in einer prospektiven vergleichenden Längsschnittstudie evaluiert. Wir haben den familientherapeutischen Ansatz mit pädagogischen Elementen versehen und haben diesen Ansatz „Eppendorfer Familientherapie" genannt. In einer vergleichenden Psychotherapiestudie haben wir herausstellen können, daß die Erfolge hoch sind. Jugendliche, die an der Studie teilgenommen haben und die die zweite familientherapeutische Sitzung überstanden haben – also nicht vorzeitig nach der ersten Sitzung abgebrochen haben –, weisen Erfolgsquoten von etwa 72 % auf, was die Abstinenz vom Konsum harter illegaler Drogen angeht.

Wir konnten Verbesserungen in vielen Familienfunktionen belegen, z.B. in der Affektivität, in der Angemessenheit der Kommunikation; und wir konnten belegen, daß im Vergleich zu einer herkömmlichen Einzelbehandlung die Erfolge der familientherapeutischen Intervention höher waren. Das hat etwas damit zu tun, daß in der Familientherapie mit den Ressourcen der Familie gearbeitet wird. Anders als in der Einzelpsychotherapie, in der der Veränderungsprozeß in der Interaktion mit dem einzelnen Therapeuten erfolgt, können in der Famililentherapie die Ressourcen der Eltern für das Gedeihen der Kinder und auch für die Abgrenzung gegenüber dem Drogenmißbrauch mobilisiert werden.

Herr Lorenz, Herr Dr. Thomasius und Frau Hasselberg im Gespräch

Leider ist bisher in Deutschland der familientherapeutische Ansatz im Suchtbereich nach wie vor wenig etabliert. Das ist interessant, weil wir aufzeigen konnten, daß nicht nur emotional verstrickte Familien von der Familientherapie profitieren, sondern auch solche Familien, in denen wenig emotionale Auseinandersetzung stattfindet und in denen die Personen nebeneinanderher leben. In den emotional verstrickten Familien hilft die Familientherapie dabei, Entwicklungs- und Loslösungsprozesse zu ermöglichen, deren Verhinderung im Verein mit Drogenkonsum im Grunde dazu diente, Pseudoautonomie zu erlangen und sich somit unter den konsumierenden Gleichaltrigen durch Drogenbeschaffung aus dieser engen familiären Situation zu befreien. Im anderen Fall bewirkt Familientherapie eine Belebung von Interaktion und emotionalem Austausch. Die Erfolge haben sich in diesen beiden Extremvarianten der Familiensituation kaum unterschieden. Wir konnten zeigen, daß sich beide extremen Kommunikationsstile im Verlauf der Therapie zu einem relativ angemessenen Umgang hin entwickeln und gleichzeitig aber auch der Drogenmißbrauch bei den Jugendlichen zurückgeht.

Das ist unser Spezialansatz, und die wissenschaftlichen Daten waren überzeugend, so daß die Krankenkassen damals gesagt haben: Okay, da machen wir mit, wir lassen euch als psychiatrische Institutsambulanz zu und erteilen euch den Versorgungsauftrag.

Der Suchtstatus wird genau erforscht

Wir haben im Laufe der Jahre dazugelernt. Wir sehen heute, daß es einen Sinn hat, Familientherapie durch Einzelpsychotherapie zu ergänzen, um die Defizite der Jugendlichen zu kompensieren bzw. die Entwicklung von Struktur in längerfristig angelegter einzelpsychotherapeutischer Behandlung zu fördern. Bei Patienten, die Ich-funktionelle Störungen oder Persönlichkeitsstörungen aufweisen, hat sich der verhaltenstherapeutische Ansatz als sehr effektiv erwiesen. Oft ist spezielle Gruppenarbeit mit den Eltern Betroffener wichtig.

Gerade für Jugendliche, die keinerlei Motivation aufweisen, ist Elternarbeit der Einstieg in das Hilfesystem. Daraus kann sich eine Familientherapie oder auch Einzeltherapie entwickeln. Die Jugendlichen kommen erst einmal zur Diagnostik. In zwei Sitzungen wird diagnostiziert und zunächst der Suchtstatus genau beleuchtet. Dabei sehen wir genau hin: Was steht hinter der Sucht aus einer entwicklungspsychologischen oder psychopathologischen Perspektive? Daraus leiten wir dann die Therapieindikation für eine der unterschiedlichen Verfahrensarten bzw. für die sich ergänzende Modi ab, was bedeutet, daß es für manchen Patienten vorteilhafter ist, unterschiedliche Therapieelemente nebeneinanderzustellen.

D.L.: Welche Hauptkonsumentengruppen kommen zu Ihnen?

R. Thomasius: Bei 700 bis 800 Fällen pro Jahr, die wir behandeln, unterscheiden wir die Patienten nach der Art der ihrer Sucht zugrundeliegenden psychopathologischen Ursachen. Hier sieht man die gesamte Bandbreite von Belastungsstörungen über neurotische Störungen, Persönlichkeitsstörungen bis hin zu ganz schweren psychischen Störungen wie Wahnbildung, Schizophrenie etc.

Zum andern kann man die Patienten im Hinblick auf die Suchtstörung betrachten. Hier können wir, je nach dem Konsumverhalten, zwei Populationen unterscheiden: die reinen Cannabiskonsumenten bzw. -Mißbraucher bzw. die Cannabisabhängigen, die einen Monokonsum illegaler Drogen aufweisen. (Cannabis ist die einzige illegale Droge, bei der wir die Monokonsum-Form überhaupt sehen; alle anderen illegalen Drogen werden nicht als einzelne Droge konsumiert, sondern es herrscht hier ein Mischkonsum vor.) Die zweite Behandlungspopulation, also die Mischkonsumenten, setzt sich aus jungen Leuten zusammen, bei denen wiederum der Cannabiskonsum im Vordergrund steht, hier aber ergänzt durch Amphetamine, Ecstasy, Halluzinogene und teilweise auch durch Kokain.

Das Opiat spielt so gut wie keine Rolle mehr, und das nicht nur bei uns, sondern auch bei heranwachsenden Drogenkonsumenten in Deutschland und anderen europäischen Ländern.

Das gesamte Suchthilfesystem befindet sich im Moment im Umbruch, da sich das Konsumverhalten der Jugendlichen ändert: Der Trend geht weg von den betäubenden illegalen Drogen, weg vor allen Dingen vom Opiat und hin zu den Cannabinoiden sowie zu stimulierenden Substanzen. Das sind unsere Hauptkonsumentengruppen.

Besorgte Eltern

D.L.: Was erwartet die Eltern, wenn ihr Kind in die Drogenambulanz kommt, besonders im Hinblick auf Ihren familientherapeutischen Ansatz?

R. Thomasius: Wichtig ist, daß wir die Sorge der Eltern ernstnehmen. Es gibt viele besorgte Eltern, die anfangs nicht genau wissen, ob sie den Substanzkonsum ihrer Kinder als problematisch einschätzen sollen oder ob es sich vielmehr um ein Experimentalstadium handelt, in dem sich ihr Kind befindet und aus dem es sich gegebenenfalls relativ schnell wieder herausentwickelt. Manche Eltern kommen zu uns und erzählen, daß sie eine Odyssee von Kontakten in Beratungsstellen hinter sich gebracht haben; Kontakte, bei denen sie sich in ihrer Sorge nicht ernstgenommen fühlten. Hier versuchen wir, auf die Eltern einzugehen, weil wir nicht den Cannabismißbrauch als das eigentliche Problem auffassen, sondern uns vorrangig an Familiendynamik und der Entwicklung und den Konflikten des Jugendlichen orientieren. Wenn das Kind nicht mit den Eltern mitkommt, geht es zuerst einmal darum, so viele Informationen wie möglich zu sammeln und die Eltern zu beraten, wie es ihnen gelingen kann, den unmotivierten Jugendlichen in unsere Ambulanz zu bringen.

Gerade hier hat sich der familientherapeutische Ansatz als geeignete Strategie bewährt, weil sich zeigt, daß Familientherapie auch im Sinne einer Rekrutierungsoption wirkt. In Familien, in denen Drogenkonsum ein Problem ist, nehmen Eltern gegenüber Drogenkonsum bzw. dem drogenkonsumierenden Kind häufig entgegengesetzte Standpunkte ein. Ein typisches Beispiel ist die mehr überaktive, überprotektive Haltung der Mutter und der sehr weit im Familiensystem entfernte, mitunter am Familiengeschehen uninteressierte Vater. Wir raten diesen Eltern, eine klare gemeinsame Position gegenüber dem Drogenkonsum einzunehmen und diese auch ihrem Kind gegenüber zu vertreten. Wenn die Eltern unserem Rat folgen, wenn sie also eine klare Position gemeinsam vertreten, dann ist dies der erste Schritt in die richtige Richtung. Triangulierungsprozesse, die häufig mit initialem Substanzkonsum verbunden sind, weichen auf, die Mutter gibt nun nicht mehr das Geld für die Beschaffung der Drogen, sondern sie grenzt sich mit dem Vater solidarisch ab. Diese Veränderung macht betroffene Jugendliche neugierig und besorgt zugleich, daß sich in der Familie etwas ändern könnte, auf das sie keinen Einfluß haben. Daher kommen sie in die Sprechstunde. Nach der zweiten, dritten oder vierten Sitzung - so ist unsere Erfahrung - ist der Jugendliche mit im Boot, und dann können wir sehen: Handelt es sich tatsächlich mehr um einen experimentierenden Umgang mit psychotropen Substanzen oder muß man den Substanzkonsum als Mißbrauch oder Abhängigkeit bewerten bzw. stehen im Hintergrund ernsthafte psychische, familiäre und soziale Probleme, die den Drogenkonsum erklären?

Am Rande unserer Leistungsfähigkeit

R.H.: Lassen Sie uns auf die Geschichte der gesamten Drogensituation der letzten zehn bis 15 Jahre zurückblicken: Können Sie aus Ihren Erfahrungen dieser Jahre sagen, ob und in welcher Weise die Inanspruchnahme der Drogenambulanz zugenommen hat?

R. Thomasius: Die Epidemiologie ist in Deutschland auf einem guten Stand, weil vom Bundesgesundheitsministerium in zweijährlichem Abstand repräsentative Untersuchungen zum Konsumverhalten junger Menschen und Erwachsener durchgeführt werden. Diesen Untersuchungen können wir entnehmen, daß seit Anfang der 90er Jahre die sogenannte Lebenszeitprävalenz, d.h. der prozentuale Anteil an Jugendlichen, die mindestens einmal im Leben Drogen genommen haben, für die Substanzen Kokain, Amphetamin und Ecstasy relativ stabil ist: In der Gruppe der 18- bis 24jährigen liegt die Konsumerfahrung für diese Substanzen unterhalb von 5 %. Demgegenüber ist die Cannabiserfahrung junger Erwachsener in den letzten sechs Jahren exponentiell gestiegen: Während die Lebenszeitprävalenz seit den 70er Jahren für Cannabis *konstant* zwischen 10 und 20 % lag, ist diese Zahl in den vergangenen Jahren für die erwähnte Altersgruppe auf 38,5 % gestiegen. Es gibt regional begrenzte Untersuchungen, wie z.B. eine Schüler-Untersuchung, die in Hamburg veröffentlicht wurde, durchgeführt an 8.000 Schülern, die zeigt, daß die

Prävalenzen teilweise sehr viel höher sind: 53 % der befragten Schüler haben Cannabiserfahrung, 20 % geben sich als aktuelle Konsumenten zu erkennen, und 7 % sagen, daß sie gelegentlich bekifft in den Unterricht gehen. Schwieriger ist die Frage zu beantworten, ob auch die problematischen Konsumformen zugenommen haben, weil dazu keine bundesweiten Daten vorliegen.

Eine letzte Zahl zur Epidemiologie: Es gibt ein Erfassungssystem der Drogenberatungsstellen in Deutschland. Auch hier finden wir starke Zuwächse bei der Zahl Cannabis konsumierender Patienten. Nach den vorliegenden Daten sind die Beratungsgesuche von Cannabiskonsumenten innerhalb der letzten zehn Jahre ungefähr um den Faktor vier angestiegen. Und ähnliches beobachten wir auch in unserer Ambulanz: Während wir früher hauptsächlich Opiatkonsumenten behandelt haben, sehen wir diese Substanz heute bei den Neueinsteigern so gut wie gar nicht mehr, allenfalls noch bei einer Randpopulation. Dagegen kommen immer mehr Jugendliche bzw. junge Erwachsene in die Beratung aufgrund von Problemen durch Cannabis bzw. Mischkonsum. Insgesamt steigen Beratungs- und Behandlungshäufigkeit permanent an. Speziell im Jahre 2004 gibt es im Vergleich zum Vorjahreszeitraum eine Nachfragesteigerung um 20 bis 25 % und wir sind am Rande unserer Leistungsfähigkeit angelangt.

Höhere Wirkstoffgehalte, andere Konsummuster

D.L.: Welche Rolle spielen dabei die Wirkstoffgehalte bzw. die Veränderung der Wirkstoffgehalte?

R. Thomasius: Diese Frage wird gerade in jüngster Zeit immer wieder diskutiert. Wissenschaftlich gesehen ist sie schwer zu beantworten. Meine persönliche Einschätzung ist, daß die Veränderung der Inhaltsstoffe weniger relevant ist als die Veränderung der Konsummuster. Die Konsummuster haben sich in den vergangenen fünf, sechs Jahren dahingehend geändert, daß das Einstiegsalter in den Konsum illegaler Drogen permanent gesunken ist. Die erste Erfahrung mit illegalen Drogen findet mittlerweile genau dann statt, wenn der erste Alkohol*rausch* auftritt. Zum gleichen Zeitpunkt wird auch bereits das erste Mal Cannabis genommen. In einer klinischen Population sehen wir immer wieder Patienten, die mit 13, 14 Jahren in den Cannabisgebrauch eingestiegen sind.

Hinzu kommt, daß die Konsumintensität, auch bei den Neueinsteigern, stark zugenommen hat. In einer klinischen Population sieht man Jugendliche, die von Anfang an sehr häufig und intensiv Drogen konsumieren, und zwar bereits in einem Lebensalter von 13, 14 Jahren – mit allen Folgen, die diese Stoffe für den entwicklungspsychologischen sowie biologischen Reifungsprozeß haben. Das ist aus meiner Sicht der Grund dafür, warum wir heute verhältnismäßig oft problematische Folgen des Cannabiskonsums sehen.

Auf der anderen Seite, da haben Sie ganz recht, hat der Wirkstoffgehalt an Tetrahydrocannabinol in den Cannabis-Substanzen zugenommen, aber m.E. nicht so stark, wie es immer wieder in den Medien berichtet wird. Wenn man sich seriöse Untersuchungen ansieht, muß man folgern, daß in Deutschland der Wirkstoffgehalt um maximal das Vierfache der Mengen zugenommen hat, die wir vor zehn Jahren in den Cannabisprodukten fanden.

In der Schweiz liegen andere Verhältnisse vor: Nach dortigen Untersuchungen gibt es bestimmte Produkte, die tatsächlich das sieben- bis 14fache an Wirkstoffgehalt aufweisen. Aber ich glaube nicht, daß man diese Ergebnisse auf Deutschland übertragen kann.

Irreversible Schädigungen durch Ecstasy

D.L.: Können Sie kurz auf die biologischen und die psychopathologischen Wirkungen von Drogen eingehen?

R.H.: Dabei interessieren uns diese Wirkungen in bezug auf Cannabis, Amphetamine, Ecstasy usw., d.h. bei allen Stoffen, die als Droge verwendet werden – mit Ausnahme der sogenannten legalen Drogen wie Alkohol und Nikotin: Welche Kurzzeitwirkungen gibt es, welche Langzeitfolgen können Sie uns beschreiben?

R. Thomasius: Die biologische Dimension ist rasch beschrieben. Fangen wir mit Ecstasy an. Wir haben im UKE viele Jahre lang im Auftrag des Bundesgesundheitsministeriums Ecstasyforschung betrieben. Dabei konnten wir belegen, daß Ecstasy – in Massen eingenommen – zu einer Alteration der Serotoninrezeptoren führt. Das heißt: Der Wirkstoff von Ecstasy erreicht das Gehirn und bewirkt dort eine starke Ausschüttung des körpereigenen Neurotransmitters (chemische Überträgersubstanzen im Nervengewebe, Anm. d. Red.) Serotonin, welches z.B. Glücksgefühle erzeugt und im Gehirn für die Verbindung zwischen sensorischen, motorischen und assoziativen Bereichen zuständig ist. Bei schwerem Ecstasykonsum wird die Funktionsfähigkeit bestimmter neuronaler Verbindungen in tiefliegenden Hirnstrukturen, die insbesondere für die Affektsteuerung und Gefühlsmodulation zuständig sind, beschädigt. Diese Schädigung ist möglicherweise sogar irreversibel; auf jeden Fall wird sie den Rausch weit überdauern, oft sogar um Jahre.

Zu ähnlichen Ergebnissen sind auch Forschergruppen in England und den USA gekommen, so daß Evidenz für die Aussage besteht, daß Ecstasy - ganz allgemein gesagt - zu Hirnschädigungen führen kann.

Die Cannabis-Forschung hängt hinterher

Diese Frage ist mit Bezug auf Cannabinoide nicht zu beantworten, denn die Forschungslage ist für Ecstasy sehr viel besser als für die Cannabinoide. Und das ist paradox, weil Cannabis etwa zehnmal häufiger konsumiert wird als Ecstasy-Präparate. Die Ecstasy-Forschung ist in den vergangenen zehn Jahren international finanziell von zuständigen Ministerien subventioniert worden, weil das unzulängliche Wissen über das Gefahrenpotential der Substanz durch dessen neurotoxische Wirkung Angst erzeugt hat. Ob sich Cannabiskonsum im Jugendalter neurotoxisch auswirkt, wissen wir nicht. Insofern hängt die Cannabis-Forschung der Ecstasy-Forschung weit hinterher. Messungen im neuropsychologischen Bereich weisen darauf hin, daß Cannabis-bedingte Einschränkungen von Aufmerksamkeit und Gedächtnisfunktionen den Rausch weit überdauern. Es gibt Studien, nach denen noch drei Monate nach Beendigung des Cannabismißbrauchs Defizite in Gedächtnis-, Aufmerksamkeits- und Konzentrationsfunktionen bei Konsumenten nachgewiesen wurden. Andere Studien belegen, daß nach drei Monaten keine Defizite mehr vorhanden sind. Längere Beobachtungszeiträume, gibt es bei Cannabiskonsumenten in dieser Frage bisher international nicht. Hier muß die klinische Forschung in der nächsten Zeit tätig werden.

Wir wissen aus anderen Zusammenhängen, daß sich diese Gedächtnisstörungen bei jungen Konsumenten, die sich z.B. in psychotherapeutischer Behandlung befinden, zurückbilden. Es fehlen jedoch wissenschaftlich Daten, vor allem bei den ganz jungen Menschen. Es gibt ferner tierexperimentelle Untersuchungen, die darauf hindeuten, daß die Hirnreifung behindert wird, wenn Cannabinoide massenhaft in der Entwicklungsphase des Gehirns verabreicht werden. Auch werden in diesen Studien Verhaltensauffälligkeiten bei den Tieren beschrieben. Das müssen wir am Menschen überprüfen. Psychologisch-psychiatrisch finden sich bei schweren Cannabiskonsumenten relativ ähnliche Störungsbilder wie bei Ecstasykonsumenten, z.B. Wahnstörungen, depressive Störungen, halluzinogene Syndrome, drogeninduzierte psychotische Störungen, Flashbacks und Schizophrenie. Solche psychischen Störungen sehen wir in der Drogenambulanz bei unseren Patienten. Diese Erkrankungen führen zu einem starken Leidensdruck und sind dann häufig der Anlaß, sich bei uns vorzustellen.

Ein zweiter klinischer Problemkomplex betrifft die erwähnten kognitiven Störungen: Aufmerksamkeitsstörungen, Konzentrationsstörungen und Gedächtnisprobleme, die dazu führen, daß die Jugendlichen Unterricht oder in der Ausbildung nicht mehr folgen können. Das kann bis zum Verlust des Ausbildungsplatzes gehen.

Störungen in der Identitätsbildung

Das dritte und für mich im Grunde genommen vorrangige Problem sind die Entwicklungsstörungen: Die jugendtypische Reifeentwicklung wird blockiert, da Entwicklungsaufgaben nicht gelöst werden infolge des Cannabismißbrauchs. Infolge dessen kann sich die Identität nicht festigen; soziale Kompetenzen können nicht erworben werden, weil Cannabinoide, in Massen genommen, die Identitätsentwicklung bremsen, und zwar von dem Moment an, zu dem schwerer Mißbrauch begonnen wurde. Das hat zur Folge, daß wir 19- oder 20jährige in der Ambulanz sehen, die seit fünf Jahren Cannabis konsumieren und die den Entwicklungsstand eines 15jährigen aufweisen. Wenn Sie diese Jugendlichen fragen: „Wie alt fühlen Sie sich eigentlich von Ihrer Entwicklung her gesehen?“, dann sagen sie mir auch: „Ja, eigentlich mehr wie 15“, weil sie ihre Defizite spüren. Sie stellen einen Vergleich mit dem Entwicklungsstand Gleichaltriger an und merken, daß sie dahinter zurückbleiben.

Diese Jugendlichen können teilweise, wenn sie introspektiv sind, sehr treffend beschreiben, wo ihre eigenen Defizite liegen, in welchen Entwicklungsbereichen sie stehengeblieben sind. Man muß sich einmal vergegenwärtigen, welche Anforderungen die Entwicklungsphase der Adoleszenz stellt. In dieser Phase geht es darum, eine allmähliche Ablösung vom Elternhaus zu bewältigen, eine klare Vorstellung über das eigene Selbst in der Abgrenzung gegenüber anderen Menschen zu erlangen. Es geht darum, kommunikative Eigenschaften weiter zu entwickeln, es geht um die Auseinandersetzung mit dem eigenen Körper, mit dem anderen Geschlecht, um das Finden einer Berufsidentität. Zusätzlich muß in dieser Lebensphase auch kognitiv sehr viel geleistet werden. Es soll so viel Wissensstoff angeeignet werden wie in keiner späteren Lebensphase. Die Aufgaben der Adoleszenz sind ausgesprochen vielfältig, aber auch sehr störanfällig. Wer dann massenhaft Cannabis konsumiert und dadurch die kommunikativen Prozesse ausbremst - und diese ganze Entwicklung findet ja in der Kommunikation statt -, der erlebt solche Störungen in seiner Identitätsbildung. Das ist - aus meiner Sicht - die schwerwiegendste Komplikation durch den Cannabis-Mißbrauch.

Haschischlegalisierung?

D.L.: Sind Sie sich in bezug auf die genannten psychischen Störungen immer ganz sicher, was als Ursache und was als Wirkung des Cannabismißbrauchs angesehen werden kann? Und wie stehen Sie angesichts der geschilderten möglichen Folgen des Cannabismißbrauchs zur derzeitigen Diskussion über die Legalisierung von Cannabis?

R. Thomasius: Ich würde Ihnen gerne von einer Begegnung, die ich vor zwei Tagen hatte, erzählen.

Der bereits angesprochene SPIEGEL-Artikel ist insofern gut gelungen, als er der allgegenwärtigen Verharmlosung entgegenwirkt. Ich glaube, unsere Gesellschaft hat das Thema Cannabis in den vergangenen Jahren außerordentlich verharmlost. Auf der anderen Seite mobilisiert dieser SPIEGEL-Artikel aber all jene, die - aus welchen Gründen auch immer - die Verharmlosung weiter betreiben möchten, denn sie bekommen es jetzt mit der Angst zu tun. Sie wissen, es gibt viele Protagonisten, die sich für eine Liberalisierung in der Gesetzgebung einsetzen, die gerne Cannabis aus dem Betäubungsgesetz nehmen möchten, die eine ganz andere Rechtsprechung befürworten und erreichen wollen, daß Cannabinoide frei in der Gesellschaft kursieren und jeder davon nehmen kann, so viel er will.

Einer derjenigen, die für die Entkriminalisierung eintreten, ist ein Richter am Jugendschöffengericht in Bernau bei Berlin, der schon seit vielen Jahren von sich reden macht, weil er für eine Liberalisierung eintritt. Dieser Richter hat gerade vorgestern in seinem Landgericht bundesdeutsche Experten zusammengerufen: Frau Prof. Söllner aus Berlin, Dr. Gasmann von der Deutschen Hauptstelle für Suchtgefahren, Prof. Quensel aus Bremen, der ein Suchtforschungsinstitut leitet, und mich. Wir vier waren als Experten geladen. Ich war der einzige unter ihnen, der die gleiche Position wie der SPIEGEL eingenommen hat, der Cannabis als gesundheitsschädigend sieht, während die anderen Experten die gesundheitlichen Schäden durch Mißbrauch von Cannabis als relativ gering einschätzten und für eine Entkriminalisierung eintraten. Damit lagen sie auf der Linie des Richters.

Der Vorsitzende Richter kritisierte meine Ausführungen: Sie können doch gar nicht belegen, daß das, was sie bei den Cannabis-Konsumenten finden, tatsächlich auch eine Folge aus dem Cannabis-Gebrauch ist. Es könnte doch so sein, daß alle diese Störungen schon vorher bestanden haben und daß im Sinne der Selbstmedikation Jugendliche versuchen, Angst, Depressivität, Selbstunsicherheit, aber auch Gefühle von Insuffizienz und Identitätsdiffusion über das Cannabis durch Benebelung in den Griff zu bekommen.

Dazu konnte ich nur sagen: Ein Teil der Jugendlichen nutzt wahrscheinlich Cannabis im Sinne der Selbstmedikation. Auf der anderen Seite gibt es Längsschnittstudien aus Australien und England, die belegen, daß die Einnahme von Cannabis vorher nicht bestehende depressive Störungen auslöst.

Ich meine deshalb und auch gestützt durch klinische Erfahrungen, daß beides möglich ist. Bei der Schizophrenie ist der Wissensstand relativ eindeutig dahingehend, daß genetische Anlagen - die zwar vererbt werden, die aber nicht unbedingt phänomenologisch werden müssen - durch Cannabis ausgehebelt werden können. Vergleichsuntersuchungen haben gezeigt, daß Jugendliche, die Cannabis nehmen, gegenüber nicht cannabis-konsumierenden Gleichaltrigen ein fünffach erhöhtes Risiko haben, eine Schizophrenie zu erleiden. Umgekehrt nehmen Schizophrene gegenüber der nicht schizophrenen altersgleichen Bevölkerung fünfmal so häufig Cannabisprodukte; hier gibt es eine sehr enge Verbindung.

R.H.: Kommen wir noch einmal zu der Frage der Legalisierung von Drogen. Ich bin der Meinung, daß der Teufel mit dem Beelzebub ausgetrieben wird, wenn man Jugendliche - zusätzlich zu ihren seelischen Problemen, die sie z.B. mit Cannabis zu „lösen" versuchen - kriminalisiert. Denn das ist keine Antwort auf das eigentliche Problem.

R. Thomasius: Das sehe ich genauso wie Sie. Eine Antwort auf das Problem kann nur sein, in der Prävention tätig zu werden, das heißt in der Früh-Intervention, in der frühen Hilfestellung. Beide Bereiche weisen in Deutschland große Defizite auf. Das Suchthilfesystem für Erwachsene ist ausgesprochen differenziert und auf hohem Standard eingerichtet. Dic Erfolge sind hoch. Es gibt Vertreter dieses Systems, die der Meinung sind, in Deutschland das beste Suchthilfesystem international vorzufinden. Das gilt aber sicher nicht für Kinder und Jugendliche. Hier gibt es - wie bereits gesagt - erhebliche Defizite. Nun muß man sich aber trotzdem fragen, selbst wenn man fordert, daß Prävention und Hilfestellung ausgeweitet werden müssen, inwieweit die Gesetzgebung einen Sinn hat. Es ist schwer, einen wissenschaftlichen Standpunkt zu finden, weil zu dieser Fragestellung wirklich zufriedenstellende Untersuchungen nicht durchgeführt worden sind. Meiner Meinung nach darf es nicht so sein, daß wir ein Drittel oder sogar die Hälfte aller Jugendlichen, die ja bekanntermaßen cannabiskonsumerfahren sind, kriminalisieren. Das würde zwangsläufig bedeuten, sie an den Rand der Gesellschaft zu drängen und die Kontaktaufnahme mit einer hilfebedürftigen Klientel zusätzlich zu erschweren.

Auf der anderen Seite muß die Gesellschaft ein Signal setzen, daß es sich bei Cannabis um eine gesundheitsschädigende Substanz handelt. Dieses Signal wird seitens des Gesetzgebers dadurch gegeben, diese Substanz in das Betäubungsmittelgesetz zu stellen, denn dort sind Substanzen aufgelistet, die gesundheitsschädigend und damit nicht verkehrsfähig sind.

Die Problemsubstanzen Tabak und Alkohol

Jetzt könnte man aber argumentieren: Auch Tabak und Alkohol sind gesundheitsschädigend, stehen aber nicht auf dieser Liste. Unter diesem Aspekt gehören beide Substanzen im Grunde genommen ins Betäubungsmittelgesetz. Aber die Gesellschaft hat sich entschieden, sie dort nicht aufzunehmen, und wir können das Rad der Geschichte nicht zurückdrehen. Ich meine aber, neben den beiden Problemsubstanzen, die diese Gesellschaft bereits hat, welche im übrigen enorme soziale, finanzielle und vor allem medizinische Probleme mit sich bringen, sollten wir uns davor hüten, eine dritte Problemsubstanz in dieser Gesellschaft zu etablieren - wenn sie nicht ohnehin schon etabliert sein sollte. Deshalb müssen wir Cannabis m. E. im Betäubungsmittelgesetz stehenlassen. Es müssen diejenigen, die mit Drogen handeln und sich durch Handel bereichern, die Drogen produzieren, in irgendeiner Art und Weise sanktioniert werden können. Ich meine, es ist eine gute Strategie, die Konsumenten nicht zu verfolgen und zu kriminalisieren und, wie im Falle von Ecstasy, die Herstellung und den Handel zu verfolgen, um einer maßlosen Ausuferung dieser Substanzen vor allem in der jungen Bevölkerung entgegenzuwirken.

Eine wahrhaft christliche Gesellschaft muß mit dem Zwiespalt leben können, daß auf der einen Seite strafverfolgt wird und andererseits der Betroffene davor geschützt wird, indem er Hilfe bekommt und nicht an den Rand der Gesellschaft gedrängt wird. Das bedeutet keinesfalls, das Betäubungsmittelgesetz außer Kraft zu setzen; es hat einen wichtigen Stellenwert, indem es sich auf die Wertehaltung, auf die innere Einstellung auswirkt. Daß Wertehaltung und Einstellung wichtige Bedingungsfaktoren für Drogenkonsum sind, ist wissenschaftlich sehr gut belegt.

„Cannabis ist nicht harmloser als Alkohol"

R.H.: Wie schätzen Sie persönlich das Problem der Alkoholabhängigkeit im Vergleich zu anderen Drogensüchten ein? Welche Drogen würden Sie als „schwerwiegender" gewichten - ohne dabei die verschiedenen Drogen bzw. Drogensüchte gegeneinander ausspielen zu wollen?

R. Thomasius: Die übliche Meinung ist ja, Alkohol und Tabak seien sehr viel gefährlicher als Cannabis. Vor dem Hintergrund jüngerer wissenschaftlicher Arbeiten und unserer klinischen Erfahrung gilt das derart vereinfachend nicht mehr. Ich komme vielmehr zu dem Schluß, daß Cannabis mindestens genauso gesundheitsschädigend wie Alkohol ist, und zwar aus folgendem Grund: Bevor sich beim Tabak und auch beim Alkohol Schäden manifestieren, müssen diese Stoffe nicht nur intensiv, sondern auch über sehr viele Jahre hinweg regelmäßig konsumiert werden. Es vergehen 15 bis 20 Jahre, bevor sich beispielsweise die Leber-, Nerven- oder Gehirnschäden durch Alkoholismus manifestieren und beim Tabak vergehen möglicherweise 30 Jahre, bis das Bronchialkarzinom entsteht oder Herz-Kreislauf-Erkrankungen manifest werden.

Wir sehen unsere Jugendlichen dagegen bereits nach drei Jahren intensiven Cannabiskonsums jedoch eher nicht mit Organschäden sondern mit psychischen Störungen. Das liegt schlicht und einfach daran, daß die Cannabinoid-Rezeptoren nicht im Herz-Kreislauf-System und auch nicht in lebenswichtigen Hirnzentren liegen. Sie sind dort massenhaft vorhanden, wo die Kognitionen und die Emotionen stattfinden, also in den höhergelegenen Hirnzentren. Dort verursachen sie intensive Schäden, die wir nach drei, vier Jahren des intensiven Mißbrauchs in

Gestalt psychischer Störungen feststellen können. Dies ist ein Hinweis auf die hohe Schädlichkeit dieser Substanz für die Gesundheit, die mit Alkohol nicht zu vergleichen ist, sondern - ich sage es einmal provokativ - schwerwiegender ist als beim Alkohol.

Das Auditorium jaulte auf

Als ich genau dies vor Gericht sagte, gab es ein Aufjaulen im Auditorium, und die Presse hat es dann natürlich auch gleich aufgegriffen. Aber das ist eben meine Sicht, die Sicht des Klinikers, dem tagtäglich Jugendliche mit entsprechenden Störungsmustern begegnen. Leider werden immer wieder Äpfel mit Birnen verglichen, wenn es um die Schädlichkeit unterschiedlicher psychotroper Substanzen geht. Wer einen schweren Alkoholiker neben den Gelegenheitskiffer stellt, erzeugt ein völlig schiefes Bild. Man sollte die Intensivkonsumenten mit den Intensivkonsumenten vergleichen. Natürlich sind auch bei jugendlichen Alkoholikern nach einigen Jahren die Schäden vorhanden, aber diese Schäden zeigen sich bei den Cannabiskonsumenten früher in ihrer Suchtkarriere. Das kann man teilweise psychologisch erklären, aber da muß noch mehr sein. Ich fürchte, zusätzlich existiert auch ein biologisches Korrelat.

R.H.: Aber dieser Vergleich ist auch aus einem anderen Grund sehr problematisch, z.B. wenn der Alkoholiker dazu benutzt wird, um die eigene Sucht zu legalisieren oder zu verharmlosen. Jemand, der alkoholabhängig ist, befindet sich in einer Lebenskatastrophe, und die ist nicht minder eine Lebenskatastrophe als bei jemandem, der cannabisabhängig ist. Die Lebenswirklichkeit eines Alkoholikers ist ja genauso bedrohlich und genauso defizitär, nur anders als die Lebenswirklichkeit eines Cannabisabhängigen. Im Hinblick auf den Bereich der Beziehung, der Kognition, im Hinblick auf das Engagement, den Umgang mit persönlichen Problemen, sind die Ausfälle beim Alkoholiker ja gar nicht anders als bei den Cannabisabhängigen. Betrachtet man die Art und Weise, wie ein Mensch mit seinem Leben und seiner Biographie schöpferisch oder eben nichtschöpferisch umgeht, so sind doch beide Suchtabhängigen gleich. Darum ist der Vergleich ganz unsinnig, denn sowohl für den Alkoholiker als auch für den Cannabisabhängigen heißt es am Ende: Sie fahren ihr Schicksal an die Wand! Egal, mit welchem Stoff, und egal, ob es etwas mehr oder weniger biologische Auswirkungen hat: Lebenswirklich geht irgendwann für die Abhängigen überhaupt nichts mehr.

R. Thomasius: Ja, dem ist nichts hinzuzufügen.

Kampftrinken

D.L.: Diese Beobachtung, daß die Intensität des Konsums bei Cannabis eine andere ist, als es früher der Fall war, finde ich sehr interessant. Was drückt sich denn nach Ihrem Gefühl eigentlich darin aus? Ein anderes Phänomen ist das Kampftrinken. Es wurde mir so beschrieben, daß es ein Brauch unter Jugendlichen ist, Alkohol von vornherein mit der Absicht zu konsumieren, einen körperlichen Zustand zu erreichen, der auf eine Alkoholvergiftung zusteuert. Das kenne ich aus meiner Jugend nicht. Was ist das für ein Phänomen? Kann man das als Zeitsignatur sehen?

R. Thomasius: Das ist nicht einfach zu erklären, weil dieser Prozeß von sehr unterschiedlichen Faktoren beeinflußt wird und deshalb nicht auf eine einzelne Ursache zurückzuführen ist. Ein entscheidender Aspekt ist die Griffnähe zu den unterschiedlichen Substanzen. Die Griffnähe zu den illegalen Drogen ist mittlerweile der Griffnähe zu legalen Drogen relativ gleichgestellt. Es ist für Jugendliche überhaupt kein Problem mehr, an illegale Substanzen heranzukommen. Beispielsweise ist an Hamburger Schulen kaum mehr eine Schulklasse frei von illegalen Drogen bzw. Drogenhandel. Es passiert ganz alltäglich auf dem Schulhof.

Ich will an dieser Stelle noch einmal einschränkend erwähnen, daß es natürlich auch viele Jugendliche gibt, die relativ moderate Konsummuster aufweisen - ganz gleich ob in bezug auf Alkohol mit einem abendlichen Glas Wein oder bezüglich Cannabis - und diese Muster über längere Zeitabschnitte aufrechterhalten können, die dann mit 20, 22 Jahren ihre Konsumphase dauerhaft beenden, wenn sie eine Familie gründen oder Berufsverantwortung übernehmen. Nach sozialwissenschaftlichen Erkenntnissen ist dies sogar die Mehrheit der Konsumerfahrenen.

Bei denen, die Sie jetzt aber ansprechen, also Jugendliche, die eben frühen Einstieg in Verbindung mit einem massiven Konsum im Kindes- und Jugendalter aufweisen, kommen noch andere Umstände hinzu. Ich denke, daß Bindungsstörungen, emotionale Verarmung, Vereinsamung, dissoziale Entwicklungen erheblich dazu beitragen, daß sehr früh sehr

Herr Lorenz, Herr Dr. Thomasius und Frau Hasselberg im Gespräch

intensiv konsumiert wird. Die Zugehörigkeit zu konsumierenden Gleichaltrigen allein kann dieses Phänomen nicht erklären.

Ein solches Modell liefert eine Erklärung für den Einstieg in den Konsum von Drogen, aber es erklärt noch nicht die Massivität der Intoxikation. Da gibt es eine Gruppe von Jugendlichen, bei denen autoaggressive Tendenzen im Vordergrund stehen, die Suizidalität aufweisen, die sich am Tode orientieren, die wenig oder keine Lebenslust haben und für die diese massive Intoxikation bereits in einem sehr frühen Lebensalter autodestruktiven Charakter annimmt. Das betrifft insbesondere junge Frauen. Drogen dienen hier dem Prinzip der Selbstzerstörung. Junge Männer neigen dazu, wenn diese Aggressionskonflikte vorhanden sind, in die Dissozialität und die offene Aggression zu gehen, womit sich dann die Verbindung von der Jugendgewalt und dem Drogenmißbrauch erklärt.

Es gibt eine weitere Gruppe unter den Jugendlichen, bei der nicht der Aggressionskonflikt im Vordergrund steht, sondern vielmehr die emotionale Verarmung. Hier wirkt sich unsere moderne Industriegesellschaft auf das intrapsychische Muster ihrer jüngsten Mitglieder aus: unerreichbare Väter und für die emotionalen Interessen der Kinder wenig erreichbare Mütter. Es sind dies die Kinder unserer Gesellschaft, welche von früh an schlichtweg zu wenig bekommen haben an Empathie, an Fürsorge, an Versorgung, an Bestätigung, an Liebe und die unter dem fortwährenden Mangel an diesen Gefühlen leiden. Durch eine massive Intoxikation mit Drogen können der Mangel und auch die Gefühle, die daraus resultieren, ruhiggestellt werden. Die Drogen können auch das vermitteln, was die Jugendlichen zuvor nicht bekommen haben. Gerade die Droge Ecstasy, Lovedrug genannt, verbessert ja die introspektiven Fähigkeiten, also die Kompetenz, sich mit sich selbst und anderen Menschen auseinanderzusetzen. Also all das, was im Mangel nicht vorhanden ist, soll über die Rauschwirkung erfahren werden.

Und wenn Sie einmal an die Amphetamine und das Kokain denken; diese Substanzen stimulieren Phantasien von eigener Größe und Unverwundbarkeit. Daher sind narzißtische Charaktere für diese Substanzen besonders empfänglich. Demnach gibt es zwei wesentliche psychische Konsummotive, nämlich das eine, das aus der Aggression, aus der Enttäuschungswut, aus der Autoaggression heraus geboren wird und das andere, welches aus einem emotionalen Mangel heraus entsteht. Beiden Motiven liegen Bindungsstörungen zugrunde, und ich glaube, daß man diese bis zu einem sehr frühen Zeitpunkt in der Biographie der betroffenen Jugendlichen zurückverfolgen kann, teilweise bis in die ersten Lebensmonate.

Dem Suchtdruck etwas entgegensetzen

R.H.: Womit hängt es aus der Sicht Ihrer familientherapeutischen Arbeit zusammen, daß der Drogenkonsum für manche Jugendliche ein Experiment bleibt, während für andere Jugendliche der Drogenkonsum unter Umständen in eine lebensbedrohliche Abhängigkeit führt, womöglich bis hin zum Suizid?

R. Thomasius: Die einen sind mit frühem Problemverhalten behaftet und die anderen nicht. Die einen gehen mit Problemen besetzt in den ersten Konsum hinein, die anderen sind relativ stabil, wenn sie erstmals Drogen nehmen, und können durch ihre eigene psychische Konstitution dem Konsumangebot, den Verlockungen und auch der sich anbahnenden Sucht etwas entgegensetzen. Zusätzlich ist eine biologische Komponente zu berücksichtigen, die zur Ausbildung der körperlichen Abhängigkeit führt. Nicht problembelastete Jugendliche sind in der Lage, ein kontrolliertes Gebrauchsmuster über längere Zeit aufrechtzuerhalten. Sie sind innerlich so stark, daß sie dem Suchtdruck, dem Konsumangebot oder der Substanz etwas entgegensetzen können. Die Problembelasteten weisen diese innere Stabilität nicht auf, und zusätzlich bewirken die

Substanzen auch noch einen intrapsychischen Gewinn. Natürlich ist das immer ein suboptimaler Konfliktlösungsversuch, weil er sehr kurzfristig angelegt ist. Deshalb gerät die eine Gruppe immer mehr in die Sucht hinein, und die anderen kommen relativ unbeschädigt aus der Konsumphase wieder heraus.

R.H.: Könnte man schlicht sagen, daß die einen Enthusiasmus, Freude und Sinnhaftigkeit haben, um sich mit der Welt zu verbinden, und daß sie sehen: Ich habe eine Aufgabe, ich habe Fähigkeiten, ich kann etwas leisten und mein Leben hat einen Sinn - was ja für jeden Menschen von existentieller Bedeutung ist -, und die anderen haben das alles nicht?

R. Thomasius: Ja, das ist jetzt eine anthroposophisch ausgelegte Sicht, die ich voll unterstütze, wobei diese Sicht mit dem psychologischen Konstrukt der „Ich-Funktionen" sehr verwandt ist. Jemand, der wenig Möglichkeiten hat, seine eigenen Gefühle zu erkennen, auszudrücken und zu differenzieren, jemand, der sich mit anderen Menschen nicht wirklich verständigen kann, jemand, der sich von der Umwelt von Beginn an mehr bedroht als angenommen fühlt, jemand, der also wenige Ressourcen hat, die Welt so zu erkennen und zu erfassen, wie sie wirklich ist, jemand, der auf wenig Identität zurückgreifen kann: der wird dann auch die Lebensziele, die Sie beschreiben, nicht wirklich entwickeln können. Insofern glaube ich, daß beide Sichtweisen zusammenkommen, nämlich einmal meine eher von der Psychoanalyse geprägte Sichtweise und andererseits die Anthroposophie. Ich finde schon, daß die beiden Sichtweisen sehr gut zusammengreifen.

Wenn Jugendliche sich verändern

D.L.: Ich habe heute einer Frau erzählt, daß ich einen Drogenexperten treffen werde, und sie gebeten, mir spontan zu sagen, welche Frage sie als Mutter an einen Drogenexperten hätte. Diese Frage gebe ich jetzt an Sie weiter: Wie kann ich als Mutter meine Wahrnehmung schulen, um das, was mir meine Kinder erzählen, einzuschätzen? - Es betrifft also das Problem, das wir gerade besprechen: Einige entwickeln ein intensives Konsummuster, und andere gehen durch eine Experimentierphase und kommen am Ende wieder heraus.

Wahrscheinlich erzählen alle Kinder ihren Eltern, sie würden Drogen nur ausprobieren und könnten jederzeit wieder damit aufhören. Aber daran haben diese Eltern ihre Zweifel. Woran können Eltern einen manifesten Drogenkonsum erkennen?

R. Thomasius: Das kann man ganz gut an bestimmten Indikatoren festmachen. Die einen Eltern, deren Kinder eher mit Drogen experimentieren, würden keine intensiven Veränderungen an ihren Kindern feststellen. Bei den anderen, bei denen sich Mißbrauch und Abhängigkeit anbahnen, finden Veränderungen im Umfeld und Verhalten der Kinder statt, und diese sollten die Eltern kennen:

Das sind erstens Veränderungen von Schulleistungen. Das beschreiben uns fast alle Eltern: von einem Leistungsknick ist bis hin zu sehr guten Schülern, die plötzlich in allen Schulleistungen dauerhaft absacken, was sich auch auf die Noten entsprechend niederschlägt, vieles denkbar, falls Drogen dauerhaft genommen werden.

Ein zweiter Indikator ist die Veränderung des Freundeskreises. Die Jugendlichen beschreiben uns, daß sie sich immer häufiger und intensiver mit ebenfalls konsumierenden Gleichaltrigen zusammentun, während die Kontakte mit den nichtkonsumierenden Jugendlichen abbrechen.

Als drittes Anzeichen findet man eine Veränderung der Freizeitinteressen. Man treibt keinen Sport mehr, man malt oder musiziert nicht mehr und läßt das fallen, was bis dahin immer wichtig war. Es geht immer mehr um die Beschaffung und den Konsum von Substanzen bis zu dem Punkt, daß sämtliche Freizeit dafür verwendet wird, gemeinsam oder auch allein, zurückgezogen, Substanzen zu konsumieren.

Ein vierter Indikator: Eltern beschreiben uns, daß sie immer größere Probleme haben, mit dem Jugendlichen in Kontakt oder ins Gespräch zu kommen, daß sie immer häufiger abgewiesen werden, daß für den Jugendlichen selbst gemeinsame Familienaktivitäten - beispielsweise das gemeinsame Abendessen - immer unwichtiger werden. Es gibt einen immer stärkeren Rückzug, pampige Antworten, Abgrenzungstendenzen durch den Jugendlichen.

Und fünftens: Das Auftreten bestimmter Utensilien, z.B. Cannabis-Bröckchen, Staniolfolie, Tabletten oder beim Alkohol Flaschen, die mehr oder weniger gut versteckt werden.

Ein weiterer wichtiger Indikator ist das Auftreten psychischer Störungen, die wiederum durch den Konsum ausgelöst worden sind, z.B. Angst- oder depressive Störungen, bis hin zu schizophrenen Störungen. Manche Eltern bemerken - wie das auch im SPIEGEL-Artikel beschrieben wurde -, daß die Jugendlichen plötzlich einen ganz absurden Realitätsbezug bekommen.

All dies kann man nicht bei Jugendlichen beobachten, die nur ein bißchen mit Drogen experimentieren. Da ändert sich nichts, außer vielleicht in den Augen.

Eine drogenfreie Kindheit

D.L.: Bevor die Situation auftritt, daß Eltern oder jugendliche Konsumenten Hilfe suchen: Wie kann Prävention in der Familie aussehen?

R. Thomasius: Wir raten unseren besorgten Eltern, wenn sie früh kommen, bevor sich überhaupt eine Sucht manifestiert hat, mit ihren Kindern soweit wie möglich in Kontakt zu bleiben und dabei dann auch deren Konsumerfahrung mit schlechten psychotropen Substanzen anzusprechen, und vor allen Dingen ganz ehrlich zu sein. Dazu gehört auch, daß die Eltern ihren eigenen alltäglichen Umgang mit psychotropen Substanzen reflektieren. Das beginnt beim Kaffee, geht über die Zigaretten bis zum Alkohol, aber auch die stoffungebundenen Formen sollten thematisiert werden.

Es gibt sogar Eltern, die sagen, ich bin lieber dabei, wenn mein Kind den ersten Joint konsumiert. Vielleicht konsumiere ich lieber sogar gemeinsam mit dem Kind, als daß es die Erfahrung alleine macht. Diese Position halte ich im Falle des Cannabis-Gebrauchs schlicht für eine Über-Identifizierung mit dem eigenen Kind. Meine Beobachtung ist, daß bei der heutigen Elterngeneration, die ja häufig eigene Cannabis-Erfahrungen hat, die eigene Einstellung dem Cannabis gegenüber unklarer und undifferenzierter ist als gegenüber dem Alkohol und dem Tabak. Das ist auch ein ganz wesentliches Erklärungsmoment, warum der Konsum bei den Jugendlichen derzeit so explodiert. Die Jugendlichen merken natürlich, daß die Eltern keine innere Position dazu haben. Ich rede hier aber nicht von Sanktionierung, sondern ich rate, einfach eine reflektierte Position einzunehmen. Das müssen die Eltern leisten, und dann können sie auch ihr Kind getrost den ersten Joint rauchen lassen, wenn es denn nun unbedingt sein muß. Der erste Joint wird nicht in die Sucht führen. Dorthin führen die anderen Faktoren, die wir hier benannt haben, und da sollte man darauf achten, daß sich diese ungünstigen Voraussetzungen möglichst gar nicht erst entwickeln. Falls sie bereits vorhanden sind, ist es hilfreich, wenn die Eltern für diese Problembelastung so früh wie irgend möglich entsprechende Hilfestellungen geben.

R.H.: Ist die Welt so wenig interessant, gibt es so wenig Spannendes im Leben, daß man unbedingt Cannabis rauchen muß? Und warum sollten dann auch noch die Eltern aus Solidarität mitrauchen, als wäre der erste Joint eine Selbstverständlichkeit? Gibt es nicht genügend andere Möglichkeiten, den jungen Menschen zu zeigen, was die Welt alles zu bieten hat?

R. Thomasius: Genau das ist der traditionelle Ansatz von Primär-Prävention, den Sie hier beschreiben. Ziel muß die drogenfreie Kindheit sein - meinetwegen auch die drogenfreie Gesellschaft, aber das ist wohl ein viel zu hohes Ziel. Ich finde es richtig, daß der Hamburger Senat beschlossen und auch im Regierungsprogramm festgeschrieben hat, das Ziel der drogenfreien Kindheit zu verfolgen. Das darf natürlich nicht allein als Begriff stehenbleiben, sondern muß mit unterschiedlichen Methoden und Projekten gefüllt werden, dann ist es eine hervorragende Idee. Wenn dies dem Senat gelingt, das Programm umzusetzen, dann sind wir da ganz weit vorn in Deutschland positioniert, weil sich kein anderes Bundesland mit dieser suchtpräventiven Idee der drogenfreien Kindheit hervorgetan hat.

Was in der Prävention derzeit in Deutschland geschieht, kommt aus einer ganz anderen Richtung, nämlich Anleitung zu geben zu einem vermeintlich sicheren Gebrauch und Umgang mit legalen und illegalen Drogen. Das ist das Konzept der „Sekundären Präventionshilfen" oder der „Safer-Use-Praktiken", die in den vergangenen Jahren sehr stark im Opiat-Bereich favorisiert wurden: Drogenkonsumräume, Erste-Hilfe-Leistungen bei Drogen und dergleichen mehr. Ich fände es verhängnisvoll, wenn diese Strategien, die sich bei den Erwachsenen bewährt haben, auf Kinder und Jugendliche übertragen werden. Ich sehe mit großer Sorge, daß dieses Konzept vielerorts auf Kinder und Jugendliche zu übertragen versucht wird. Ich würde mir dagegen wünschen, wir würden das primär präventive Prinzip viel stärker in das allgemeine Bewußtsein rücken und den Grundsatz gelten lassen: Entweder so, wie Sie es beschrieben haben - daß das Kind so viele attraktive Angebote in unserer Welt hat, daß Drogenkonsum gar nicht notwendig ist - oder um es in der Sprache der Kinder und Jugendlichen auszudrücken: Der wirklich Coole ist derjenige, der kein Cannabis nimmt.

R.H.: Leider wird der primär präventive Ansatz ja schon fast wieder eingestellt. Dabei müßte es doch möglich sein, einem Jugendlichen, der Drogen nimmt, die richtige Antwort zu geben, nicht moralisierend, nicht verteufelnd und kriminalisierend, sondern als professionelle Hilfestellung. Aber das ist eine ganz andere Vorgehensweise als die, von vornherein zu akzeptieren, daß Drogen konsumiert werden und z.B. nur noch Spritzen auszugeben, damit sich die Drogensüchtigen nicht noch mit HIV infizieren. Das ist eigentlich die Antwort einer Gesellschaft, die die Süchtigen schon aufgegeben hat.

R. Thomasius: Ja, es ist eine sehr armselige Gesellschaft, die solche Ziele, wie wir sie formuliert haben, nicht mehr im Auge hat.

D.L.: Aber doch auch eine Gesellschaft, die mit sich selbst in Widerspruch gerät, wenn sie eine drogenfreie Kindheit als Ideal hinstellt. Wenn man sich die Werbung, die auf Jugendliche zielt, anschaut, stellt man fest: Natürlich ist ein Joghurt keine Droge, aber er wird so verkauft. Und vieles, was man Jugendlichen verkauft, wird mit Versprechen verkauft, die dem ähneln, was Drogen versprechen.

R. Thomasius: Das ist die Zwiespältigkeit, mit der man in unserer modernen Gesellschaft umgehen muß, aber sie sollte nicht dazu verleiten, solche Ziele zu entwickeln, zu formulieren und auch nach außen hin darzustellen.

D.L.: In einem Leserbrief las ich vor kurzem, daß Tabak die Einstiegsdroge sei. Ist das richtig, oder welche Rolle spielt Tabak bei den Cannabis-Konsumenten?

R. Thomasius: Darüber kann man lange sprechen. In der Tat sind nur 5 % der Cannabis-Erfahrenen Nichtraucher. Demgegenüber ist unter den Nichtrauchern der Anteil der Cannabis-Erfahrenen relativ gering. Daraus zieht man den Schluß, daß in dem Moment, in dem es uns mit einer guten Raucher-Prävention gelingt, Jugendliche vom ersten Tabak-Konsum abzuhalten, folglich auch der Cannabis-Konsum eingegrenzt wird. Diese Schlußfolgerung halte ich persönlich für falsch. Die Amerikaner, die uns in der Entwicklung der Suchtphänomene immer um einige Zeit voraus sind, betreiben seit vielen Jahren eine sehr aggressive Tabakpolitik bzw. Gesundheitspolitik, die auch wirklich erfolgreich war. Trotzdem hat der Cannabiskonsum ständig zugenommen und liegt heute weit über dem Niveau der Deutschen. Es gibt mittlerweile in den USA eine Population, die nie Erfahrungen mit Tabak gemacht hat, aber sehr wohl mit Cannabis. Es ist sicher richtig, gegen das Rauchen etwas zu tun, aber Prävention im Cannabis-Bereich sollte über die Tabak-Prävention hinausreichen.

Wir müssen bei der Cannabis-Prävention zudem auch auf die riskanten und schweren Konsummuster abzielen. Die hiervon Betroffenen weisen Risikofaktoren auf - im Sinne von extensiven Verhaltensstörungen, von Eßstörungen bei den jungen Frauen, von dissozialen Störungen bei jungen Männern, von Selbstwertproblematiken und den vielen anderen frühen Belastungen, die dann zum schweren Cannabis-Mißbrauch disponieren -, die wir bei den Rauchern nicht sehen. Wir müssen also Raucher-Prävention durch spezifische Cannabis-Prävention ergänzen.

Präventionsforschung

R.H.: Woran forschen Sie zur Zeit?

R. Thomasius: Derzeit warten wir auf den offiziellen Auftrag für eine längst überfällige aktuelle deutsche Cannabis-Studie. Die Forschungsgruppe Ecstasy am UKE rüstet sich zur Zeit auf die Cannabis-Forschung um, denn die Ecstasy-Forschung ist national wie international ausgereizt, weil sie ein hohes Niveau erreicht hat und die wesentlichen Fragen beantwortet worden sind. In unserer nächsten Studie werden wir mit bildgebenden Verfahren, wie z.B. der Positronenemissions-Tomographie, die Hirnfunktionen bei jungen Dauerkonsumenten von Cannabisprodukten untersuchen und mit neuropsychologischen Fragestellungen ergänzen. Wir werden uns also mit dem Feld beschäftigen, das wir zu Beginn unseres Gespräches als defizitär herausgearbeitet haben. Wie sieht es aus mit bleibenden kognitiven Schäden? Weisen Konsumenten mit solchen Schäden ein entsprechendes morphologisches Korrelat im zentralen Nervensystem auf?

Das sind die biologischen Fragestellungen, denen wir nachgehen werden. Wir wollen aber auch unsere Psychotherapie-Forschung in der Drogenambulanz fortführen und untersuchen, welche Behandlungsansätze besonders für die Cannabis-Konsumenten erfolgreich und welche Interventionen weniger nützlich sind.

Dann möchte ich noch erwähnen, daß der Hamburger Senat sich entschlossen hat, das Deutsche Zentrum für Suchtfragen des Kindes- und Jugendalters hier im UKE einzurichten. Auch das ist im Regierungsprogramm niedergeschrieben und vom Vorstand des Universitätsklinikums jüngst bewilligt worden, so daß wir jetzt auf die Ressourcen-Zuweisung vom Hamburger Senat warten, um dieses Institut hier etablieren zu können, dessen Leiter ich werden soll. Die bestehende Drogenambulanz soll mit dem neuen Forschungszentrum eng verknüpft sein. Es gibt in Deutschland bisher kein spezielles Forschungsinstitut, das sich dem Substanzmißbrauch bei Kindern und Jugendlichen widmet. Durch das Zentrum soll die Prävention in Suchthilfe und Medizin gestärkt werden und es sollen neue Methoden in Prävention und Frühintervention entwickelt und erprobt werden. Mit dem Zentrum für Suchtfragen des Kindes- und Jugendalters soll der Anschluß an die anderen internationalen Präventionsinstitute im Bereich Jugend und Sucht hergestellt werden, z.B. in New York und in London. Mit diesen Kollegen wollen wir kooperieren und damit die bundesdeutsche Präventionsforschung auf den Stand der anderen europäischen Länder bringen, denn auf diesem Gebiet gibt es in Deutschland eklatante Defizite. Das sind unsere Ziele.

R.H.: Wir haben am Anfang ganz kurz über die Behandlungsmodalitäten gesprochen. Für welchen Zeitraum sind Ihre Therapien angelegt, und woraus besteht Ihr Behandlungskonzept? Gibt es Kunsttherapien? Gibt es Therapien für die Frage der Identitätsbildung?

R. Thomasius: Die Therapien in der Drogenambulanz finden ambulant statt, im stationären Bereich machen wir nur qualifizierte Entgiftungsbehandlungen über drei Wochen. Eine über mehrere Monate angelegte Rehabilitationsbehandlung, die dann auch all die therapeutischen Elemente, die Sie gerade ansprachen, beinhaltet, können wir hier nicht bereitstellen. Wir behandeln im ambulanten Bereich vorwiegend diejenigen Jugendlichen mit den psychotherapeutischen Methoden, die über ein noch intaktes Umfeld verfügen und bei denen die Sucht noch nicht so tiefgehend ist, daß sie einen dauerhaft schützenden institutionellen Rahmen brauchen.

Diese Therapien sind individuell sehr unterschiedlich bezüglich der Dauer und der Intensität der einzelnen Psychotherapiesitzungen. Manche Jugendlichen beenden nach drei Stunden die Therapie - was selten vorkommt -, andere haben wir seit Bestehen der Drogenambulanz, also seit vier Jahren, in psychotherapeutischen Behandlungsprozessen, wobei wir schon versuchen, den Anteil der Patienten, die wir so lange behandeln, nicht zu groß zu halten, weil wir sonst unseren diagnostischen Auftrag nicht mehr erfüllen können, denn durch langangelegte Behandlungen sind Personalressourcen relativ schnell erschöpft. Das Hauptaugenmerk liegt darauf, die Motivationsbehandlung durchzuführen, bis der Drogenkonsum beendet ist, um die Patienten dann an niedergelassene Psychotherapeuten weiterzuvermitteln, sobald die Sucht einigermaßen im Griff ist.

R.H.: Haben Sie den Eindruck, daß es eine erhebliche Dunkelziffer von Menschen gibt, die eigentlich behandlungsbedürftig sind, die sich aber nicht in Behandlung begeben?

R. Thomasius: Ja, natürlich kommt nur ein Bruchteil der Behandlungsbedürftigen in das Behandlungssystem. Wir wissen das aus dem

Alkoholbereich besonders gut - obwohl gerade dieses System ausgesprochen ausdifferenziert ist: Es werden nur maximal 5 % der Alkoholabhängigen von der Suchthilfe erreicht. Wie sich das für die Jugendlichen in bezug auf illegale Drogen verhält, kann niemand wirklich einschätzen. Ich glaube, wir sehen nur einen sehr kleinen Bruchteil.

Hinter der Sucht verbergen sich Einzelschicksale

R.H.: Darf ich Ihnen eine intime Frage stellen: Haben Sie Drogenerfahrungen?

R. Thomasius: Ja. Ich weiß zwar nicht, ob es gut ist, daß ich das jetzt sage. Diese Frage wird häufig gestellt, und normalerweise antworte ich darauf nicht. Ich bin 1957 geboren und gehöre mit Bezug auf die 1968er-Generation zu einer Art Zwischengeneration. Natürlich hatte ich in meinen Studienjahren Kommilitonen, die Cannabis-Erfahrungen hatten. Auch ich habe einmal in der Gruppe Cannabis konsumiert, und habe nichts gemerkt. Dann habe ich nie wieder Cannabis angefaßt.

R.H.: Was ist Ihr biographischer Background, auf dem Sie sich gerade mit diesem Thema als Lebensaufgabe beschäftigen? Was motiviert Sie?

R. Thomasius: Ich beantworte dies zunächst einmal sachlich: Sucht ist meiner Meinung nach ein ausgesprochen spannender Bereich, weil er gar nicht einseitig ist, wie viele es vermuten. Aus der psychiatrischen Perspektive betrachtet, kann fast jede psychische Störung im Hintergrund der Sucht stehen, also die gesamte Bandbreite psychischer Konflikte, für die dann auch sehr unterschiedliche therapeutische Verfahren und Konzepte angewandt werden können. Hinter der Sucht verbergen sich immer Einzelschicksale. In der wissenschaftlichen Auseinandersetzung ist dem Phänomen „Sucht“ stößt man auf eine ähnliche Vielgestaltigkeit bei den Erklärungsansätzen. Sucht vereint die soziologische Theorie mit der Tiefenpsychologie, mit der Psychopathologie, mit der Biologie, meinetwegen mit den anthroposophischen Ansätzen und vielen anderen Dingen mehr. Sucht ist ein Konglomerat unterschiedlicher Weltanschauungen, unterschiedlicher Wissenschaften. Und das ist das, was mir Spaß macht. Was mich auch in der Arbeit stimuliert, ist der Umstand, daß alles unglaublich vielseitig, komplex ist und man sich in diesen unterschiedlichen Bereichen irgendwie bewegen kann, aber auch muß, um dieses Feld vernünftig zu beackern.

Persönlich gesehen ist Sucht für mich ein Bereich, der mir nicht allzu nahe kommt, aber auch nicht allzu weit entfernt ist. Ich habe keine Sucht, und insofern kann ich das Phänomen mit einer gewissen Distanz betrachten, aber auf der anderen Seite bin ich nicht ganz frei von bestimmten Zügen, die man mitunter auch bei Süchtigen findet. Mitunter hat dieses Sich-in-einen-anderen-Zustand-Versetzen für mich auch einen Reiz, wobei ich das nicht so exzessiv mache, wie es Süchtige tun. Aber auch mit der Arbeitssucht kommt man in diese Situation - und diese kann man wohl bei mir feststellen.

Die Bagatellisierung des Cannabis

R.H.: Bitte geben Sie uns noch ein Schlußwort in bezug auf die Verharmlosung von Cannabis im Zusammenhang mit Kindern und Jugendlichen.

R. Thomasius: Ich glaube, daß diese massiven Steigerungen beim Gebrauch, Mißbrauch und bei der Abhängigkeit von Cannabis, insbesondere unter den Jugendlichen, nicht zufällig passieren. Die Gesellschaft - die Eltern, die betroffenen Konsumenten, die gesundheitspolitisch Verantwortlichen - haben Cannabis in den vergangenen Jahren nicht ernstgenommen; nicht unbedingt mit Absicht, sondern vielmehr aus einer Unwissenheit, vielleicht auch aus einem mangelnden Interesse heraus, immer in Verbindung damit, daß keine klare eigene Position gegenüber Cannabis eingenommen, sondern mehr oder weniger leichtfertig von anderen übernommen wurde: Cannabis sei schon nicht so schlimm, sei weniger gefährlich als andere psychotrope - legale - Substanzen. Das hat dazu beigetragen, daß Jugendliche genausowenig eine klare Position gegenüber Cannabis einnehmen. Hinzu kommt, daß wir eine Leistungsgesellschaft sind, in der die einzelnen Individuen unter hohem Druck stehen, in der man sehr früh lernt, Befindlichkeitsstörungen mit psychotropen Substanzen in den Griff zu bekommen, also eine Gesellschaft, die ein hohes Verführungspotential besitzt, psychotrope Substanzen mehr oder weniger massenhaft zu konsumieren, in Verbindung mit einer Bagatellisierung und Vernachlässigung diesen Cannabis-Produkten gegenüber.

Das erklärt die enormen Zuwächse bei Cannabis, und ich meine, wir müssen der Vernachlässigung der Gesundheitsgefahren durch Cannabis, verbunden mit dem massenhaften Drang, sich mit psychotropen Substanzen zu berauschen, entgegentreten. Das sehe ich als meinen Auftrag, das möchte ich in den nächsten Jahren weiterverfolgen, und es wäre schön, wenn wir in dieser Frage von hier aus etwas bewegen könnten.

Die Rache des Souveräns

eine polemische Untersuchung

Dierk Lorenz*

Der Drogenkonsum Jugendlicher ist ein Reizthema, um so mehr, da sich beim Cannabis zeigt, daß neuerdings sehr junge Jugendliche als Intensiv-Konsumenten in Erscheinung treten. Die öffentliche Debatte beginnt, sich mit Gefühlspotentialen aufzuladen; im Streit zwischen Legalisierungs-Befürwortern und Repressions-Befürwortern kündigt sich eine Trendwende an. Die große SPIEGEL-Reportage vom 28. Juni 2004 unter der Überschrift „Die Seuche Cannabis", Unterzeile „Drogen an Deutschlands Schulen", könnte dazu die Wendemarke sein.

Der SPIEGEL macht auf mit dem Bild einer Schulanfängerin, die statt einer Schultüte einen überdimensionalen qualmenden Joint im Arm hält. Dieses Titelbild ist unfreiwillig aufschlußreich. Die Redakteure haben offensichtlich nicht den Gedanken gedacht, es könnte sich gerade bei diesem Thema empfehlen, eine journalistische Arbeit in möglichst nüchterner Machart zu präsentieren. Die Präsentation des Themas kommt bis in den Sprachgestus hinein selbst wie ein Rauscherlebnis daher. Der Ausdruck „Seuche" rückt das Problem in einen Gefühlsbereich, in dem große Angstpotentiale lagern, die offenbar für das Thema mobilisiert werden sollen. Das ist normal, so funktioniert eben Journalismus heute, wenn er sich zeitdiagnostisch betätigt. Wie der bedröhnte Drogennutzer die Realität seines Lebenszusammenhangs fliehen mag, so lädt hier der Journalist zu einer rauschhaft sentimentalen Flucht in die Aufregung ein. In Gestalt des Mädchens mit der Joint-Schultüte wird ein Klischee von Elternstolz und kindlicher Unschuld zitiert und auf pfiffige Weise entlang des Themas verfremdet. Diese Ironisierung des Mitgefühls nimmt dem Inhalt, der angesprochen wird, seine behauptete Schwere so gründlich weg, wie der Joint auf dem Schulhof der Klassenarbeit ihren Schrecken nimmt. Der SPIEGEL legt mit seinem Titelbild zur Cannabis-Reportage unfreiwillig eine Bruchstelle frei, er appelliert nicht an das Mitgefühl des Lesers, er versucht vielmehr, ihn bei einer ironisch gebrochenen Haltung zu den Besorgnismotiven anzutreffen, um die es angeblich geht. In der

*s. Interviewer und Autore S. 233

vorliegenden polemischen Untersuchung soll diese Bruchstelle in Augenschein genommen werden.

Neben den in Zusammenarbeit mit der Drogenambulanz Eppendorf recherchierten Einzelschicksalen und fundierten wissenschaftlichen Daten enthält die SPIEGEL-Reportage einige deutlich gegen die Legalisierung von Cannabis gerichtete Statements. Allerdings erfährt der aufmerksame Leser hier auch: In den Niederlanden ist der Cannabis-Konsum schon seit den 70er Jahren straffrei, und dennoch konsumieren niederländische Jugendliche nicht mehr und nicht weniger Cannabis als deutsche. Das spricht nicht wirklich für eine Aufrechterhaltung der Repression, es sei denn, man wollte argumentieren, wenn Straffreiheit keinen Rückgang bewirke, sei Strafe wohl doch angebracht, obwohl klar ist, daß auch sie keinen Rückgang bewirkt. Das ist offensichtlich absurd. Es drängt sich die Schlußfolgerung auf, daß der Legalisierungsstreit in bezug auf das Problem ein Nebenschauplatz ist. Was liegt vor, wenn ausgewiesene Experten einen Nebenschauplatz bedienen und eine teilweise erbitterte Debatte führen um die Frage, ob an einer Schraube gedreht werden soll, die im Gefüge der Problemlage offenbar gar nichts bewegt? Es handelt sich hier wohl um so etwas wie eine gesetzmäßige Mechanik öffentlicher Debatten.

Wenn Menschen an sozialen Brennpunkten tätig sind, erleben sie eine große Kluft zwischen dem Problemdruck, den sie dort antreffen, und der öffentlichen Aufmerksamkeit. Dann werden sie darum kämpfen, die öffentliche Aufmerksamkeit zu verstärken. Um für ein Thema Interesse zu wecken, bedarf es nach den Gesetzen öffentlicher Erregung einer polarisierenden Zuspitzung. Leser oder Zuschauer werden bei dem Bedürfnis abgeholt, eine Meinung - am besten dafür oder dagegen - zu haben. „BILD Dir Deine Meinung!" - dieser Slogan, mit dem ein Boulevardblatt wirbt, ist so etwas wie ein modernes journalistisches Credo. Wenn die Aufbereitung von Inhalten nicht zu sofortiger Meinungsbildung einlädt, wenn sie gar Fragen zurückläßt, dann ist die Story schlecht gemacht. Zur Not müssen öffentliche Personen, die als Gegenspieler auftreten, am Thema die Polarisierung vorturnen. Wer keine solche Konstellation bieten kann, der wird es noch mit dem dringlichsten Anliegen schwer haben, gehört zu werden. Ganz aktuell muß man als Aufmerksamkeitssuchender besonders darauf achten, nicht entlang der

Frage zu polarisieren, ob für eine Problemlage mehr Geld aufgewendet werden soll. Damit hätte man in der gegenwärtigen Stimmung schon gleich verloren. Gerade das wäre aber für die Hilfe bei Drogenproblemen und für die Prävention angesagt. Für Drogenpräventionsprogramme für Jugendliche Geld auszugeben, in Forschung und in Therapieangebote zu investieren, wäre wirkungsvoller als Repression, paßt nur eben nicht in die Landschaft.

Will man verstehen, wie ein öffentliches Gespräch sich einerseits auf hohem sozialwissenschaftlichen, medizinischen und psychologischen Niveau bewegen und zugleich derart danebenliegen kann, dann reicht aber wohl die Erklärung nicht aus, daß die mediale Aufbereitung des Themas nach niveauabsenkenden Polarisierungen verlangt. Es drängt sich die Vermutung auf, daß bei dem Bestehen auf Strafe als Handlungsperspektive des Staates andere Erfolgskriterien eine Rolle spielen. Ob die Zahl der drogenbedingt psychisch erkrankenden Jugendlichen abnimmt, ob es weniger Selbstmorde gibt, das ist für Strafbefürworter nur eine statistische Größe, das ist vordergründig. Die Strafe hat einen anderen Sinn. Der französische Philosoph Michel Foucault beschreibt es so:

„Sobald man die Idee der Rache fallenläßt (der Rache des Souveräns, der durch das Verbrechen in seiner Souveränität angegriffen war), kann die Strafe nur noch innerhalb einer Umformungstechnologie Sinn haben. Und die Richter sind, ohne es zu wollen und ohne sich darüber Rechenschaft abzulegen, allmählich von einem Urteil mit Strafbedeutung zu einem Urteil übergegangen, das sie selber nur noch in Hinblick auf eine ‚Reform' des Individuums rechtfertigen können. Aber die Instrumente, die man ihnen an die Hand gibt (Todesstrafe und Galeere, heute Zuchthaus und Gefängnis), reformieren bekanntlich gar nicht." [1)]

Neben den beiden genannten Absichten von Strafe - Rache oder Reform des Individuums - gibt es als dritte Möglichkeit noch die Idee der Verurteilung als demonstrativen Ausdruck der Mißbilligung eines bestimmten Verhaltens. Der Verurteilte wird dabei zum Schauobjekt gemacht, die Strafe wird zwar an ihm vollzogen, Adressaten sind aber all jene, die es ihm gleichtun könnten. In allen drei Fällen wird der Mensch verdinglicht, das ist die Vorbedingung von Strafe.

---

1) Michel Foucault 1975 in einem Interview zu seinem Buch „Überwachen und Strafen". Aus: Michel Foucault: Short Cuts. Frankfurt 2001

Ich möchte behaupten, daß es beim Festhalten an der Strafbarkeit des Handels mit Cannabis nur scheinbar um Abschreckung und demonstrative Mißbilligung geht. Der Gedanke der Reform des Individuums durch Strafe ist sozialwissenschaftlich und psychologisch ebenso gründlich entkräftet wie der Gedanke der Abschreckung. Es handelt sich um die Wiederkehr der Rache. Strafe erlebt auch auf anderen Gebieten eine Renaissance im Sinne von Rache, in Amerika noch viel deutlicher als hier bei uns. Der Souverän, der sich hier rächt, ist nun kein Papst, Kaiser oder König mehr, sondern es ist der einzelne, der Jedermann-Bürger, der souveräne Nutzer der Lebenschancen einer hochentwickelten Zivilisation; er lebt mit der Fiktion, die Ländereien seines Lebensentwurfes wie ein Landesherr zu regieren. Er wird durch die bloße Existenz von sozialen Problemen in seiner Souveränität angegriffen. Der Staat dient ihm nicht in erster Linie als Institution, die Probleme lösen soll, sondern als Garant störungsfreier Selbstverwirklichung. Es ist ein monarchisches Bewußtsein des hochindividualisierten einzelnen, das ihn in der Umgebung vor allem nach einfachen Ordnungen fragen läßt, nicht nach Befindlichkeiten. Spiegelbildlich ist sein Verhältnis zu sich selbst, seine Befindlichkeiten bedeuten ihm alles, seine innere Ordnung, z.B. die Stimmigkeit seiner Konzepte, bedeutet ihm nichts.

Ist also die Auseinandersetzung um die Frage der Legalisierung von Cannabis doch kein Nebenschauplatz? Drückt sich in dem Wunsch des Jedermann-Souveräns nach Rache an den vermeintlichen Verursachern von kostentreibenden Drogen-Problemen eine Stimmung aus, auf die einige junge Menschen mit der Flucht in die Sucht reagieren? Könnte es sein, daß die neuen Intensivkonsumenten von Cannabis die ersten sind, die den Streß der erwarteten Selbstbezogenheit nicht aushalten? Wäre es wirklich überraschend, wenn Jugendliche daran verzweifeln, daß ihnen die Welt als Sammelsurium von Wettkampfbedingungen erklärt wird?

Die Renaissance des Strafens ist Versatzstück einer größeren Geistesströmung, die nicht wirklich mit dem Anspruch auftritt, aktuelle soziale Probleme am besten lösen zu können. Diese Geistesströmung wird gewöhnlich als Neoliberalismus bezeichnet. Der Neoliberalismus stellt an soziale Probleme immer zuerst die Frage: Was geht's uns eigentlich an? Von sozialen Problemen zu reden, heißt etwas vorauszusetzen, was der

Neoliberalismus in Frage zu stellen hat, wenn er mit sich ernst machen will. Die Fragehaltung des Neoliberalismus geht tatsächlich noch weiter, denn die Frage muß präziser lauten: Was geht's *mich* an? Mit dem „Wir" oder „Uns" ist bereits eine sozialethische Selbstverständlichkeit vorweggenommen, die so selbstverständlich eben nicht mehr ist. Das „Wir", auf das sich Besorgnisaufwallungen in der Öffentlichkeit beziehen, ist nicht der Boden, aus dem Besorgnis wächst, sondern ein „Wir" soll sich an einer Besorgniserregung erst erleben. Indem sich das „Wir" an kollektiven Aufregungen erlebt, ist es dann auch bereits erschöpfend bei sich angekommen. Schon 13Jährige kiffen sich die Birne zu, ist das nicht schrecklich?! Ja, wirklich, furchtbar!! Als Peter Sloterdijk 1997 nach der Nation als „Wir"-Angelegenheit fragte, wollte er sich

„...des Verdachtes vergewissern, daß Nationen, wie wir sie kennen, möglicherweise nichts anderes seien als Effekte von umfassenden psycho-akustischen Inszenierungen, durch die allein tatsächlich zusammenwachsen kann, was sich zusammen hört, was sich zusammen liest, was sich zusammen fernsieht, was sich zusammen informiert und aufregt." [2)]

Konsequenzen, die aus einer Problemlage zu ziehen wären, die verlangen, daß sich der Leser, Hörer oder Zuseher selbst mitzunehmen hätte, sind kaum mehr zu vermitteln. Sich selbst mitnehmen muß dabei nicht heißen, daß man den Beruf an den Nagel hängt, um fortan in der Drogenhilfe als Therapeut zu arbeiten. Sich selbst mitnehmen fängt damit an, daß man die Distanzierung von einem Problem bemerkt, durch die es sich erst in einen Medien-Aufreger verwandelt. Sich selbst mitnehmen heißt dann, aufmerksam zu werden für die Anteile des Problems, die man bei sich selbst wiederfindet. Wie süchtig bin ich? Was spielt in meinem Leben die Rolle einer Droge? Sich selbst mitnehmen bedeutet, den Mut zu haben, sich dem Verschwimmen der Grenzen zwischen den Extremen in einer Drogenkarriere und den eigenen Suchtstrukturen zu stellen. Von da aus kann die Frage nach Ursachen und Abhilfen interessant und fruchtbar werden. Sich selbst mitnehmen heißt: allen Ernstes „wir" sagen.

Zu der verbreiteten Unlust, sich sozialen Problemen mit persönlicher Konsequenz zuzuwenden, statt sie in medialer Erregungsgemeinschaft bloß zu konsumieren, bildet der Neoliberalismus die unterschwellige Grundlage. Das „Wir", aus dem sich eine soziale Verantwortung ableiten

2) Peter Sloterdijk: Der starke Grund, zusammen zu sein. Frankfurt 1998, S. 27

ließe, ist die Idee, zu der sich der Neoliberalismus als Gegenbewegung sieht. Der Mensch als freier Unternehmer in eigener Sache darf nicht mit den Lebensrisiken anderer belastet werden, und er darf auch nicht von den eigenen Risiken entlastet werden, die er als Stimulans braucht. Dieses Menschenbild ist nur langsam und untergründig auf dem Vormarsch, einstweilen geben im Gespräch über soziale Probleme Restbestände christlich-sozialistischer Ethik den Ton an.

Eine Gesellschaftstheorie des Neoliberalismus muß sich erst noch formieren. Vorerst stellt er sich in Verneinungen dar. Der Staat mit seiner Wirtschaftstätigkeit und seiner Regelungsaktivität ist das Generalübel. Zurückschneiden, Reduzieren, Verschlanken sind die Schlagworte. Mit dieser Konzentration auf die Gegenbewegung profiliert sich der Neoliberalismus als kritische Bestandsaufnahme gegenüber dem Status quo und trifft in vieler Hinsicht zielsicher die Schwachstellen der entwickelten Industriegesellschaften, die am Übergang in die nachindustrielle Epoche augenfällig werden. Er zeigt u.a. die Suchtstruktur sozialer Sicherungssysteme auf.

Weniger deutlich und weniger beachtet, zum Teil eher unwillkürlich, ereignen sich die Findungsprozesse einer positiven Bestimmung des Neoliberalismus. Um den Entwurf eines schlanken Staates durchzusetzen, braucht man einen starken Staat, der sich nicht von Stimmblöcken Benachteiligter - die nicht einsehen wollen, daß es nur an ihnen selbst liegt - zu neuen sozialen Wohltaten überreden läßt.

Um alle sozialen Probleme zur Sache des einzelnen zu machen, braucht man einen starken Staat, der den problematischen einzelnen - dem man zu seinem eigenen Besten lieber nicht helfen sollte - notfalls in Schach hält, damit dieser nicht zum Sicherheitsproblem wird. Um Menschen die Idee der Solidarität abzugewöhnen, braucht man einen starken Staat, dessen Bildungsinstitutionen darauf eingeschworen werden, die Kinder auf entsolidarisierendes Konkurrenzverhalten einzustimmen. Es ist eben keine Laune der politischen Natur, wenn der Neoliberalismus in dem Maße, wie er positiv Form annimmt, gedankliche Schnittmengen mit dem Neo-Faschismus ausbildet.

Wurde im klassischen Faschismus der einzelne entlang der Idee der Volksgemeinschaft verdinglicht bis hin zur physischen Vernichtung, so geschieht im Neoliberalismus das gleiche entlang der Idee des Individuums. Diese Parallelität zeigt sich besonders anschaulich an der Todesstrafe. Im Nazideutschland wurde die Todesstrafe gegen Menschen vollstreckt, die als Volksschädlinge galten. Die Renaissance der Todesstrafe in den USA wird hingegen eher mit einem sehr persönlichen Sühnegedanken begründet, der Genugtuung für die Hinterbliebenen von Mordopfern verschaffen soll. In beiden Fällen wird der Mensch zur Sache gemacht, an der rituell die Wiederherstellung einer Ordnung vollstreckt wird. Einmal ist es die Ordnung einer Gemeinschaft, das andere Mal - in der modernen neoliberalen Variante - soll der Staat eine innerseelische Ordnung des gekränkten einzelnen - notfalls über Leichen gehend - wiederherstellen.

Der andere, der Mitmensch, ist für den Neoliberalismus das Ärgernis schlechthin. Die Leugnung von sozialer Verantwortung schafft ihn leider nicht aus der Welt. Er ist unberechenbar, der Staat soll ihn mir vom Hals halten. Dafür muß es Regeln geben. Wenn mich der andere nicht interessiert, mir aber zum Ärgernis werden kann, dann verlange ich nach einem Staat, der sich für den anderen nicht interessiert und ihn mir mit dem geringstmöglichen Aufwand vom Hals hält. Der Staat ist aus neo-liberaler Sicht für Rahmenbedingungen zuständig - für *meine* Rahmenbedingungen. Der andere ist eine von vielen Rahmenbedingungen, und der Staat ist dafür da, mir den anderen in vorhersehbarem regelgerechtem Zustand bereitzustellen, denn als Unternehmer-Individuum brauche ich Planungssicherheit. Wenn der Staat sich für den anderen zu interessieren beginnt, dann heißt das, er behandelt ihn nicht mehr als meine Rahmenbedingung, er ist nicht wirklich bereit, an ihm meine Rache zu vollziehen, wenn er nicht richtig funktioniert.

Der Jedermann-Souverän, dessen Machtvollkommenheit über sein inneres Reich auf der Verdinglichung des anderen gründet, ist ein Wahnsinniger. Er kann seine Königtumsphantasie nicht mit einer eigenen unverstellten seelischen Bedürfnislandschaft vereinbaren, er muß Verleugnungen kultivieren. Der andere, den er braucht - menschlich braucht -, den er nicht zur Rahmenbedingung herabwürdigen kann, ist zugleich die ärgste Bedrohung seiner geträumten Regentschaft. Der Jedermann-Souverän ist also psychologisch gesprochen bindungsgestört und damit hochgradig suchtgefährdet. Deshalb will er die Händler einsperren lassen. Die

Strafverfolgung schafft die scharfe Trennungslinie zwischen krankhafter Sucht und modernem Lebensstil, die ansonsten nicht wirklich prägnant wäre.

Es macht für das Problem des intensiven Cannabis-Konsums bei Jugendlichen einen großen Unterschied, wie wir Erwachsene miteinander darüber sprechen, ob wir gegenüber den Widersprüchen unseres Gesprächs resignieren, sie gar leugnen, oder ob wir sie in Angriff nehmen. Das ist die Frage hinter der Frage nach der Legalisierung, deshalb ist das eben doch kein Nebenschauplatz. In dem Lebensalter, um das es hier geht, entwickeln Menschen bewußt oder unbewußt ein feines Gespür für Doppelbödigkeiten. Die Anwendung dieser Fähigkeit auf die menschliche Umwelt ist ein wesentlicher Inhalt der Selbsterfahrung des Heranwachsens. Die Drogen sind da, sie sind Teil der Welt, in die junge Menschen hineinwachsen. Alkohol, Tabak, Cannabis, Koffein, Medikamente, Spiele. Es wird nichts helfen, in dem Dealer den bösen Dritten zu erfinden, wenn es um Cannabis geht. Im Gegenteil. Die Jugendlichen durchschauen das, der eine oder andere hat vergeblich Bewerbungen geschrieben wegen einer Lehrstelle im Einzelhandel, wo er dann Schnaps und Zigaretten hätte verkaufen sollen.

Wenn der Handel mit Cannabis unter Strafe steht, dann ist das mehr als nur eine kleine Widersprüchlichkeit, die eben kulturell so schief gewachsen ist – das betrifft den Kern des Problems. Die Erwachsenenwelt, die antritt am Haschischverkäufer den Ernst des Lebens vorzuexerzieren, sie ist so sehr erwachsen eben nicht. Sie ist mit Suchtstrukturen durchsetzt, die mehr als nur akzeptiert sind. In der Politik ist heute der letzte Sinnhorizont aller Maßnahmen das Wirtschaftswachstum. Das ist nichts anderes als ein Suchtgeschehen, eine kollektive wahnhafte Ersatzbefriedigung mit allen Zeichen der moralischen Abdankung. Wozu? Wohin? Warum? Egal! – Umsatz! Mehr! Wachsen!

Es gibt keine heile Kinderwelt, die von Polizisten und Staatsanwälten zu schützen wäre. Alles, was da lauert, ist unser ganz normaler Wahnsinn, um den wir uns schon selber kümmern müssen.

Der Sog des anderen

Beziehung zwischen Sucht und Gleichgültigkeit

Interview mit Renate Hasselberg

von Wolf-Ulrich Klünker

Motto:
Keinem anderen gehöre,
der sein eigen sein kann.
(Paracelsus)

Renate Hasselberg, *geb. 1946. Ausgebildete Krankenschwester. Tätigkeit in der Psychiatrie am Gemeinschaftskrankenhaus Herdecke. Studium der Waldorfpädagogik in Dornach/Schweiz und Zusatzstudium der Psychotherapie. Fortbildung zum Schul- und Entwicklungsbegleiter in anthroposophischen Einrichtungen und Kindergärten.*

Buchveröffentlichung: „Schwellenerlebnisse – Grenzerfahrungen. Krisensituationen in der Biographie" (Hrsg. zus. mit Martin Straube, Stuttgart 1994).

Kein Motiv bestimmt das innere Erleben so stark wie die Beziehung zum anderen Menschen. Hier ist die Seele verwundbar, verwickelt, vielleicht gebrochen. Kein Thema bestimmt in dem Maße das öffentliche

Bewußtsein der Gegenwart: Gefühl und Sexualität sind in Wissenschaft, Publikationsorganen und Kultur vorherrschend geworden.

Empfindung und Gefühl aber hängen von einem gewissen Gleichgewichtsbestreben des Ich ab. Ist dieses gestört, so wird aus Sympathie schnell Antipathie, aus zu viel Sympathie Abhängigkeit. Empfindung tendiert dazu, Bedürfnis und damit Zwang zu werden, wenn sie nicht vom Ich gehalten wird. In dem ich mich selbst verliere, verliere ich dann auch den anderen Menschen; übrig bleibt ein nacktes Gerüst von Gefühl und Abhängigkeit, trotz seiner Abstraktheit emotional tief wirksam.

Ist das Beharren auf Freiheit und Autonomie und damit auf die Isolation wirklich ein Ausweg? Fatal erscheint die Alternative, die Abhängigkeit mit Gleichgültigkeit, die Gefühlsintensität mit der Oberfläche des Alltagslebens einzutauschen.

Beziehungen sind kompliziert geworden, und das Gefühlserleben verstrickt sich oft in der Kompliziertheit. Das folgende Gespräch will zunächst einiges zur Klärung dieses Phänomens beitragen, um anschließend der Frage nach realistischen Auswegen nachgehen zu können.

Wolf-Ulrich Klünker: Unser Thema ist Beziehungssucht und beleuchtet damit eine problematische Seite von Beziehung. Was ist ganz allgemein unter Sucht und speziell unter Beziehungssucht zu verstehen?

Renate Hasselberg: Sucht hat zunächst mit menschlichen Gefühlen zu tun. In der Sucht ist die Sehn-Sucht enthalten, die Suche überhaupt nach einem Mehr auf allen Erlebnisebenen. Wer könnte das nicht mit-leidend und mit-fühlend verstehen? Wir leben in einem überaus süchtigen Zeitalter und ich glaube, es gibt niemanden, der von sich behaupten dürfte, süchtiges Verhalten sei ihm als Erfahrung gänzlich fremd.

Ich halte diesen Hinweis für wichtig. So entsteht durch kritische Selbstreflexion ein menschliches Verständnisklima für suchtgefährdete oder suchtkranke Mitmenschen.

Wie Du richtig bemerkst, ist nun Beziehungssucht eine problematische Variante menschlicher Begegnungen. Wir unterscheiden zunächst die substanzgebundenen Süchte. Dazu gehören Alkohol, Drogen, Nikotin u.a. Daneben gibt es die prozeßgebundenen Süchte wie Spielsucht, Arbeitssucht, Onlinesucht, Sexsucht und schließlich die Beziehungssucht.

An die Stelle des Ich tritt das andere

Beziehungssüchtige wehren sich dagegen, mit Alkoholikern und Drogenabhängigen verglichen zu werden. Dennoch beinhaltet die Beziehungssucht viele Symptome, die wir sehr wohl auch bei substanzgebundenen Süchten kennen. Denn das Suchtsystem ist ein geschlossenes System und beinhaltet immer Abhängigkeit, Ohnmacht, Selbstbezogenheit, Verleugnung, Abspaltung von Gefühlen, Tendenz zur Unaufrichtigkeit und Verharmlosung, Depression, Kontrollzwang u.a. Allen Süchten ist eines gleich: An die Stelle des Ich tritt der, die oder das andere.

In der Beziehungssucht nun geben wir einem anderen Menschen Macht über uns - wir werden abhängig. „Ich kann ohne dich nicht leben, ich fühle mich ohne dich leer, wie nicht-existent; ich brauche dich unbedingt und bedingungslos", so die Sprache der Beziehungssüchtigen. Sie halten das für Liebe, denn die Unausweichlichkeit ihres Verlangens ist ihnen kein Anlaß, über Abhängigkeit und Autonomie nachzudenken, sondern die Intensität des Gefühls (ohne dich geht nichts) ist ihnen Indiz: Das kann nur Liebe sein!

Angst vor dem Alleinsein

W.-U.K.: So daß man sagen könnte, daß einerseits in der Beziehungssucht eine Art Ausweichen mir selbst gegenüber stattfindet und der andere an die Stelle des Ich gesetzt wird, aber andererseits auch gilt, daß ich in dem anderen mich selbst suche, also gar nicht in der Lage bin, den anderen so wahrzunehmen, wie er ist. Vielleicht kannst Du in diesem Zusammenhang etwas dazu sagen, was sich hinter der Beziehungssucht verbirgt. Was sind die Motive bei den Menschen, die diese Sucht leben, oder was sind die Gründe in ihrer Biographie? Was ist eigentlich das Movens oder die Ursache im Hintergrund?

R. Hasselberg: Die Motive eines Beziehungssüchtigen sind sehr vielschichtig. Dazu müssen wir zunächst die charakterlichen Besonderheiten Beziehungssüchtiger betrachten, die sich in den Symptomen der Beziehungssucht ausdrücken. Der Beziehungssüchtige hat vor allem Angst, verlassen zu werden - er kann das Alleinsein nicht ertragen. Ein weiteres Kennzeichen seiner Sucht ist der Sicherheitswahn, der ihn zur Kontrolle über den anderen zwingt; ferner strebt er danach, aus der Übernahme von Selbstverantwortung erlöst zu werden. Immer sucht er Lösungen außerhalb des eigenen Ich. Der Beziehungssüchtige erwartet und fordert bedingungslose Liebe. Nur dadurch erlebt er Sicherheit in der Beziehung. Er braucht überaus viel Bestätigung und Aufmerksamkeit. Nur so kann er sein Selbstwertgefühl aufrechterhalten. Er verweigert echte Bindung, und seine obsessive erotische Liebe ist oft ein mißglückter Versuch, jene Verschmelzung zu erreichen, nach der er sich sehnt.

Der Beziehungssüchtige kann den anderen Menschen nicht wirklich wahrnehmen, weil er in seiner maßlosen Bedürftigkeit und Unselbständigkeit immer nur bereit ist zu geben, wenn klar ist, was er zurückerhält. Wenn der Partner eines Beziehungssüchtigen Bedürfnisse anmeldet, die einen selbstlosen Einsatz verlangen, wird dieser sehr enttäuscht sein. Ohne Gegenleistung ist der Beziehungssüchtige nicht fähig, sich der Welt oder einem anderen Menschen hinzugeben, weil er zuviel braucht und zu wenig hat. Das ist kein moralisches Urteil, sondern hinter dieser Unfähigkeit zur Empathie liegt oft eine entbehrungsreiche Kindheit und Jugend. Hinter der Beziehungssucht verbirgt sich zudem ein ausgesprochen romantisches Liebesideal. Um diesen Zauber aufrechtzuerhalten, schaut der Beziehungssüchtige nie genau hin, sondern idealisiert den oder die Erwählte(n). Es sind trügerische Projektionen, die uns einen Menschen aufgrund eigener Bedürfnisse nicht sehen lassen wollen, wie er wirklich ist.

Mangel an Identitätsbildung

Nun zu Deiner eigentlichen Frage: Was ist die biographische Ursache im Hintergrund? – Offensichtliches Suchtverhalten geht oft zurück auf eine latente allgemeine Suchthaltung, die in Kindheit und Jugend erlernt wird. So komplex die Lebensgeschichten auch sind, einige Aspekte lassen sich deutlich hervorheben. Klar ist, daß Kinder und Jugendliche, deren Eltern oder andere primäre Bezugspersonen bereits süchtig waren, ebenfalls stark suchtgefährdet sind. Dies ist jedoch kein zwingender Grund für die Entstehung von Sucht. Es kommt immer auf die Individualität jenseits von Sozialitäten und Erziehung an.

Bei der Suchtentwicklung liegt ein erheblicher Mangel an Identitätsbildung vor. Hier kann das Kind bzw. der Jugendliche über- oder unterfordert sein. Anders ausgedrückt: Ein Kind braucht, um später Selbstbewußtsein, Selbstvertrauen und Selbstachtung zu entwickeln, die bedingungslose Liebe und vor allem den Respekt von Eltern und Erziehern. Ein Kind muß fühlen und erleben, daß es gewollt ist, gefördert wird und

Renate Hasselberg und Wolf-Ullrich Klünker

vor allem um seiner selbst willen geliebt wird. Diese elterliche Liebe darf an keine Bedingung geknüpft sein. Und diesen paradiesischen Zustand haben wir in unserem Leben während unserer Kindheit! Du - und nur Du! Verläuft eine Kindheit und Jugend in diesem Sinne, dann sind zumindest die Voraussetzungen geschaffen, daß Menschen später Selbstvertrauen, Selbstbewußtsein und Selbstachtung besitzen und, daraus resultierend, auch Zeiten der Einsamkeit und Not durchstehen, ohne auf Suchtmittel zurückzugreifen - eben auch nicht auf einen Menschen, der nun das Vakuum füllen soll.

Kinder und Jugendliche brauchen Vorbilder und Autoritäten zur Identitätsbildung, sie müssen dringend Grenzen erfahren, um am Widerstand die eigene Struktur zu bilden. Schlußendlich wollen sie mit echtem Interesse begleitet werden!

Wir alle brauchen sehn-süchtig Ziele und Aufgaben, die uns sinnstiftend mit der Welt und anderen Menschen verbinden. Wenn Jugendliche keine Brücke zur Welt bauen können, wenn es nicht gelingt, tätig zu werden und zu glühen für Ziele und Aufgaben, bleibt nur der Leib als letzte „Genußquelle" - also Sucht im umfassenden Sinn. Denn Welt-

Verlust ist immer auch Ich-Verlust! Und das ist so tragisch: Die vitalen Kräfte, die sich in keiner sinnvollen Aufgabe verbrauchen, können nun in der Sucht, z.B. in der Beziehungssucht, absorbiert werden und zerstören dort alle menschlichen Beziehungen - es kommt zur Selbst- und Fremdzerstörung, und zwar einfach dadurch, daß jede Beziehung auf die dargestellte Weise hoffnungslos überfordert wird. Für einen individuellen Lebensauftrag durch eine Aufgabe, die wir für die Welt leisten, gibt es keinen Ersatz.

W.-U.K.: Läßt sich differenzieren, warum manche Menschen zur Drogensucht oder Spielsucht neigen und andere zur Beziehungssucht? Was macht den Unterschied aus im Ursachenbereich?

R. Hasselberg: Im Ursachenbereich des Suchtverhaltens - gleich, um welche Sucht es sich handelt - gibt es lebensgeschichtliche Differenzierungen. Aber das allen Gemeinsame ist doch, daß sich ein unerträgliches Gefühl (z.B. Liebe, Not, Angst) der Seele bemächtigt. Und dieses Gefühl ist aus eigener Kraft nicht zu ertragen, zu lösen oder zu gestalten.

Hier greift nun das Suchtmittel und schafft die Illusion, auf diesem Wege etwas zu verändern. In Wahrheit zerstört die Sucht den Menschen, unterstützt alles Illusionäre. Kurz: Das Ich greift nicht ein - das Mittel, die Sucht, erledigt das Problem scheinbar ohne jede spürbare Anstrengung des Betroffenen. So ist es ja auch gewollt! Im Suchtsystem heißt das: Etwas, was nicht ich bin, ist für mein Wohlergehen zuständig.

Oft sind Menschen mehrfach abhängig. Viele Beziehungssüchtige haben außerdem erhebliche Alkoholprobleme, Nikotinsucht und gehen bedenkenlos mit Tabletten um. Es gibt Beziehungssüchtige, die überhaupt erst in einer großen biographischen Krise erfahren, daß sie beziehungssüchtig sind.

Der sein wollen, der man nicht ist

W.-U.K.: Du hattest vorhin schon gesagt, daß es selten ist, daß die Beziehungssucht alleine auftritt, meistens spielen noch andere Süchte eine Rolle. Liegt es nur an dem allgemeinen Trend der Zunahme von Süchten aller Art, daß die Beziehungssucht eine immer größere Rolle spielt, oder hängt dies auch damit zusammen, daß heute die Bedingungen für das Finden und Führen von Beziehungen ganz in die eigene Freiheit und Verantwortung gestellt sind? In früheren sozialen Zusammenhängen hatte das gar nichts Individuelles und war auch nicht auf einen bestimmten anderen Menschen bezogen. Und trotzdem gibt es – so nehme ich an – für die Beziehungssucht individuelle Bedingungen, auch Besonderheiten, auch im Verhältnis zu anderen Süchten. Es würde mich auch interessieren, ob sich die Beziehungssucht immer auf einen einzelnen Menschen bezieht oder auf mehrere oder sogar auf die Zugehörigkeit zu einer ganzen Gruppe.

R. Hasselberg: Beziehungssucht verstanden als ein Aufgehobensein im anderen und ein Losgelöstsein von mir selbst kann sich natürlich auch in ganzen Gruppenzugehörigkeiten verwirklichen. Hier befreit die Gruppe – der Guru und die dazugehörigen Rituale – uns von der Verantwortung für das eigene Denken und Urteilen. Bei Gehorsam schenkt die Gruppe einem das Gefühl der Zusammengehörigkeit, der Wärme und des Aufgehobenseins – kurz: (fast) das Paradies. Auch die Willensstrukturen – wenn es sie jemals gab – werden in vorgestanzten Schablonen gut kanalisiert. Was will man mehr? Ob ein Beziehungssüchtiger in der Gruppe oder in einer Zweierbeziehung die Verantwortung für seinen Lebensvollzug abgibt, ist ganz gleich, aber immer ein Desaster. – Entwicklungsstillstand im großen Stil! Das entsetzliche Gefühl läßt sich so charakterisieren: verzweifelt der sein wollen, der man nicht ist – und verzweifelt der nicht sein wollen, der man ist. Da der Beziehungssüchtige das Risiko und die Veränderung fürchtet, versucht er die Beziehung in einen „Energiekäfig" (Peter Schellenbaum, Das Nein in der Liebe. München 2001) zu sperren, in den nichts mehr heraus- und hineinkann, aus lauter Angst vor Verlust und Verlassenwerden – wie unter Ausschluß der Welt. Ein entsetzliches Miteinander!

Zu einer Suchtbeziehung gehören immer zwei

W.-U.K.: Wenn man diese allgemein zwischenmenschliche Situation in Beziehung zu Gruppen oder auch zu Einzelmenschen betrachtet, so ist heute vieles problematisch. Und diese „Todeszone" besteht auch in einer inneren Aushöhlung und Vereinsamung. Wie würdest Du vor diesem Hintergrund das Verhältnis sehen zwischen Beziehungssucht mit den Kennzeichen Abhängigkeit und Eifersucht einerseits und Beziehungslosigkeit mit den Symptomen Gleichgültigkeit, Oberflächlichkeit und Pseudoautonomie andererseits? Beziehungslos lebende Menschen erleben ihre Situation oft gar nicht als Problem.

R. Hasselberg: Menschen, die ihre Probleme nicht erleben bzw. erleben können oder wollen, sind in Beziehungen unerträglich, denn genau diese Gefühle - Eifersucht, Gleichgültigkeit, Oberflächlichkeit, Pseudoautonomie - werden immer dem Partner aufgebürdet, der diese dann stellvertretend austrägt.

Beziehungssucht mit Abhängigkeit und Eifersucht hat das gegenteilige Phänomen auf der Rückseite der Medaille - Gleichgültigkeit, Oberflächlichkeit. Versagt der Partner dem Beziehungssüchtigen dauernde Aufmerksamkeit, unablässige Bewunderung oder die Verfügbarkeit rund um die Uhr, dann schlägt seine Liebe - jedenfalls das, was er dafür hält - sehr schnell in Gleichgültigkeit, Oberflächlichkeit und Zynismus um.

Da Beziehungssüchtige auf alles eifersüchtig sind, was nicht unmittelbar mit ihnen zu tun hat, geht etwas Saugendes, Aushöhlendes - wie bei allen Süchten - von ihnen aus. Wie lebensfeindlich und zerstörerisch solche Beziehungen auf Dauer sind, ist unbestritten. - Aber zu einer Suchtbeziehung gehören immer zwei!

W.-U.K.: Das wäre dann praktisch so, daß der Zweite oftmals in das Suchtgeschehen hineingezogen und in gewisser Weise selbst süchtig wird?

R. Hasselberg: Ja, wir sprechen hier von der sogenannten Co-Abhängigkeit. Es kann natürlich sein, daß auch ein relativ gesunder Mensch in eine solche Beziehungsfalle gerät. Denn beziehungssüchtige Menschen verfügen über ein bezauberndes Verführungsrepertoire. Was sie versprechen, glauben sie im Moment wirklich und scheuen keine Mühe, das Objekt der Begierde zu erobern. Verführerisch darum, weil doch alles so herrlich sein könnte:

„Könnt' ich zum Augenblicke sagen, verweile doch! Du bist so schön: Denn magst du mich in Fesseln schlagen, dann will ich gern zugrundegehn." Goethe läßt dies den Faust zu Mephistopheles sagen (Faust I). - Genau das erlebt ein Beziehungssüchtiger, den Augenblick zur Ewigkeit der Seligkeit erstarren zu lassen. Nur ist ihm kaum bewußt, was Goethe eben den Faust sagen läßt: daß er gerade an diesem Wunsch, ginge er denn in Erfüllung, zugrundegeht. Denn eine intensive und wandlungsfähige Existenz bedeutet immer Weitergehen, nicht Weglaufen, vor allem nicht vor sich selbst, bedeutet Abschiednehmen von fatalen Wunschvorstellungen, Loslassen von Altem, Unbrauchbarem. Im Leben heißt das: Verzicht auf trügerische Geborgenheit!

Was heißt es nun, co-abhängig zu sein? In Alkoholikerbeziehungen kennen wir die Partner, die nicht trinken, aber durch ihr Verhalten das

Trinksystem stützen. Dazu ein banales Beispiel: Die Ehefrau eines Alkoholikers entschuldigt ihren Mann auf der Arbeitsstelle wegen Krankheit, in Wirklichkeit aber muß er seinen Rausch ausschlafen. Sie übernimmt für ihn die Verantwortung. Warum aber? Der Co-Abhängige verfügt über gesellschaftlich noch akzeptierte Tugenden, vor allem Selbstlosigkeit und Opferbereitschaft. Aber warum willigt er oder sie in diese Beziehung ein, die ihn bzw. sie langfristig zerstört? Ist der Beziehungssüchtige abhängig, so ist der Co-Abhängige in dieser Abhängigkeit abhängig. Das heißt, es liegt dem Co-Partner ein erheblicher Mangel an Selbstbewußtsein, Selbstachtung und Selbstwertgefühl zugrunde. Er stabilisiert seinen Minderwertigkeitskomplex durch die Gewißheit: Ich werde vom anderen total gebraucht, und das verleiht mir meinen Wert und meine Würde. Co-Abhängige sind „gute" Menschen, zum Leiden bestimmt! Sie machen sich unentbehrlich - und gerade das ist für Beziehungssüchtige wichtig: „Ich weiß, wie abhängig du von meiner Abhängigkeit bist, das nutze ich um jeden Preis aus."

Giftige Beziehungen

W.-U.K.: Wie lange geht das gut, bevor es vollständig zusammenbricht?

R. Hasselberg: Das ist sehr unterschiedlich. Je nach Störung des Co-Abhängigen kann es sehr lange dauern. Wenn aber derjenige, der in diese Beziehungsfalle hineingegangen ist, bemerkt, daß er sich in einen Entwicklungsstillstand hineinmanövriert hat, und daß er die Beziehung nur unter Verleugnung aller Selbstachtung und Selbstreferenz halten kann, und wenn der bisherige Verlauf nicht schon sehr entkräftend auf ihn gewirkt hat, dann ist die Beziehung bald zu Ende. Wenn jetzt aber der andere komplementär sehr gestört ist, dann kann diese Beziehung sehr lange gehen. Es entwickelt sich in dieser Symbiose ein Treibhausklima, in dem die sogenannten giftigen Beziehungen entstehen. Denn nach der ersten Desillusionierung, die natürlich kommt, und die für den Beziehungssüchtigen schon unerträglich ist - er merkt, da sind ein Mann und eine Frau aus Fleisch und Blut - entsteht ein Klima, in dem es jetzt untergründig zu ungeheuren subtilen Feindseligkeiten kommt, in denen jeder den anderen verantwortlich macht für die Stagnation, in die man den anderen hineingezwungen hat. Jeder macht wechselseitig unbewußt den anderen für sein Elend verantwortlich. Aber jetzt sitzt man „in einem Boot", und solche schwierigen Beziehungen sind leider oft haltbarer als die, die schwierig und gut sind, weil nämlich auf beiden Seiten - und das ist das Fatale dieser Beziehungssucht - eine Depersonalisierung stattfindet, eine enorme Entkräftigung. Und dann kann keiner mehr weg, weil beide inzwischen viel zu kaputt sind.

Dann gibt es drei Optionen: Man hängt zusammen und beide gehen auf „Tauchstation", man geht in die innere Emigration; oder beide haben mal nebenbei irgendein Abenteuer, um sich wieder illusionär aufzuladen; oder man lebt vollständig beziehungslos nebeneinander her, in der Illusion, es wird sich schon irgend etwas ändern. Aber es ändert sich natürlich nichts. Unter Umständen wird auch einer der beiden psychosomatisch krank und muß die Beziehung verlassen. Aber wie lange eine Beziehung hält, hängt vom Gesundheitszustand des Co-Abhängigen ab.

Wenn man einen Menschen, der in einer solchen Falle war, befragt, so hatte er am Anfang das Gefühl, es ist alles nur schön. Und noch entscheidender ist, wenn man dann Menschen in der Therapie über ihre Beziehungen befragt, die natürlich regelmäßig zu Ende gehen: Wie war denn der Anfang? Dann geschieht auch etwas sehr Interessantes. En miniature sieht derjenige, der relativ gesund ist, für einen Moment das ganze Drama, das sich entwickeln wird, dann möchte er sich die schöne Vision aber natürlich nicht „vermaledeien" lassen - bekannterweise stirbt die Hoffnung immer zuletzt. Es wird ein Schleier des Vergessens darübergelegt. Und wenn er später gesund und wach ist, weiß er, daß er das, was sich entwickelt hat, von Anfang an sekundenweise gesehen hat. Er wußte, daß das, was der andere in dieser Art verspricht, niemals durchzuhalten ist. Für das Versprechen der Totalhingabe hat eben der Co-Abhängige die Totalaufgabe zu leisten. Der Beziehungssüchtige erwartet dies als Gegenleistung und verwandelt so jede Beziehung in ein Eltern-Kind-Verhältnis.

Die Sprache des Beziehungssüchtigen könnte so sein: „Mache mich zum absoluten Mittelpunkt deines Lebens - unter Ausschluß aller anderen Aktivitäten, aber erwarte nichts von mir, vor allem keine Mitverantwortung für unsere Beziehung."

Gruppensucht

W.-U.K.: Ich würde jetzt gerne einmal auf etwas zurückkommen, was bereits vorhin angeklungen war: Könntest Du etwas zur Abhängigkeit von einem bestimmten sozialen Umfeld oder einer bestimmten Gruppe von Menschen sagen?

R. Hasselberg: Das ist auch eine subtile Form der Sucht. Ich glaube aber nicht, daß wir das Beziehungssucht nennen können. Das ist eher ein Problem von Fassadenpersönlichkeiten, die ihr labiles Selbstwertgefühl damit aufpäppeln, daß sie einer bestimmten sozialen Gruppe, die gesellschaftlich hoch akzeptiert ist, angehören. In anthroposophischen Zusammenhängen kennen wir dieses lästige Gebaren auch. Hier paßt das Puzzle so: Sogenannte Fassadenpersönlichkeiten werden gefördert, weil sie als Gegenleistung vor allem Menschen in entscheidenden Positionen weder kritisieren noch in Frage stellen, sondern bedingungslos verehren. Die, die bedingungslos verehrt werden wollen (sie bauen ihr angeschlagenes Selbstwertgefühl eben dadurch auf), problematisieren natürlich nicht die, von denen sie abhängig sind – die Fassadenpersönlichkeiten.

Menschen, die gruppensüchtig sind, haben eine Art Verschmelzungssucht, und zwar bestehen unterbewußt immer eine Hoffnung und eine Sehnsucht, die man so zusammenfassen kann: Ich möchte mich loslassen in etwas hinein, was mich ein Stück von mir erlöst.

Namenlos allein

W.-U.K.: Nun ist es ja so, daß sowohl im öffentlichen Bewußtsein als auch im therapeutischen Bemühen die Beziehungssucht noch neu und „modern" ist. Es gab sie nicht immer, jedenfalls wurde sie früher so nicht betrachtet und diskutiert. Siehst Du Gesichtspunkte, um den Zusammenhang von Beziehungssucht und Gegenwart zu beleuchten, oder mit anderen Worten: Inwieweit hängt Beziehungssucht mit Bewußtseinsseele zusammen?

R. Hasselberg: Die Bewußtseinsseele, die wir in der menschlichen Biographie zwischen 35 und 42 Jahren ausbilden, ist unter bestimmten Gesichtspunkten eine große Todesszene. Wahrheit erkennen, leben und verwirklichen, und zwar unabhängig von aller persönlichen Willkür, eben die Wahrheit, die aus dem Idealen und nicht aus dem zeitlich Gebundenen realisiert werden will, ist so schwer! Dramatische Sterbe- und Verbrennungsprozesse für alles Subjektive und nur irdisch Zentrierte sind notwendig, um überhaupt Wahrheit in dieser von uns unabhängigen Wirklichkeit zu leben.

„Denn im Grunde, und gerade in den tiefsten und wichtigsten Dingen, sind wir namenlos allein." (Rainer Maria Rilke, Briefe an einen jungen Dichter. Frankfurt 1987).

Nun, was hat die Beziehungssucht mit der Bewußtseinsseele zu tun? Die notwendige Vereinzelung und Individualisierung, die wir in der Bewußtseinsseele verwirklichen, ist für einen Beziehungssüchtigen eine große Bedrohung. Hier unterscheiden wir uns vollständig voneinander, hier bilden wir individuelle Qualitäten aus, die den Beziehungssüchtigen aufs äußerste ängstigen: Autonomie, Selbstverantwortung, Einsamkeit u.ä. Durch eine Beziehung mit symbiotischer Thematik versucht er, dieses Wandlungsgeschehen zu unterbinden. Wachstum heißt Risiko und Unsicherheit. Symbiotische Beziehungsverhältnisse versuchen nun gerade aus dieser Angst vor unkalkulierbarer Veränderung einen Status quo zu erhalten. Sicherheit wird zum Selbstzweck. Beziehungssüchtige Verbindungen brechen sofort auseinander, wenn der unabhängige Partner diese Entwicklungsstagnation hinterfragt und die Beziehung auflösen muß, wenn er nicht bereit ist, für diese (Schein-)Sicherheit den Preis des langsamen Absterbens zu bezahlen.

Was ist also in der Entwicklung eines Menschen nötig, daß er zu reifen Partnerschaften fähig ist, die eben nicht den anderen im Handumdrehen als Elternersatz umfunktionieren? Einsamkeit und Autonomie braucht Inhalt! Im Alter zwischen 28 und 35 Jahren bilden wir die Verstandesseele bzw. die Gemütsseele aus, d.h. hier konsolidieren wir unsere Fähigkeiten und Begabungen. Der Beruf - jedenfalls als eine der wesentlichen Aufgaben - als Rückgrat für das Leben ist von ausschlaggebender Bedeutung. Kurz: leidenschaftliches Engagement für Aufgaben, die sich mit der Welt und anderen Menschen verbinden.

Wenn nun die Empfindungsseelenzeit (21 bis 28 Jahre) problematisch war, es also zu keiner Idealbildung kommen konnte, wenn die Integration „Ich verbinde mich mit meinen Talenten in der Welt" nicht recht stattfinden konnte, verläuft möglicherweise die Zeit von 35 bis 42 Jahren (und später) so: Unsere Resonanz auf echte Leistung in der Welt erleben Menschen dann als Isolation, Einsamkeit, Depression, und verzweifelt suchen sie nach etwas, was dieses Defizit auffüllen soll. Der notwendige Wandlungs- und Sterbeprozeß in der Bewußtseinsseele kann nicht stattfinden, weil kein ausreichendes Material zur Wandlung zur Verfügung steht.

Dieser Mangel an echtem Selbstvertrauen durch selbstlosen Einsatz in der Welt wird dann kompensiert durch illusionäre Selbstverhaftung, oder es wird an einer Form frappanter Originalität festgehalten, die für Individualität ausgegeben wird. Vor allem die Beziehungssucht ist hier ein wichtiges Ausweichmanöver. Denn im Mangel an Engagement für die Arbeit in der Welt wird der jeweilige Partner über alle Maßen in den Mittelpunkt allen Fühlens, Wollens und Denkens gerückt. Dieses Fehl-Engagement hält der Beziehungssüchtige für Liebe. Und der Co-Abhängige, der Partner, ist beglückt über soviel Zuwendung, bis er merkt, daß der Preis für diese Zuwendung oft die Selbstaufgabe bedeutet und damit entschieden zu hoch ist. Bewußtseinsseelenqualitäten können unter diesen Lebensbedingungen nicht realisiert werden, weil die Voraussetzungen für den Individuationsprozeß fehlen.

Also: Wer seine Entwicklung ernstnimmt, Selbstreferenz hat und den Schulungsweg der Anthroposophie ernstnimmt, will zumindest anfängliche Qualitäten der Bewußtseinsseele entwickeln. In diesem Kontext ist beziehungssuchtgeprägte Gemeinsamkeit höchst kontraproduktiv, weil sie dieser Entwicklung entgegensteht.

Ethische Verwahrlosung

W.-U.K.: Gibt es nicht auch in gesunden Beziehungen Entwicklungsphasen mit Formen von Abhängigkeit? Es wäre sicherlich sinnvoll, einmal den Blick auf die Formen gesunder und kranker Beziehungen zu lenken. Ich meine, das Ideal der Beziehung, in der es zu keiner Zeit problematisch wird, gibt es in der Realität nicht. Kannst Du auch die verschiedenen Umstände schildern, unter denen eher kranke und eher gesunde Beziehungen enden und neu beginnen?

R. Hasselberg: Zur Beziehungssucht gehört die Sehnsucht nach Nähe und gleichzeitig die Unmöglichkeit, diese Nähe zu leben. Das ist ein Paradoxon. Es ist ja nicht so, daß Beziehungssüchtige beziehungsfähig wären - das Gegenteil ist der Fall. Wenn die Beziehung eines beziehungssüchtigen Menschen zu Ende geht, kann man modellhaft ablesen, was jetzt geschieht. Man kann sicher sein, daß, wenn die Beziehung in die Brüche geht - sowohl wenn beide beziehungssüchtig sind als auch wenn es nur einer ist -, unmittelbar und übergangslos sofort der nächste Partner gesucht wird, weil die Verantwortung für eine Beziehung, die zu Ende gegangen ist, nicht übernommen wird. Diese Verantwortung wird abgespalten und in Form einer nächsten Beziehung verdrängt.

Wenn bei einem gesunden Menschen die Beziehung auseinandergeht, hat er das unmittelbare Bedürfnis, die zerbrochene Beziehung zu verarbeiten, um zu verstehen, warum sie gescheitert ist: Hat es an mir gelegen? Egal, wie die Beziehung war: Ein gesunder Mensch versucht ein Stück wirklicher konsequenter Trauerarbeit zu leisten. Nicht so der Bezie-

Renate Hasselberg und Wolf-Ullrich Klünker

hungssüchtige; denn er hält es nicht aus. Bei sich sein heißt für ihn nur Angst, Leere, Verzweiflung.

Ich würde es als eine ethische Verwahrlosung bezeichnen, wenn man übergangslos von einer Beziehung in die nächste geht, ohne bereit zu sein, sich mit den Folgen eines Beziehungsbruchs überhaupt auseinanderzusetzen. Es ist eine Form des Selbstbetrugs.

Doch zurück zur Frage der Abhängigkeitsformen in gesunden Beziehungen.

Menschen, die sich überhaupt nicht abhängig machen können, haben auch ein Problem gegenüber den Menschen, die überhaupt nur abhängig sein können. Daher stellen sich die Fragen: Was ist das Wesen einer gesunden Abhängigkeit? Was ist das Wesen einer ungesunden Abhängigkeit? Es ist vollkommen klar, wenn man einen Menschen liebt und mit ihm eine längere Zeit zusammengelebt hat, tritt eine bestimmte Form von Abhängigkeit ein. Aber hier gibt es Grenzen, z.B. wenn die Abhängigkeit meine Selbstachtung in Frage stellt, wenn ich durch die Abhängigkeit des anderen daran gehindert werde, zu tun, was ich mir in der Welt vorgenommen habe, und wenn der andere durch seine Unselbständigkeit alle Aufmerksamkeit für sich beansprucht: Dann ist es eine krankhafte Abhängigkeit. Aber dieses Gefühl, das die Beziehungssüchtigen immer haben, besteht in der scheinbaren Überzeugung, sie könnten sich gerade nicht abhängig machen, sondern sie könnten ein Stück Symbiose leben, ein Stück Illusion, und wenn diese Illusion zerbricht, dann zerbricht die Beziehung. Das heißt, sie können auch keine Verantwortung übernehmen. Ein Mensch, der fähig ist, abhängig zu sein, übernimmt - und das wäre für mich ein gesundes Zeichen von Abhängigkeit - Verantwortung für die Beziehung, und zwar in guten wie in schlechten Zeiten. Er übernimmt auch Mitverantwortung, wenn eine Beziehung zerbricht. Bei Menschen, die sich nicht abhängig machen können, liegen oft frühkindliche Traumata zugrunde, weil Abhängigkeit die Erfahrung beinhalten kann: Meine damalige Abhängigkeit ist mißbraucht worden.

Wenn ich im Leben keine Aufgabe habe, die mir ein Rückgrat gibt, wenn ich kein soziales Netz habe, in das ich investiert habe, dann bleibe ich natürlich fixiert auf einen Menschen, und es ist klar, wenn dieser eine Mensch dann wegbricht und ich kein soziales Umfeld habe, keine Aufgaben, die mich begeistern, dann bleibt mir nur dieser Mensch, dann bleibt mir nur die Flasche, dann bin ich verloren, wenn in der Beziehungssucht dieser Mensch mein Vakuum nicht auffüllt - das kann man sehr gut verstehen.

Die Not eines Beziehungssüchtigen ist groß, wenn er plötzlich merkt: Ich bin vollkommen auf mich zurückgeworfen. Was ich aber bei mir vorfinde, ist nichts, ist Leere, ist Depression, ist Eifersucht, ist Neid, ist einfach nichts, worauf ich mich positiv bei mir selbst beziehen kann. Hier kann es auch zu schweren aggressiven Ausbrüchen kommen.

Kurz zusammengefaßt: Eine gesunde Beziehung läßt Individualität zu, fördert den Partner auf seinem Entwicklungsweg, läßt echte Intimität zu. Sie versucht nicht, den Partner zu kontrollieren, übt keine Macht aus und sucht keine bedingungslose Liebe. Sie ermutigt zur Autonomie und problematisiert Abhängigkeitswünsche. Nehmen und Geben sind in Balance! Kritische Themen sind besprechbar, Risiko inbegriffen.

W.-U.K.: Es gab und gibt gelegentlich eine bürgerlich akzeptierte Beziehungssucht, die allerdings nicht so bezeichnet wird, nämlich die Abhängigkeit von der Beziehung zu den eigenen Kindern. Die Katastrophe tritt ein, wenn die Kinder nicht mehr da sind.

R. Hasselberg: Ja, das ist abhängig vom Entwicklungsweg der Eltern. Sinnvolle spätere Beziehungen zwischen Eltern und erwachsenen Kindern hängen davon ab, ob die Eltern begegnungs- und liebenswürdig sind. Ich meine damit: Autonome Beziehungen müssen in die Selbstentwicklung investieren. Verhalte ich mich so, daß ich einer Liebe, die mir geschenkt wird, würdig bin? Verhalte ich mich so, daß ich würdig bin, daß man mir begegnen will?

Hier gibt es eine Parallele: Eltern, die einfach ihre Blutsverwandtschaft als ausreichend für Liebe und Respekt erklären, werden im Vollzug späterer Begegnung zwischen sich und ihren erwachsenen Kindern schmerzlich wahrnehmen, daß neben einer natürlichen Verbundenheit oft das Entscheidende fehlt, nämlich die Auseinandersetzung zwischen autonomen Persönlichkeiten - eine notwendige Entfremdung findet nicht statt.

Mit den Defiziten überfordert

W.-U.K.: Wie sieht das Zusammenleben der Zukunft aus, in Autonomie, die nicht gleichgültig ist? Wo sind die Anfänge des neuen Jerusalem der zwischenmenschlichen Beziehungen?

R. Hasselberg: Ich denke an drei Dinge. Erstens kann ein Mensch nur bei einem anderen sein, wenn er bei sich selbst angekommen ist. Auf der seelischen Ebene muß weitgehend ein Individuationsprozeß geleistet sein.

Das zweite ist - unter der Voraussetzung des geleisteten Individuationsprozesses gefragt: Unterstützt mich der andere in dem, was ich auf dieser Welt will, und unterstütze ich den anderen in dem, was er in dieser Welt will? Und zwar in einer Art von hingegebener Selbstvergessenheit, die mich nicht immer ins Spiel bringt, sondern die den anderen zum Mittelpunkt macht, jedenfalls partiell. Wenn also diese beiden Dinge zusammenkommen - der Individuationsprozeß ist einigermaßen geleistet, und ich interessiere mich für die geistigen Anliegen des anderen Menschen und unterstütze ihn dort -, dann hat man wenigstens die Gewähr, daß man nicht im seelischen Sumpf zweier Menschen versinkt und dadurch die eigenen Ansprüche zurücknimmt.

Ich denke, daß viele Beziehungen schon daran scheitern, daß die Partner hoffnungslos überfordert werden mit der Aufarbeitung der Defizite des jeweils anderen Partners. Zudem erwartet jeder vom andern eine Art Wiedergutmachung für die nicht verarbeiteten eigenen Defizite. Das kann nicht funktionieren - unter gar keinen Umständen. Es ist ein ganz massiver Mißbrauch, wenn man einen Menschen in eine solche Beziehung bittet und dies als Liebe ausgibt. Wenn man sich nicht für die Anliegen des anderen interessiert und seinen eigenen Individuationsprozeß nicht geleistet hat, dann geschieht nämlich folgendes (das kann ich an den Ehepaaren, die zu mir in die Therapie kommen, landauf, landab beobachten): Der Astralleib oder das, was seelisch zwischen den Menschen ist, kann eine hohe Verführungskunst und eine hohe Anziehungskraft haben, aber das Seelische regeneriert sich nicht aus sich heraus, sondern wird immer mehr verbraucht. Es regeneriert sich nur, wenn der Spannungsbogen so ist, daß zwei Individualitäten einen geistigen Blick auf die Welt haben, auf ihr eigenes Leben, und sich mit der Welt und einer sinnstiftenden Aufgabe verbinden. Das heißt, die Würde des Menschen ist unantastbar, und das Höhere des Menschen ist sowieso unantastbar. Und das bei jedem einzelnen Menschen! - Aber es gibt eine Würde, die wird einem Menschen nicht zugesprochen, sondern die hat er sich zu erwerben, und zwar mit Schweiß und Tränen, indem er selbstvergessen für die Welt und Menschheit da ist. Unter dieser Bedingung allein wird der Mensch fähig, Beziehungen zu leben, die menschenwürdig sind.

Objektives Mitleid

W.-U.K.: Bei sich zu sein und durch die geistige Einsamkeit auch durchgegangen zu sein, hat sicherlich auch die Qualität vom Übergang des Ich zum Geistselbst. Vielleicht ist die Haltung, mit der Therapeuten auf dieses kranke Ich blicken, eine Geistselbsthaltung. Könntest Du ein paar therapeutische Erfahrungen nennen, vielleicht auch konkret an Beispielen, wo die Therapie gelungen ist, oder auch negativ, wenn sich das Problem dann therapeutisch als nicht lösbar erwiesen hat?

R. Hasselberg: In der therapeutischen Arbeit mit diesen Problemen ist es das allererste, daß man einen solchen Menschen - wie es auch im Heilpädagogischen Kurs von Rudolf Steiner beschrieben wird - so aufnimmt, daß man ein *objektives* Mitleid entwickelt, eine echte Empathie. Und man darf diesen Menschen unter keinen Umständen moralisch beurteilen. Das sind die absoluten Voraussetzungen, unter denen irgend etwas geschehen kann. Und dann muß man einem Beziehungssüchtigen (oder anders Süchtigen) gestatten - wir nennen das in der Therapie die Regression - daß er den Therapeuten nolens volens zu einem Eltern-Ich macht. Hier darf er das, weil der Therapeut in seiner Abstinenzhaltung, wenn er denn gut ist, davon nicht partizipiert. Das heißt, hier darf ein Stück nachgereift werden. Der Therapeut macht noch einmal das, was

Eltern tun: Du bist hier willkommen, du wirst hier moralisch nicht verurteilt, du kannst das Entwicklungstempo vorlegen, das für dich stimmig ist, und du kannst hier alles, wirklich alles sagen, was auf Deiner Seele liegt. Dafür wirst du weder verurteilt noch bestraft, sondern das ist das Material, mit dem wir versuchen, aus dem Goldstück deines Astralleibes - keine Müllgrube, sondern jetzt ein Goldstück in der Therapie - ein Schmuckstück zu machen. Daß dies gelingt, hängt aber einerseits nur sehr rudimentär vom Therapeuten ab, es hängt sehr davon ab, was ein Mensch an personeller Kraft und an Ich mitbringt, und das heißt auf der seelischen Ebene: Wieviel Wahrheit wagt der Mensch? Wie sauber ist er gegen sich selbst, und wieviel moralische Integrität bringt er auf, um sich schonungslos anzuschauen?

Um es mit Ingeborg Bachmann zu sagen: Die Wahrheit ist dem Menschen zumutbar, ja, wenn er diese Wahrheit akzeptiert und wenn er mit ihr arbeiten will. Denn Verleugnung ist der größte Abwehrmechanismus aller Süchtigen.

Drei Gläser Alkohol - ich bin doch kein Alkoholiker! Wieso Beziehungssucht? Ich liebe dich doch! Dabei beutet er den anderen aus und gibt selbst nichts. Man kann bei allen Süchtigen sehen, daß Verleugnung der Abwehrmechanismus überhaupt ist. Man verleugnet die Realität. Wenn eine Therapie gelingt und ein Mensch wirklich zu sich selbst kommt, dann nur - auch wenn derjenige nicht mehr so jung ist - unter Aufbietung aller seiner moralischen Kraft. Es gibt nicht sehr viele Menschen, die zu einer solchen Höhe auflaufen. Die Rückfallquoten bei Süchtigen sind bestens bekannt, und es ist ein schweres Stück Arbeit. Das Ergebnis ist nicht so entscheidend wie die Tatsache, daß jemand sich überhaupt auf den Weg macht, und wenn es zehn Jahre dauert, bis er zu einem gewissen Schritt kommt. Ich würde es mir niemals gestatten, in meinen therapeutischen Bemühungen abschließend zu sagen: Das wird nichts mehr. Das ist nur das Recht des Lieben Gottes. In der therapeutischen Arbeit habe ich immer das Gefühl: Solange jemand etwas will, will ich auch.

W.-U.K.: Würdest Du eine bestimmte Perspektive der Anthroposophie auf die Beziehungssucht sehen? Und zwar einmal zum Verständnis, aber auch für die Hilfe, für den Ausweg.

R. Hasselberg: Wenn ein Mensch genügend Persönlichkeitskern hat und in eine Schicksalssituation kommt, in der er eine bestimmte Zeit allein sein muß, entweder weil der Partner gegangen oder gestorben ist oder weil er für seine eigene Entwicklung eine Zeit der Einsamkeit braucht, dann ist die Perspektive aus der Anthroposophie deswegen so wesentlich, weil man dem Ganzen einen Sinn geben kann. Beispielsweise: Ich bin ein Mensch für mich, was heißt das? Das heißt in der Bewußtseinsseelenentwicklung: Ich muß mich auf die Spitze meiner Persönlichkeit stellen, ich muß für mich selbst Mensch werden, und das kann ich nur, indem ich - das ist die Voraussetzung jeder Form von Liebe und Selbstachtung - unter allen Umständen lerne, es zunächst einmal bei mir selbst auszuhalten. Aber das braucht Inhalt, denn ich muß es nicht nur verzweifelt bei mir selbst aushalten, sondern ich will es gerne bei mir aushalten können. Das heißt, wenn ich einen eigenen Entwicklungsweg gehe aus der Perspektive der Anthroposophie, wenn ich etwas in mir entwickeln möchte für mich und für die Welt, dann bin ich konstruktiv mit mir beschäftigt, und dann will, ja sogar muß ich manchmal mit mir allein sein, um bestimmte Dinge in Einsamkeit zu entwickeln, die ich dann der Welt zur Verfügung stellen kann. Hier bietet Einsamkeit eine ungeheuer konstruktive Möglichkeit, mich z.B. mit den Inhalten oder den Schulungselementen der Anthroposophie zu beschäftigen, denn das kann ich nur unter Ausschluß der Öffentlichkeit; oft auch nur unter Ausschluß ganz persönlicher Beziehungen, die mich auch absorbieren können für das, was wesentlich ist.

Eine weitere Perspektive aus der Anthroposophie hängt damit zusammen, daß Gemeinschaften heute aus Individualitäten gebildet werden, und das heißt nicht an der Individualität vorbei, sondern nur mit ihr. Aber wie soll ich Individualität ausbilden, wenn ich mit mir nicht sein kann, wenn ich mich nicht schule? Hier wäre für mich die Anthroposophie eine überaus notwendige Hilfe, weil man mit ihr eigentlich gar nicht anders kann, als Zeiten der Einsamkeit, der Zurückgezogenheit zu nutzen für die eigene Entwicklung. Erst, wenn ich meine Individualität ausgebildet habe, kann ich in Freiheit einem Menschen Qualitäten zur Verfügung stellen, einem Menschen, der mich spüren läßt: Ich darf ihm aus Freiheit etwas geben, aber er fordert es nicht von mir.

W.-U.K.: Wie stehst Du zu den Zukunftschancen von Ehe und Zweierbeziehung?

R. Hasselberg: Es kommt für mein Verständnis vor allem auf eines an: Wir müssen die Form finden, in der wir unsere vorgeburtlichen Impulse in diesem Leben realisieren können. Schon Friedrich Nietzsche hat recht, wenn er sagt: „Hat man sein Warum des Lebens, so verträgt man sich fast mit jedem Wie.“ (Friedrich Nietzsche, Werke Band I.

München/Wien 1966). Die Sehnsucht, mit einem Menschen eine exklusive Gemeinsamkeit in Form einer Ehe zu leben, ist ungebrochen – jedenfalls für viele von uns. Eine Ehe oder Zweierbeziehung hängt letztendlich von der Selbstkonzeption eines Menschen ab. Nicht nur die Frage „Was will ich tun?" entscheidet darüber, wohin die Reise geht, sondern „Was soll ich tun?", im Sinne eines selbsterkannten Auftrags in der Welt. Das heißt, die Beziehungsfähigkeit eines Menschen in einer engen Lebensgemeinschaft hängt vor allem davon ab, ob er bei sich selbst angekommen ist, und dies in bezug auf seinen gesamten Lebensentwurf. Unter diesen Voraussetzungen können Menschen wunderbare Beziehungen leben, die in der Unterstützung für den gewaltigen Prozeß des anderen so hilfreich und kraftspendend sind.

Erst dann, wenn ein Mensch seine Unbewußtheit und seine Sehnsucht nach passiver Geborgenheit und nach dem Paradies aufgibt, seine Angst vor Wandlung überwindet, die eigene Lebensvision durch Arbeit und Engagement verwirklicht, das Kostbarste, was er hat, erkennt: daß er eine Individualität ist, einzigartig, unteilbar – erst dann ist er fähig zur Autonomie, fähig aber auch zu einer reifen, verpflichtenden Beziehung.

„Der erste Schritt zum Du ist jene Bewegung, welche die Hände wegnimmt und den Raum frei gibt, worin die Selbstzweckdienlichkeit der Person zur Geltung kommen kann. Sie bildet die erste Auswirkung der Gerechtigkeit und die Grundlage aller Liebe. Die personale Liebe beginnt entscheidenderweise nicht mit einer Bewegung zum anderen hin, sondern von ihm weg." (Abraham Maslow, Motivation und Persönlichkeit. Reinbek 1981).

Kleines Lexikon der Internet-Fachbegriffe

WIKIPEDIA

Die freie Enzyklopädie

Dieses kleine Lexikon wurde hauptsächlich zusammengestellt aus Erklärungen der Wikipedia-Enzyklopädie. Diese ist eine freie Enzyklopädie, deren deutsche Fassung im Internet unter **http://de.wikipedia.org** zu finden ist. Die Benutzung steht jedem offen. Einige Erklärungen verfaßte das FH-Satzstudio.

Fettdruck bedeutet einen Verweis zu einem anderen Stichwort dieses Lexikons.

;-) (Emoticon): Ein Emoticon ist eine Zeichenfolge, die einen Smiley nachbildet und dazu verwendet wird, in der schriftlichen elektronischen Kommunikation Stimmungs- und Gefühlszustände auszudrücken. (Achtung! Kopf nach links legen). Verwendet werden Emoticons etwa in **Chatrooms**, im **Usenet** und im **E-Mail**-Verkehr.
Die bekanntesten sind wohl (mit oder ohne Nase)
:-) lachendes Gesicht
:-(trauriges Gesicht
;-) zwinkern
:p Zunge rausstrecken.

0190-Nummern, 0190er: dienen dazu, kostenpflichtige Online-Informationen zu vermarkten und kleinere Geld-Beträge im Internet abzurechnen. Der Anbieter eines Internet-Dienstes läßt seine Kunden über eine 0190-Nummer einwählen und verdient an den fälligen, hohen Onlinegebühren. Die Verbindungskosten sind viel höher als bei normalen Internet-Verbindungen.

Account, Benutzerkonto: Ein Benutzerkonto (englisch ***user*** *account*) bezeichnet im **IT**-Bereich einen Zugang zu einem **IT**-System. Üblicherweise muß man sich vor dem Zugriff mit einem Benutzernamen und Paßwort authentifizieren.
Einem Benutzerkonto können häufig (je nach Aufgabe) verschiedene Privilegien zugeordnet werden, zum Beispiel Zugriffsrechte.

Anime: Anime ist eine Abkürzung des englischen Wortes *animation* und bezeichnet außerhalb von Japan, speziell in den westlichen Ländern, in Japan produzierte Zeichentrickfilme. In Japan selbst steht *Anime* für alle Arten von Zeichentrickfilmen, für die im eigenen Land produzierten genauso wie für die importierten.

Benutzer: s. **User.**

Board, Bulletin Board: ist eine spezielle Art eines Web**forums**.
Statt hierarchischer Baum-Ansicht (Beiträge stehen versetzt untereinander, jeder Beitrag hat eine eigene Seite), vereint ein Bulletin Board alle Beiträge (*Postings*) eines Themas (**Thread**) auf einer Seite („flache" Beitragsstruktur). Übersteigt das Thema eine bestimmte Anzahl von Beiträgen (meistens etwa 20), wird das Thema auf eine zweite Seite umgebrochen. Der Vorteil der „flachen" Struktur ist eine niedrigere Abrufzeit. Nachteilig ist die schlechte Übersichtlichkeit bei umfangreichen Themen, wenn sich verschiedene Diskussionen zu einem Thema entwickeln.

Bot-Programme**:** Unter einem Bot (angelehnt an *robot*) versteht man eine Klasse von Computerprogrammen, die weitgehend autonom solchen Aufgaben nachgehen, mit denen eine menschlich-interaktiv gesteuerte Software zeit- oder mengenmäßig überfordert wäre.

Chatten, Chat, Chatrooms: Chat (von engl. *to chat* plaudern) ist die Bezeichnung für die innerhalb des Internet weitverbreitete Art der direkten Unterhaltung zwischen zwei oder mehreren Personen in Echtzeit. Es ist eine Art Computerkonferenz, die meist allerdings ohne Bilder auskommen muß. Statt dessen gebrauchen Teilnehmer, die zusammen *chatten*, daher neben dem geschriebenen Wort auch Ersatzbilder (Avatare, **Emoticons**).
Oft wird in themenbezogenen Chaträumen (*Chatrooms)* gechattet. Fast immer besteht auch die Möglichkeit, zu zweit in einen privaten Chatraum zu wechseln.
Es gibt jedoch auch Software-Hersteller die Chat-Programme anbieten, welche den Austausch von Audio- und Video-Nachrichten ermöglichen. Dies gilt beispielsweise für die Software iChat des Herstellers Apple Computer.
Daneben existiert mit dem Protocol for Synchronous Conferencing ein weiter gefasstergefaßter Ansatz, der u.a. in der Lage sein soll, den **IRC** in absehbarer Zeit zu ersetzen.
Um die Kommunikation in einem Chat zu vereinfachen und zu beschleunigen, hat sich ein Chatslang etabliert, der vor allem aus Abkürzungen und **Emoticons**, auch als Smilies (Smileys) bekannt, besteht.
Zu beachten ist auch die Chatiquette. Das sind Regeln für die Umgangsformen in einem Chat. Das Internet ist zwar *anonym*, gewisse Umgangsregeln sollte man aber doch einhalten – genauso wie im **realen Leben**.
Allgemeine Regeln für die *Umgangsformen* im Internet nennt man Netiquette.

Cybersex: ist eine in den letzten Jahren aufgekommene neue Form der Sexualität, die mit Hilfe des Computers und besonders über einschlägige Angebote des Internets praktiziert wird. Vor allem das **World Wide Web** bietet eine Reihe von pornographischen Angeboten, aber auch andere Formen des Kontaktes zu Gleichgesinnten und der Kommunikation mit ihnen. Cybersex-Konsumenten können sich per Mausklick eine Unmenge von Webseiten mit pornographischen Inhalten auf den heimischen Bildschirm holen. Der Konsum solcher Seiten dient dabei überwiegend der persönli-

chen sexuellen Erregung, wobei der Internet-User während des Konsums der Bilder seine sexuellen Phantasien auslebt und meist auch dabei masturbiert.
Ein anderer Weg, sich sexuellen Lustgewinn per Internet zu verschaffen, ist die Kommunikation mit meist anonymen Partnern in sogenannten **Chatrooms**. Dort können sich interessierte Personen unter einem **Nickname** durch Austausch verbalerotischer Phantasien miteinander unterhalten. Jeder Nutzer kann sogar den Partner per Mausklick wechseln, wenn ihm die Phantasien nicht zusagen.
Cybersex läuft meistens anonym ab. In selteneren Fällen bleibt es jedoch nicht bei der Anonymität und man trifft sich, um reale sexuelle Beziehungen einzugehen.

Download, Herunterladen ist ein Begriff aus dem **IT**-Jargon. Bei einem Download werden Daten von einer Gegenstelle (z.B. Netzrechner, Internet) angefordert und zum eigenem Rechner übertragen. Der Download ist somit das Gegenstück zum Upload.

DSL: **Digital Subscriber Line**, (deutsch: „Digitale Teilnehmeranschlußleitung") bezeichnet verschiedene Techniken für eine vergleichsweise breitbandige digitale Verbindung über ein Telefon-Zugangsnetz.
In der Folge wurden eine Reihe solcher Verfahren der Übertragungstechnik entwikkelt. In Deutschland wurde die Bezeichnung DSL jedoch als Synonym für einen breitbandigen Internetzugang (meist über ADSL) bekannt, so daß auch in der Folge andere breitbandige Internetzugänge (z.B. über Satellit) als „DSL" vermarktet werden. Die DSL-Techniken wurden jedoch auch für andere Anwendungen als den Internetzugang konzipiert.

Ego-Shooter-Spiele: Als **Ego-Shooter** (lat. *ego* = ich; engl. *shooter* = Schütze) oder First-Person-Shooter bezeichnet man PC- und Videospiele, bei denen

1. die Darstellung der virtuellen Spielewelt aus den Augen der Spielfigur, d.h. in First-Person-Ansicht erfolgt.
2. der Spielinhalt größtenteils das reaktionsschnelle Abschießen von etlichen virtuellen Gegnern beinhaltet („Ballerspiele").

Die meisten Ego-Shooter verfügen über einen Multiplayer-Modus, der es ermöglicht, mit anderen menschlichen Spielern entweder über das Internet oder über ein Netzwerk zu spielen.

Einloggen, Login: Als Login bezeichnet man den Vorgang, sich in einem Computersystem bei einem speziellen Dienst anzumelden (neudeutsch: *einzuloggen*). Gewöhnlich dient der Vorgang dazu, dem System mitzuteilen, daß man nun als Benutzer anwesend ist.
Das System kann dadurch Voreinstellungen für bestimmte Aktionen und Rechte des Benutzers leicht überprüfen. Daher wird bei einem Login auch meist noch ein Paßwort abgefragt, das zur Authentifizierung dient und normalerweise nur Benutzern bekannt ist, die die entsprechenden Rechte besitzen sollen.

Oft wird Login auch synonym als Aufforderung verwendet, den eigenen Benutzernamen anzugeben.

E-Mail-Account, E-Mail: (engl. *electronic mail*, elektronische Post) ist ein Dienst in Computernetzwerken (vor allem im Internet), der es erlaubt, elektronische Nachrichten zwischen einem Sender und Empfängern auszutauschen. Der E-Mail-Account ist das **Benutzerkonto,** welches dieses ermöglicht, meist als Dienstleistung eines bestimmten **Providers**.

Everquest: Everquest ist ein von Verant Interactive entwickeltes und von Sony Online Entertainment vertriebenes **MMORPG**. Es spielt rund um eine Fantasywelt namens Norrath.

Flatrate: Als Flatrates (englisch *flat rate* – Festpreis) werden Angebote von **Internet Service Providern** bezeichnet, die es ermöglichen, zu einem festen, meist monatlich zu entrichtenden Preis unbegrenzt lange einen Internetzugang zu nutzen.

Forum, Foren, Webforum: Ein Webforum ist ein Diskussionsforum auf einer Website. Es ist eine Alternative zu den bereits älteren Medien wie **Usenet** oder früher gebräuchlichen **Bulletin Board** Systems sowie Mailinglisten. Üblicherweise besitzt ein Webforum ein bestimmtes Thema und ist nochmals in Unterforen bzw. Unterthemen unterteilt. Im Gegensatz zum **Chat** erfolgt die Kommunikation nicht in Echtzeit, sondern asynchron. Es können *Postings* (Diskussionsbeiträge) hinterlassen werden, die dann später von Interessierten gelesen und beantwortet werden können. Mehrere Postings zum selben Thema werden wie im **Usenet** zusammenfassend als **Thread** (Faden) oder *Topic* (Thema) bezeichnet.

Forumsmoderator, -in: Ein Mensch, der die Diskussionsbeiträge im Forum ordnet, sortiert und auf den Forumsseiten zum Abruf zur Verfügung stellt.

FTP: File Transfer Protocol, Datenübertragungsmodus.

GameBoy: Der GameBoy ist eine tragbare Spielekonsole von der japanischen Firma Nintendo. Der GameBoy wurde 1989 vorgestellt. Durch geschicktes Marketing und seine geringen Herstellungskosten kam der GameBoy zu Weltbekanntheit.

GTA: das Computerspiel Grand Theft Auto, es gibt verschieden Versionen. Es ist eine Mischung zwischen einem Actionspiel und einem Rennspiel.

Harddisk, Festplatte: Die Festplatte, im Englischen auch Hard Disk genannt, ist ein wichtiges Speichermedium in einem Computer. Auf ihr können das Betriebssystem, Software und beliebige Daten persistent gespeichert werden.

Headset: Das Headset ist eine Kombination aus Kopfhörer und Mikrofon, die ein zweiseitiges Kommunizieren ermöglicht.

Hypertext: Als Hypertext bezeichnet man die *nicht-lineare* Organisation von heterogenen Objekten, deren netzartige Struktur durch logische Verbindungen (= Verweise, Links) zwischen atomisierten Wissenseinheiten (= Knoten, z.B. Texte oder Textteile) hergestellt wird.

HTTP: **Hypertext** Transfer Protocol. s. **FTP**

ICQ: ICQ (Aussprache wie „I seek you", engl. für „Ich suche Dich") bezeichnet sowohl ein Programm von Mirabilis als auch das dazugehörige Netzwerkprotokoll. Es dient der schnellen Kommunikation (Instant Messaging, **Chat**) über das Internet. Mit Hilfe von ICQ lassen sich auch Offline-Nachrichten senden, die ein User erhält, sobald dieser seinen ICQ-Client startet, wodurch die **E-Mail** für Kurzmitteilungen überflüssig wird. Außerdem können mit ICQ auch Daten zwischen zwei Teilnehmern versendet werden.

Ignore-Liste: Liste von Gesprächspartnern; die nicht akzeptiert werden, d.h. deren **E-Mails**, Anrufe, **Chat**anfragen abgewiesen werden.

Internetseite: s. **Site.**

IRC, (Internet Relay Chat): IRC ist der Oberbegriff für ein verteiltes Netzwerk aus miteinander vernetzten Servern, zu denen sich Benutzer mittels eines Client genannten Programms verbinden können, um in Channels, thematisch organisierten Räumen, miteinander zu kommunizieren. IRC findet im Internet statt, gehört aber nicht zum **World Wide Web (WWW)**.
Channels tragen Namen wie #Mexico oder #Philosophie, haben ihre eigenen Regeln und gehören meistens einem Owner oder Manager, der seine Macht an Operatoren delegiert. Die größten Channels haben mehrere 100 Benutzer gleichzeitig.

Informationstechnik (IT): IT (bisher war auch von der *Informationstechnologie* die Rede) ist der Oberbegriff für die Informations- und Datenverarbeitung. Er beschreibt Verfahren zur Verarbeitung von Informationen und Daten (EDV), aber auch den Bereich der Telekommunikation.

LAN: ist die Abkürzung für **L**ocal **A**rea **N**etwork.
Unter einem LAN versteht man ein Computernetzwerk innerhalb eines räumlich begrenzten Bereiches. LANs sind als feste Installation intern bei Firmen zu finden. Zunehmend werden sie auch in privaten Haushalten aufgebaut. „Fliegende Installa-

tionen“ können temporär für Kongresse und andere computerlastige Veranstaltungen aufgebaut werden, z.B. für **LAN-Partys**.

LAN-Party: Eine LAN-Party ist eine Veranstaltung, die es den Teilnehmern mit Hilfe eines lokalen Netzwerks (**LAN**) ermöglicht, miteinander Computerspiele zu spielen oder Daten zu tauschen, wobei die Teilnehmer ihre Computersysteme meistens selbst mitbringen müssen.

Level: Ein Level (*englisch „Stufe, Ebene“, oft auch „Niveau“*) ist in Computerspielen ein Abschnitt des Spiels, den der Spieler bewältigen muß, um in den nächsten Abschnitt zu gelangen. In vielen Rollenspielen ist ein Level auch eine Zahl, die die Stärke und die Fähigkeiten eines Spielcharakters angibt.

Linkkabel: Verbindungskabel zwischen GameBoys für gemeinsames Spiel mit einem oder mehreren anderen Benutzern.

Login: s. **einloggen**.

lokal, (Daten)**:** Die heruntergeladenen Daten/Bilder direkt vor Ort, im eigenen PC, zur Verfügung haben. Sie sind dann nicht mehr nur im **WWW** mit einem **Webbrowser** zugänglich, sondern auf dem eigenem PC mit jeder Bildbetrachtungs- bzw. -bearbeitungssoftware.

LOL: bedeutet ‘laughing out loud’ (englisch, *lachen, laut lachen*).

Mailen: eine **E-Mail** verschicken.

MMORPG, Massive(ly) Multiplayer Online Role-Playing Game: Bei einem MMORPG (zu deutsch *riesiges Mehrspieler Online-**Rollenspiel***) handelt es sich um ein Computerspiel, bei dem mehrere tausend Spieler gleichzeitig über das Internet gemeinsam spielen können.

MUD: MUD ist ein Akronym für **M**ulti **U**ser **D**ungeons, ein **Rollenspiel**, das auf einem zentralen Computer (**Server**) läuft.
Spieler (auch Mudder genannt) können sich dort einloggen, um in die Rolle einer Figur zu schlüpfen. MUDs sind fast immer ausschließlich textbasiert, das heißt man muß alle Kommandos mit der Tastatur eingeben. Der Vorteil sind die geringen Anforderungen. Zum Spielen benötigt man nur ein Telnet-Programm (Name eines Protokolls und eines Programms, welches Telnetverbindungen zu einem entfernten Gastrechner ermöglicht) und eine Internet-Verbindung.

Net-Junkie: Internet-Süchtiger, Onlinesüchtiger.

Nick, Nickname: Unter einem Nickname (*englisch* = Spitzname, Pseudonym) versteht man im heutigen deutschen Sprachgebrauch über den eigentlichen Sinn des Wortes hinausgehend einen rollenspezifischen *Schutzwall*, den sich sein Inhaber quasi selber zulegt und somit konträr zur eigentlichen Praxis bei Spitznamen handelt, um im Internet seine eigentliche Identität verbergen zu können. Oft wird das Pseudonym im Zuge der allgemein üblichen Abkürzungsmanie des Mediums einfach als Nick bezeichnet.

Nintendo: Die Nintendo Co., Ltd. mit Sitz im japanischen Kyoto, gehört zu den führenden Herstellern von Videospielen und Spielekonsolen.
Das ehemalige Familienunternehmen, dessen Name (jap. *nin-ten-do*) übersetzt etwa „In der Hand des Himmels" bedeutet, wurde 1889 von Fusajiro Yamauchi gegründet und produzierte zunächst ausschließlich die traditionellen japanischen Hanafuda-Spielkarten.

Nutzer: s. **User.**

Outing: Outing bezeichnet ganz allgemein die Veröffentlichung privater Gewohnheiten der Betroffenen; Menschen öffentlich an den Pranger zu stellen.

Pics, Pix: Abkürzung für *Picture* und *Element*: Bild, digitales Bild.

Pokémon: (Kurzform von *Pocket Monsters*) ist eine Serie von Videospielen der japanischen Spielesoftwarefirma GAME FREAK inc., die ausschließlich auf Nintendos Konsolen erscheinen, sowie eine gleichnamige **Anime**-Serie, die seit 1997 erfolgreich auf TV Tokyo und seit 1999 auch in Deutschland auf RTL 2 läuft. Spiele und **Anime** drehen sich um 386 verschiedene Fantasiewesen, die gefangen, gesammelt und trainiert werden können: die Pokémon.

poppen: Geschlechtsverkehr haben.

posten: Kurzmitteilungen auf **Chat**-Seiten, in Internet-**Foren** hineinstellen.

Prepaid-Handys: Handys mit einer **Prepaid-Karte** (Guthabenkarte, in Österreich auch Wertkarte, ist eine vorausbezahlte Mobiltelefonkarte ohne Vertragsbindung, deren Guthaben abtelefoniert werden kann).

Provider, Internet Service Provider: Provider geht auf das lateinische Verb providere (provideo, providi, provisum) zurück und bedeutet im Deutschen soviel wie „Lieferer" oder „Versorger".
Übertragen wird meist von Provider gesprochen, wenn ein Zugangsdienst zu kommunikationstechnischen Netzwerken gemeint ist.

RL, Real Life *Netzkultur*: Das sogenannte Real Life (aus dem Englischen; deutsch:

„reales Leben") wird in der Computerszene als Begriff für das Leben eines Menschen außerhalb seiner Tätigkeit in einer Gruppe gleichgesinnter Computerinteressierter benutzt.

RPG: Die Abkürzung RPG steht für ***R**ole **P**laying **G**ame*, siehe **Rollenspiel.**

Rollenspiel: Das Rollenspiel ist ein Spiel bzw. eine Methode, in denen die Spielteilnehmer – abweichend von ihrem normalen Leben – für begrenzte Zeit spielgemäße Denk- und Handlungsmuster einnehmen und diese in der von ihnen mitgestalteten Spielwelt ausleben.

Screen-Name: s. **Nick.**

Server: Ein Server (lat. „Diener") ist in der Informatik ein Dienstleister, der in einem Netzwerk Daten oder Ressourcen zur Verfügung stellt. Man kann zwischen zwei Bedeutungen unterscheiden:

1. Ein Computerprogramm, das ein Netzwerkprotokoll implementiert, s. **Webserver**
2. Der Computer auf dem dieses Computerprogramm läuft, wird oft fälschlicherweise als Server bezeichnet. Die korrekte Bezeichnung für diesen physikalischen Rechner ist Host (*englisch: Wirt*). Es hat sich in der Praxis durchgesetzt, *dedizierte* (alleinstehende) Server zu betreiben, auf dem nur das Server-Programm läuft. Daher kommt die Verwischung zwischen den Begriffen *Server-Programm* und *Server-Computer*. Normalerweise wird aber aus dem Kontext klar, ob es sich nun um das Programm oder um den Computer selbst handelt.

Sexchat: Chat, welcher die Ausführung des **Cybersex** einleitet bzw. ermöglicht.
Simsen: Simsen ist die umgangssprachliche Bezeichnung für das Versenden von ***SMS**-Nachrichten* mit einem Mobiltelefon.
Site, Website: Mit **Website** (auch: *Webpräsenz, Internetpräsenz, oder Internetauftritt*, englisch: *site = Ort, Standort, Platz, Stelle* – nicht etwa Seite!) wird ein ganzes Projekt im **World Wide Web** bezeichnet, das meist aus mehreren Dokumenten *(Dateien, Ressourcen)* besteht, die durch eine einheitliche Navigation zusammengefaßt und verknüpft werden.

SMS: Die erste Short Message des **Short Message Service** (SMS) wurde im Dezember 1992 von einem PC an ein Mobiltelefon im Britischen Vodafone-Netz gesendet. Es handelt sich um einen Dienst, mit dem es möglich ist, textuelle Informationen zwischen (Mobil-) Telefonen auszutauschen. Ursprünglich als reines „Abfallprodukt" kostenlos angeboten, entwickelte sich der SMS-Service zum Ertragsbringer Nr. 1 der Netzbetreiber. Im Jahr 2003 wurden in Europa *über 16 Milliarden SMS pro Monat* versendet.

Soap-Opera, Seifenoper: Die Seifenoper (auch im deutschsprachigen Raum häufig als *Soap Opera* oder *Soap* bezeichnet) gehört zur Gattung der Fernsehserien. Unter ihr werden Endlosserien verstanden, die regelmäßig – ein- oder mehrmals wöchentlich (*Daily Soap*) – gesendet werden.

Team-Play: engl. Gruppenspiel.

Thread: Unter einem Thread (engl. *Faden, Strang*) versteht man im **Usenet** und in vergleichbaren Web-**Foren** eine Folge von Diskussionsbeiträgen, von denen jeder mit Ausnahme des Ursprungs einen anderen Beitrag beantwortet und die deshalb hierarchisch organisiert sind.

Thx: *thanks*, engl.: Danke.

Usenet: weltweites elektronisches Netzwerk aus Diskussions**foren**.

User: Ein **Benutzer** (auch kurz: Nutzer) ist eine natürliche Person, die ein Hilfsmittel zur Erzielung eines Vorteils (eines Nutzens; z.B. zur Zeit- und/oder Kostenverringerung) verwendet.

Virtualität, Virtuelle Realität, VR: Als Virtuelle Realität wird die Darstellung und gleichzeitige Wahrnehmung der Wirklichkeit und ihrer physikalischen Eigenschaften in einer in Echtzeit computergenerierten virtuellen Umgebung bezeichnet.

Voting-Seiten: Internetseiten, auf denen die elektronische Form einer Wahl für irgend etwas stattfindet, z.B. Produktbeurteilungen, Servicebeurteilungen oder Meinungsumfragen im Wahlsystem. Meist können in einer Liste Vorschlage von „überhaupt nicht" bis „ganz toll" angewählt werden.

WWW, World Wide Web, kurz **Web:** Das World Wide Web (wörtlich: *Weltweites Gewebe/Netz*) ist ein **Hypertext**-System, das über das Internet abgerufen werden kann. Hierzu benötigt man einen **Webbrowser**, um die Daten vom Webserver zu holen und z.B. auf dem Bildschirm anzuzeigen. Der **Benutzer** kann den Hyperlinks (ein Verweis von einem Webdokument oder Teilen davon durch eine entsprechende Markierung auf ein anderes Webdokument) im Dokument folgen, die auf andere Dokumente verweisen, ob sie nun auf dem gleichen Webserver oder einem anderen gespeichert sind. Hierdurch ergibt sich ein *weltweites Netz oder Gewebe aus Webseiten (s.* ***Site****)*. Das Verfolgen der Hyperlinks wird oft als „Surfen im Web" bezeichnet.
Das WWW wird im allgemeinen Sprachgebrauch oft mit dem Internet gleichgesetzt, obwohl es nur eine mögliche Nutzung des Internets ist, sowie im Gegenzug das Internet nur eine von verschiedenen möglichen Serververbunden. Es gibt durch-

aus Internet-Dienste, die nicht in das WWW integriert sind (am bekanntesten ist **E-Mail**, aber z.B. auch **IRC** und Telnet). Dazu beigetragen haben nicht zuletzt die **Webbrowser**, die nicht nur das eigentliche **HTTP**-Protokoll benutzen können, sondern auch noch andere Dienste wie Mail und **FTP** dem Nutzer zugänglich machen.

Webbrowser, Browser: Webbrowser sind Computerprogramme, die zum Betrachten der Inhalte des **WWW** benutzt werden. Wegen der Metapher, daß man rasend schnell durch das Web braust und der Wortähnlichkeit zu *Browser* wird manchmal ironisierend der Begriff Brauser verwendet. Vorwiegend werden sie verwendet, um Websites (s. **Site**) im **World Wide Web** anzuzeigen.

Webcam: Webcam ist die Abkürzung für den englischen Begriff Web Camera. Es handelt sich dabei um eine Kamera, die in regelmäßigen Abständen oder kontinuierlich Bilder ins **World Wide Web** (Internet) liefert (oft über eine Standleitung).

Webserver: Ein Webserver ist ein **Server**-Programm, welches Dateien zur Verfügung stellt. Diese Dateien sind normalerweise Webseiten und Bilder. Für den Webserver ist es aber kein Unterschied, welche Art von Dateien er ausliefert.
Jedesmal, wenn eine Webseite angefordert wird (beispielsweise durch Anklicken eines Links s. **Hypertext**), wird eine **HTTP**-Anfrage an einen Webserver gerichtet. Dieser Webserver wird dann die gewünschte Seite zurücksenden.

Immer dabei

Interview mit Gabriele Farke

von Wolfgang Weirauch

Gabriele Farke, *geb. 1955 in Bielefeld, Ausbilderin für Industrie- und Bürokaufleute. Autorin der Bücher „Sehnsucht Internet" (Zürich 1998), „Hexenkuss.de" (Langenfeld 1999) und „OnlineSucht. Wenn Mailen und Chatten zum Zwang werden" (Stuttgart 2003). Gabriele Farke gründete 1999 den ersten bundesdeutschen Selbsthilfeverein für Onlinesüchtige (HSO e.V), der mangels Förderung durch Bund und Länder Ende 2001 aufgelöst wurde. Ehrenamtlich betrieb sie in Privatinitiative das Internetportal www.onlinesucht.de weiter und sorgte somit dafür, daß betroffene Onlinesüchtige und deren Angehörige Hilfe und Rat bekamen. Im April 2004 gründete sie zusammen mit einigen Prominenten (u.a. Fritz Kuhn, MdB, Rainer Linder und Prof. Dr. Jerusalem den gemeinnützigen Verein „mediarisk international" (www.mediarisk.org), der sich international der Präventivarbeit gegen Medienabhängigkeit annehmen will.*

Gabriele Farke hat sich als Deutschlands Onlinesucht-Expertin bereits international einen Namen gemacht und referiert auf zahlreichen Tagungen und Kongressen. E-Mail: info@gabriele-farke.de

Mit dem Wandel der Zeit verändern sich auch die Süchte. Mit den neuen technischen Medien steht die Menschheit seit einigen Jahren vor einem gänzlich neuen Suchtphänomen, von dem die breite Öffentlichkeit noch überhaupt kein Bewußtsein hat. Es ist die Onlinesucht.

Onlinesucht betrifft alle: Jugendliche, Erwachsene, Frauen und Männer.

Onlinesucht ist eine stoffungebundene Sucht, und sie zieht die Menschen allmählich aus dem realen Leben in eine Scheinwelt ab, bis die virtuelle Welt den Platz der realen Umgebung eingenommen hat. Die Motive können Einsamkeit, Kommunikationsfreude, sexuelle Gelüste, Neugier und die Suche nach Anerkennung und Liebe sein.

Virtuelle Gespräche in sogenannten Chatrooms eröffnen diese neue Welt, erobern nach und nach die Privatsphäre und die intimsten Bereiche der Menschen - oftmals bis zur großen Enttäuschung oder - im extremen Fall - bis zum Zusammenbruch des gesamten realen Lebens.

Gabriele Farke, Expertin und ehemals selbst Betroffene auf dem Gebiet der Onlinesucht, erläutert uns im folgenden Interview die Tücken, Phänomene und Auswirkungen dieser neuen Massensucht.

Wolfgang Weirauch: Was ist Onlinesucht?

Gabriele Farke: Von Onlinesucht spricht man, wenn der Betroffene das Medium nicht in sein Leben integriert, sondern umgekehrt sein Leben ins Internet integriert. Onlinesüchtige verlieren den Bezug zur realen Welt und leben in einer Traumwelt. Sie schaffen und bauen sich ihre eigene virtuelle Welt im Internet. Dadurch verlieren sie ihre sozialen Kontakte ringsum, oft auch ihren Job, den sie teilweise sogar freiwillig aufgeben, um im Internet sein zu können, und leben in einer absoluten Phantasiewelt.

W.W.: Wie viele Menschen in Deutschland sind Ihrer Meinung nach onlinesüchtig?

G. Farke: Uns liegt eine Studie der Humboldt-Universität zu Berlin vor, in der man von drei bis vier Prozent der gesamten Internetnutzer ausgeht, d.h. wir liegen schon bei weit über einer Million abhängigen Onlinesüchtigen. Ich denke, daß die Dunkelziffer noch wesentlich höher ist. Ähnliche Ergebnisse liegen aus der Schweiz, Österreich und den USA vor.

Noch keine anerkannte Sucht

W.W.: Ist Onlinesucht offiziell anerkannt?

G. Farke: Noch nicht. Onlinesucht wird noch als Impulsstörung, als

Störung der Impulskontrolle behandelt, also noch nicht als eigene Krankheit. Aber wir arbeiten daran. Ich glaube, das dauert nicht mehr lange. Im Falle der Glücksspielsucht hat die Anerkennung als eigenständige Suchtkrankheit zehn Jahre gebraucht. Wir arbeiten jetzt sechs Jahre in diese Richtung, also müssen wir wahrscheinlich noch etwas Geduld aufbringen, bis Onlinesucht offiziell anerkannt sein wird.

W.W.: Sie denken also, daß diese offizielle Anerkennung auf jeden Fall kommt, weil diese Sucht immer mehr zunehmen wird?

G. Farke: Ja, absolut. Die Therapeuten gehen heute noch so vor, daß sie viele der Begleiterscheinungen mit den Krankenkassen abrechnen, wie z.B. Depressionen, Eßstörungen oder irgendeine andere vorhandene Sucht, obgleich sie Onlinesucht behandeln.

W.W.: Kann man Onlinesüchtige in verschiedene Altersgruppen oder Berufsgruppen einteilen?

G. Farke: Nein, das kann man nicht. Onlinesüchtige gibt es in jedem Alter und jeder Berufsgruppe, also wirklich querbeet. Das ist das Schwierige. Könnte man die Zielgruppe besser ausmachen, so könnte man direkt sehen, daß z.B. speziell Jugendliche gefährdet sind. So ist es aber nicht. Zwar sind laut wissenschaftlichen Studien Jugendliche weitaus mehr gefährdet als Erwachsene. Aber in unserer Beratungspraxis zeigt sich - auch auf unserer Homepage www.mediarisk.org - eindeutig, daß uns weitaus mehr Erwachsene ab ca. 35 Jahren aufwärts besuchen. Erschreckend ist dabei auch der Frauenanteil, der weitaus höher ist als der von Männern.

W.W.: In welchem prozentualen Verhältnis?

G. Farke: Der Frauenanteil beträgt bis zu 60 %.

W.W.: Läßt sich die Sucht selbst in verschiedene Gruppen einteilen?

G. Farke: Ja, wir unterscheiden bei der Onlinesucht erstens die Sucht im Kommunikationsbereich. Hiermit sind die Betroffenen gemeint, die chat- und kommunikationssüchtig sind, die 30- bis 50mal am Tag nach ihren Emails sehen müssen. Das ist der eine große Bereich, in dem auch mit Abstand die meisten Onlinesüchtigen anzutreffen sind.

Ein weiterer Bereich ist die Online-Sexsucht, die vehement zuzunehmen scheint. Erstaunlicherweise sind es auch auffallend viele Frauen, die Sexseiten besuchen, sich die Pics herunterladen und auch die eindeutigen Gespräche mit den Gesprächspartnern führen.

Ein dritter Bereich ist die Spielsucht. Betroffen sind vor allem Jugendliche, weitaus mehr als Erwachsene, die sogenannte LAN-Partys besuchen, auf denen Wettbewerbe ausgetragen werden, auch am Wochenende. Dabei geht es z.B. darum, wer am längsten ohne Schlaf online spielen kann. Die Lehrer machen dann am Montagmorgen die entsprechenden Erfahrungen, wenn die Kinder in der Schule schlafen. Es muß mitunter wirklich gnadenlos sein.

Ein vierter Bereich ist die Informationssucht, aber dieser Bereich ist nicht sehr ausgeprägt.

W.W.: Informationssucht? Ist das eine Onlinesucht?

G. Farke: Hier bin ich etwas unsicher. Es geht mehr in Richtung eines Workoholics, d.h. eines Menschen, der absolut begierig ist, alles zu wissen. Aber natürlich bricht auch bei einer derartigen Beschäftigung das soziale Umfeld ab. Von daher kann man vielleicht schon von einer Art Sucht sprechen, auch wenn es eine Unterkategorie ist. Gegen fleißige und wißbegierige Menschen hat sicherlich niemand etwas, aber wenn man alles andere rundherum vergißt, wird es zum Problem.

Die Suche nach Liebe

W.W.: Wenn Sie jetzt in die Psyche eines Onlinesüchtigen hineinschauen, wonach strebt oder sucht dieser?

G. Farke: Nach Liebe! Das ist leider das Problem. Wie bei jeder anderen Sucht auch, ist es speziell beim Internet zunächst die Faszination des Neuen, des Fremden, sind es die Möglichkeiten, die sich bieten, die den Benutzer anlocken. Und ganz wesentlich das Gefühl, daß man gebraucht wird. Ein Onlinesüchtiger hat ständig das Gefühl, dabeisein zu müssen. Sobald er dort seine eigene Welt geschaffen, eigene Freunde gefunden und - auch nicht selten - eine richtige Familie im Internet gegründet hat, ist es für ihn wirklich furchtbar schwer, auf das Internet zu verzichten, weil er immer denkt, er verpasse etwas. Es wird nach Anerkennung gesucht, nach Liebe, nach Gesprächen, nach Gesprächspartnern, nach lieben Leuten.

Ich habe es damals, in meiner Sucht-Zeit, immer außerordentlich genossen, wenn ich morgens eine Email von irgendeinem netten Menschen hatte, in der stand, daß er mich mag. Das hat mir einfach gutgetan. Und wem tut das nicht gut? Es wird in der Realität vom Partner doch häufig vergessen, dies zu sagen. An dieser Stelle öffnet sich der Einstieg, an dem man sich sehr schnell in etwas hineinträumt, was aber meist nicht der Realität entspricht.

W.W.: Sind das alles einsame Menschen, die nicht in der Lage sind, Kontakte zu knüpfen?

G. Farke: Das würde ich nicht sagen. Es gibt unter ihnen viele kommunikationsfreudige Menschen. Das sieht man auch daran, daß sie so unglaublich viel schreiben. Sie sind in der Realität nicht weniger kommunikationsfreudig. Ich glaube eher, daß Onlinesucht einsam macht, und nicht umgekehrt, daß das Suchtverhalten der Menschen vorwiegend aus der Einsamkeit heraus entspringt. Selbstverständlich sind unter den Onlinesüchtigen auch Menschen, die kein persönliches Umfeld, keine Freunde haben. Diese Menschen sind aus der Sache heraus noch stärker gefährdet, weil sie nun plötzlich jederzeit jemanden zum Kommunizieren haben. Aber selbst ein beruflich erfolgreicher, gestandener Mensch läuft Gefahr zu vereinsamen, wenn er seinen Monitor vor sich hat und sich dahinter versteckt.

W.W.: Wie denkt ein Onlinesüchtiger über die Onlinesucht?

G. Farke: Das ist kein Thema für ihn. So etwas verdrängt er völlig. Das Problem liegt ähnlich wie bei einem Alkoholiker, der abends seine Biere trinkt. Er wird auch niemals zugeben, daß er ein Trinker ist. Das ist bei Süchtigen wirklich eine ganz eigenartige Geschichte, daß sie immer erst auf die Nase fallen müssen und ein Schockerlebnis brauchen, bevor sie merken, daß sie wirklich selbst betroffen sind. Bei mir z.B. war es so, daß ich latent wußte, daß ich mich nicht richtig verhalte. Es entwickeln sich dann auch Ausreden und Lügen dem Partner und den Kindern gegenüber. Man versucht sich immer zu entschuldigen und sich zu sagen: Na ja, ich arbeite wenigstens viel, und ich halte mich auf dem laufenden. Aber daß eine echte Sucht dahintersteckt, eine echte Krankheit, das schiebt man ganz weit von sich.

Chat

W.W.: Was reizt die Menschen, in Chatrooms mit anderen zu kommunizieren?

G. Farke: Einmal ist es sicherlich die Möglichkeit, jederzeit mit Menschen sprechen zu können, vor allem auch anonym. Oft werden auch Probleme auf den Tisch gepackt, also daß sich jemand anonym unter irgendeinem Screen-Name einloggt und einfach drauflosschreibt, und plötzlich loggt sich ein anderer ein, der darauf antwortet und Verständnis zeigt. Ich denke, das ist schon sehr verlockend. Gerade Menschen, die irgendwelche Probleme in der Familie haben und das einfach mit ihren Freunden oder ihrem Partner nicht besprechen wollen, finden im Netz jederzeit die Möglichkeit eines entsprechenden Forums oder eines Chatrooms, in denen sie dieses Problem besprechen können.

W.W.: Ich habe einmal in einen Chatroom hineingeschaut und dort eine Sprache gefunden, die ich teilweise überhaupt nicht verstehe: Abkürzungen, Satzfetzen, neue Sprachkreationen usw. Erleben wir dort eine Verluderung der Sprache? Oder habe ich da einen falschen Chatroom erwischt?

G. Farke: Es kommt wirklich darauf an, in welche Chatrooms Sie sich da begeben. Manchmal findet dort ein derart fürchterlicher Smalltalk statt, daß man glauben könnte, die Leute dort seien alle nicht ganz richtig im Kopf. Man versteht nicht, wie Menschen auf diese Weise ihren Tag verbringen können. Man könnte meinen, dort säßen Arbeitslose, die nichts anderes zu tun haben, als irgendeinen Blödsinn in die Tastatur zu hauen. Wenn man aber dann die anderen kennenlernt, wenn man also wirklich längere Zeit mit ihnen chattet, dann bekommt man plötzlich ein ganz anderes Verhältnis zu diesen Menschen. Und das ist völlig anders, als wenn man sich als Fremder plötzlich in einen solchen Raum einloggt. Man blödelt zwar miteinander, aber es finden auch ernste Gespräche statt. Aber neu da hineinzukommen, das ist dann schon sehr merkwürdig. Mit der Zeit ist es auch so, daß sich die Menschen, die sich dort gefunden haben, eigene Chatrooms aussuchen, in denen sie dann auch ganz vertraulich miteinander sprechen können. Obendrein finden auch Expertenchats statt zu verschiedenen Themen. An einem solchen Expertenchat teilzunehmen, ist oft sehr interessant.

Aber Sie haben schon recht, vielerorts verludert unsere Sprache in den Chatrooms.

W.W.: Suchen die meisten Besucher der Chatrooms das Gespräch mit vielen Menschen, oder suchen die meisten den einen Menschen, mit dem sie sich ins Séparée zurückziehen können?

G. Farke: Das ist ganz unterschiedlich. Es kommt darauf an, welche Intention sie haben, ob sie jemanden kennenlernen wollen und ob es ihnen um die zwischenmenschliche Beziehung oder um Zeitvertreib geht. Generell kann man nicht sagen, was da am meisten gewünscht wird. Aber es läuft darauf hinaus, daß sich irgendwo ein kleinerer Kreis findet, nicht immer zwei Personen, aber ein harter Kern. Es bilden sich dabei oft richtige Freundschaften und Cliquen.

Man spielt mit den Seelen der Menschen

W.W.: Gibt es Untersuchungen darüber, ob die meisten Menschen ihre Identität im Netz anonym halten wollen? Lebt die größere Anzahl der Chatter mit dem Reiz, sich als jemand anders auszugeben, zu schauspielern, sich sogar als jung oder alt auszugeben, obwohl man das Gegenteil ist, oder auch das andere Geschlecht anzunehmen? Wollen sich die meisten verstellen, oder überwiegt das Motiv, sich ganz zu offenbaren und alles von sich darzustellen?

G. Farke: Ich denke, im Chatroom werden sich die Menschen eher nicht offenbaren. Dort liegt der Reiz in der Anonymität oder darin, einmal ein bißchen Stimmung zu machen im Raum. Oft werden die Geschlechter vertauscht: Man loggt sich als Mann ein und ist in Wirklichkeit eine Frau oder umgekehrt. Die Offenbarung, das Outen und damit die Bekanntgabe der Identität jedoch finden dann im Zweiergespräch statt, also in dem Augenblick, in dem man sich näherkommt und dann auch Emails schreibt. In einem solchen Moment ist schon die Bereitschaft vorhanden, sich auch zu erkennen zu geben. In der Regel sucht ein Mensch in dieser Phase den Kontakt mit einem anderen Menschen. Und da hat es keinen Sinn, die Schauspielerei weiterzutreiben.

Ich habe allerdings in unserem Forum von Mediarisk einen ganz neuen Eintrag von gestern abend entdeckt. Darin bekennt eine Frau, daß sie in drei Männeridentitäten online ist, und zwar über einen Zeitraum von zweieinhalb Jahren (s. *Bekenntnisse von Onlinesüchtigen* S.213) - ein ganz spannender Beitrag. Sie schreibt auch, wie sie da hineingeraten ist: daß das zuerst einfach nur eine Gaudi war, und dann ist sie da hineingewachsen. Sie hat wirklich den anderen etwas vorgemacht und ganz intime Gespräche geführt, wobei sie ständig als Mann auftrat. Sie schrieb, daß sie vor kurzem zweien von diesen drei Gesprächspartnern die Wahrheit gesagt hat, weil sie einfach psychisch damit nicht mehr klargekommen sei, und daß sie auch nie etwas Böses gewollt habe, aber plötzlich in dieser Situation war und nicht mehr herausfand. Aber dem dritten Chatpartner könnte sie das nie sagen, weil ihm das fürchterlich wehtun würde.

W.W.: Wenn man sich in dieser Weise verstellt, betreibt man ja mit seinen Chatpartnern Schindluder?

G. Farke: Absolut, so sehe ich das auch. Man spielt mit den Seelen und mit den Gefühlen der anderen.

W.W.: Beginnt so etwas spielerisch, und dann verfängt man sich in seiner Rolle?

G. Farke: Wohl meist. Ich selbst habe es auch so ähnlich erlebt, eineinhalb Jahre lang. Ich hatte einen männlichen Gesprächspartner im Chat. Später wurde der Kontakt sehr vertraut, und wir schrieben uns per Email. Dabei hatte er sich aber einen anderen Vornamen zugelegt, alles andere stimmte, sogar Beruf und Wohnort. Aber der Vorname war falsch, und vom Nachnamen war ohnehin nie die Rede. Als er nach eineinhalb Jahren damit herauskam, hat mir das wahnsinnig wehgetan. Ich stellte mir dann vor: Mein Gott, du redest immer mit Peter, und in Wirklichkeit heißt er ganz anders! Man fühlt sich dabei ziemlich auf den Arm genommen.

Man fällt in ein schwarzes Loch

W.W.: Es soll ja auch soweit gehen, daß die Menschen sich im Chat oder in Séparées verlieben. Wenn man sich dann in ein Bild von einem Chatpartner verliebt, der in Wirklichkeit ganz anders ist, und dann fliegt das auf, dann geht das wahrscheinlich sehr tief?

G. Farke: Das ist ein richtiges schwarzes Loch, in das die Menschen fallen. Das ist so. Aber das erlebt jeder Internet-User, der gerne chattet und sich auf so etwas einläßt. Das passiert einfach, und man hört das immer wieder. Die Scham, darüber zu sprechen, ist aber so groß, daß diese Fälle kaum bekannt werden. Bei uns in den Foren können Sie es wirklich nachlesen. Es gibt inzwischen auch Romane zu diesen Themen, die davon handeln, daß einer wirklich über Jahre geblufft hat, und am Ende kommt dann das böse Erwachen. Abrupt wird den Menschen dabei klar, daß ihre Zeit plötzlich weggezogen wird. Jedes Gespräch basierte auf einer Lüge! Dieses Spiel mit einem anderen Menschen kann wirklich über einen ganz langen Zeitraum gehen.

W.W.: Ist es auch umgekehrt so, daß viele Menschen die Sehnsucht haben, sich einem anderen zu offenbaren, also alles von sich zu sagen, und zwar bis in die intimsten Dinge, weil sie das im richtigen Leben mit keinem Menschen mehr tun können?

G. Farke: Ja, auch das ist Usus. Man sagt auch den Internet- und Chatbekanntschaften nach, daß man sich durch sie zuerst von der Seele her gegenseitig kennenlernt. Sehr oft wird auch über die Äußerlichkeiten geschrieben: Dein Aussehen ist mir völlig egal, aber ich spüre dich, ich fühle dich! Das ist eine Seelenverwandtschaft. Und ich habe oft versucht, das auch für mich selber zu erklären. Ich denke, man verliebt sich in die eigenen Emotionen und versucht, seine eigene Erotik in den anderen Menschen hineinzuprojizieren, auch die Erwartungen, die kein anderer erfüllen kann. Das geht gar nicht. Aber das macht man sich in dem Moment nicht klar. Und wenn das über einen langen Zeitraum geschieht und man wirklich das Intimste von sich offenbart, dann bietet man eine enorme Angriffsfläche für den anderen. Und das ist ja auch der feine Unterschied zur Realität. Wir leben heute in einer sehr introvertierten Gesellschaft, die wenig über Gefühle spricht. Wir wissen alle, wie gefährlich es im Berufsleben oder unter Freunden sein kann, vielleicht sogar in der Beziehung zum Partner, wenn man sich wirklich zu hundert Prozent offenbart. Ich glaube, daß der Mut im Internet einfach viel schneller geweckt wird, weil man sich ja immer in seiner eigenen Umgebung sieht. Man fühlt sich sozusagen in Sicherheit.

Eine neue Art von Menschenbegegnung

W.W.: Irgendwie hat diese Art menschlicher Kommunikation auch etwas im positiven Sinne Faszinierendes. Es scheint fast wie eine Chance: Man spricht mit Menschen, man offenbart sich, man konzentriert sich auf das, was der andere schreibt - wenn es denn wahr wäre -, und alle äußerlichen Merkmale, die einen vielleicht im direkten Kontakt stören könnten, legt man einfach beiseite. Diese Art der Begegnung wäre ja für sich genommen ein positiver Weg in die Zukunft! Wenn die Menschen in der Weise miteinander kommunizieren würden, daß die Zugehörigkeit zu Volksgruppen, Religion, Hautfarbe, gesellschaftlichen Schichten etc. nicht stören, dann ist doch die Internet- oder die Chatroom-Bekanntschaft der Anfang einer solchen Zukunft.

G. Farke: Ja, da teile ich Ihre Meinung. Das erinnert mich an Werthers Briefe, an die Leiden des jungen Werther. Im Gegensatz dazu wird heute irgendwann die Sehnsucht geweckt, diesen anderen Menschen real kennenlernen zu wollen. Zuerst bleibt es meist auch bei Brieffreundschaften, die wunderbar sind und übrigens auch viele Jahre halten, und das ist auch eine Bereicherung. Aber irgendwann kommt dann der Gedanke, daß man diesem anderen Menschen auch in die Augen schauen will. Und hier beginnt der Punkt, an dem man dann wirklich viel aufs Spiel setzt. Denn die Realität ist fast immer ganz anders, als man sich das erträumt hat.

Wo beginnt die Sucht?

W.W.: Das bedeutet, diese intimen Gespräche sind nichts Schlechtes im ersten Ansatz. Wo beginnt aber die Sucht? Können Sie diesen schleichenden Übergang charakterisieren?

G. Farke: Ich werde es versuchen. Ich glaube, es ist bei der Onlinesucht genauso schwer zu sagen, wo die Grenze überschritten wird, wie bei jeder anderen Sucht auch. Jemand, der eben gerne Wein trinkt, der wird auch schlecht sagen können, wann er davon genau abhängig ist, bei drei Glas oder bei vier Glas? Ich glaube, daß dem Betroffenen seine Abhängigkeit erst auffällt, wenn es zu spät ist, wenn er sich wirklich nicht mehr von diesem Netz trennen kann. Wenn er den Rechner nicht mehr herunterfahren und sagen kann: So, ich habe jetzt Feierabend, jetzt ist die Familie dran - dann beginnt die Sucht. Ein Onlinesüchtiger hat keine Abgrenzungsmöglichkeit mehr und unterliegt einem Kontrollverlust. Irgendwann findet er gar keine Zeit mehr für seine Familie und sein reales Umfeld. Er sagt sämtliche Einladungen außerhalb des Internets ab, weil er nicht hingehen will, weil er lieber im Netz chattet, als mit seinen realen Freunden zusammenzusein.

Eine weitere Steigerung der Onlinesucht besteht darin, daß sich ein Onlinesüchtiger - wenn er überhaupt noch einen Job hat - während der Arbeitszeit auch ständig in irgendeinen Chat einloggt oder seine Mails abruft usw. Damit ist auch ein großer wirtschaftlicher Schaden verbunden. Die Arbeitgeber können das wahrscheinlich selbst noch nicht beziffern, welche Summen der Firma verlorengehen, wenn die Mitarbeiter einen Großteil ihrer Arbeitszeit für private Dinge verwenden; obwohl es inzwischen auch Studien darüber gibt, wie viele Millionen Euro Arbeitskosten dadurch pro Jahr auf der Minusseite anfallen.

W.W.: Was geschieht, wenn die Sucht chronisch wird? Können Sie diesen Übergang darstellen? Was verändert sich bei dem Menschen?

G. Farke: Die Menschen sprechen ausschließlich - wenn sie überhaupt noch mit anderen Menschen sprechen - über Internet-Themen. Ein Onlinesüchtiger fühlt sich oft auch elitär, wirklich dem anderen überlegen, weil er meint, er bekomme im Internet mehr mit, als wenn er sich in der Realität mit seinen Freunden austauscht. Er fühlt sich wirklich erhaben. Er nimmt an keinem Familienleben mehr teil, integriert sich in kein soziales Umfeld mehr.

Oft kommen Haltungsschäden und Eßprobleme hinzu. Wir haben noch keinen einzigen Onlinesüchtigen kennengelernt, der nicht auch eine andere Sucht hatte. Wir haben niemals jemanden in der Beratung gehabt, der gesagt hat, Onlinesucht sei sein erstes Suchtproblem überhaupt. Das ist etwas ganz Typisches. Wir sprechen von Parallel- und Umsteigesüchten. Oft wird z.B. ein Alkoholiker zum Spieler oder umgekehrt. Kaum hat er die eine Sucht besiegt, erliegt er irgendeinem anderen Suchtmittel.

W.W.: Weil er einen Suchtcharakter hat?

G. Farke: Ja, einen Suchtcharakter. Ich glaube auch, daß onlinesüchtige Menschen diese Suchtanlagen ausgeprägter in sich tragen als andere. Die Anlage zur Sucht tragen wir alle als Keim in uns. Bei dem einen brechen die Süchte aus, bei dem anderen nicht. Onlinesüchtige sind sehr labil und eben nicht so diszipliniert wie andere Menschen, sonst würden sie gar nicht in diese Sucht geraten.

W.W.: Gibt es eine bestimmte andere Sucht, aus der die Onlinesüchtigen vorwiegend umsteigen?

G. Farke: Wir haben auffallend viele Eßgestörte bei uns. Auch auf sogenannten Chatter-Treffen trifft man sehr viele dicke Menschen. Ich gehöre auch dazu. Das ist wirklich auffällig. Es könnte genausogut ein Treffen der Dicken sein. Ich habe es ganz selten erlebt, daß so richtig hübsche Menschen - was man eben unter hübsch versteht - darunter waren. Vermutlich loggen sich diejenigen Menschen eher in eine solche Traumwelt ein, die auch äußerlich nicht so gut bei ihren Mitmenschen ankommen. Sie fühlen sich im Netz eher anerkannt, was sie so im realen Leben nicht erfahren haben.

Online-Sexsucht

W.W.: Was für Menschen sind Sexsüchtige? Unterscheiden sich Online-Sexsüchtige von „normalen" Sexsüchtigen, die ihre Sucht real ausleben?

G. Farke: Die Online-Sexsucht ist wesentlich hemmungs- und rücksichtsloser. Ich habe oft - meist von Frauen - gehört, daß Männer früher auch schon sexsüchtig waren, auch die 0190-Nummern u.ä. angerufen haben. Da liegen also oft schon Probleme im Vorfeld. Aber seitdem es das Internet gibt, das bestätigen die Partner hundertprozentig, ist die Hemmschwelle einfach noch viel mehr gesunken. Der Mann oder die Frau geht nun nicht mehr aus, um sich das zu holen, was er oder sie angeblich braucht, sondern setzt sich ins Wohnzimmer. Oft sitzt der

Partner auch irgendwo in der Nähe und weiß überhaupt nicht, wie er mit diesem Problem umgehen soll. Moral und Hemmung gibt es nicht mehr. Ein Sexsüchtiger ist immer darauf bedacht, sich noch einen Kick zu holen und noch einen. Die Grenzen werden sehr hochgesteckt. Alles, was früher einen Sexsüchtigen noch blockierte, weil es nach seinem eigenen Ermessen jenseits seiner persönlichen Hemmschwelle lag, das ist heute online sehr wohl möglich. Allerdings behaupten die Betroffenen sehr oft von sich, daß sie sich doch nur im Internet auslebten und daß gewisse Dinge für sie in der Realität nie in Frage kommen würden. Das kann ich aber persönlich nicht nachprüfen.

W.W.: Was ist es beim Cybersex, das süchtig macht?

G. Farke: Erstens ist es dieser Dirty talk, bei dem man sich gegenseitig aufheizt und bei dem wirklich auch bei beiden Partnern Gefühle entstehen. Hier liegt die Bereitschaft vor, einen solchen Partner haben zu wollen. Das ist schwer, jemandem zu erklären, der das noch nicht erlebt hat. Aber die Emotionen werden über das geschriebene Wort ausgelöst.

Beim Cybersex kann man sich keine Krankheiten einfangen, es ist alles umkompliziert, es entstehen keine Beziehungskisten, es ist reiner Sex. Sie müssen sich nicht einmal mit ihrem Gesicht zeigen, es ist anonymer Sex, es ist im Grunde Selbstbefriedigung, ähnlich den Erlebnissen, wie man sie früher mit Pornoheften oder -filmen hatte. Meist treffen sich die Leute später nicht, obwohl es das auch gibt. Aber das ist nicht unbedingt das Ziel.

W.W.: Wer ist für Online-Sexsucht prädestiniert? Kann man dafür besondere Typen von Menschen ausmachen, oder ist jeder anfällig?

G. Farke: Jeder. Ich kenne Anwälte, Ärzte, Arbeitslose - querbeet. Dagegen ist kaum jemand gefeit. Wenn Sie selbst im Internet mit jemandem sprechen, der unglaublich nett ist, mit dem Sie ins Gespräch kommen, dann gibt ein Wort das andere, und schon flirten Sie. Und aus diesem Flirt entsteht dann ein bißchen mehr. Das geht unglaublich schnell.

Man versteht den Partner nicht mehr

W.W.: Jetzt zum privaten Umfeld. Stellen Sie sich vor, da ist ein Mann oder auch eine Frau, verheiratet oder mit einem Partner, und einer von beiden wird jetzt online-sexsüchtig. Was ändert sich in der Partnerschaft der beiden?

G. Farke: Es entstehen ganz tiefe seelische Verletzungen, die nur der zurückgelassene Partner empfindet. Der Betroffene selbst spürt überhaupt nicht, was er da macht. Er merkt überhaupt nicht, wie weh er dem Partner tut. Männer sind vielleicht nicht so emotionsgeladen wie wir Frauen. Ich glaube auch nicht, daß Frauen es überbewerten. Sie verstehen es einfach nicht, was mit ihrem Mann - bleiben wir einmal bei dem Beispiel - passiert, was er sich da sucht und was er zu Hause nicht findet.

Oftmals ist es so, daß sich die Partner am Anfang dieser Online-Sexsucht noch austauschen, z.B. über die Frage, was dem oder der Betroffenen in der Realität fehlt. Manchmal wird auch etwas anderes in der sexuellen Partnerschaft ausprobiert, so daß beide einen Nutzen daraus ziehen können.

Aber irgendwann wendet sich der Betroffene total vom realen Partner ab und sucht nur noch den Kick im Internet. Er steht oft auch wieder auf, wenn er sich abends ins Bett gelegt hat, und geht an den Rechner. Der Partner merkt alles, registriert es und kann nichts tun. Oder er entdeckt irgendwann Schränke voller Disketten, auf die irgendwelche Pics geladen sind. Im Forum bei Mediarisk gibt es ergreifende Erfahrungsberichte von Betroffenen (siehe weiter hinten in diesem Band), in denen sie ihre Gefühle schildern und ihre Not, ernsthaft aus dieser Sucht herauskommen zu wollen, es aber einfach nicht schaffen. Beim Herunterladen dieser Pics, das hört man immer wieder, geht es gar nicht darum, überhaupt Pics selbst zu sehen, sondern sie einfach haben zu müssen, auf irgendeinem Datenträger, und sie dann wegzulegen.

W.W.: Also reine Sammelleidenschaft?

G. Farke: Ja, absolut. Dem typischen Online-Sexsüchtigen geht es einerseits um seine Befriedigung, andererseits auch darum, zu sehen, mit wie vielen Frauen er es eigentlich treiben kann, ob er sie auch herumkriegt, und wie lange das dauert. Teilweise werden auch Wettbewerbe ausgetragen, bei denen man mit mehreren Männern an einem Rechner sitzt und z.B. wettet, daß man keine zehn Minuten brauche, bis sich eine Frau auf einen einläßt. Aber Frauen sind da nicht besser. Der Mann war hier wirklich nur ein Beispiel.

W.W.: Haben diese Menschen Schuldgefühle ihren Angehörigen gegenüber?

G. Farke: Auf jeden Fall. In dem Moment, in dem die Angehörigen die Süchtigen auf ihre Sucht ansprechen, kommen diese Schuldgefühle. Bis dahin ist alles in Ordnung, weil bei ihnen ja eine „heile Welt“ herrscht. Aber wenn die Vorwürfe kommen und die ewigen Diskussionen und Tränen und alles, was dazugehört an Streit und Krach, auch die Mahnung durch den Partner, daß der Betroffene endlich etwas tun und eine Therapie beginnen möge, dann reagiert der Betroffene aggressiv, weil er davon überzeugt ist, er habe gar kein Problem, und der Partner bilde sich das alles nur ein. Eine solche Auseinandersetzung geht oft über viele Jahre.

Wo beginnt der Betrug?

W.W.: Warum sieht das der Onlinesüchtige nicht? Er verbraucht doch unwahrscheinlich viel Zeit. Wenn man schon nicht bemerkt, daß man den anderen verletzt, so könnte man das Problem doch einfach an der Zeit festmachen und auf ein anderes Beispiel übertragen: Wenn der eine der Partner sechs, sieben Stunden pro Tag woanders hingehen würde, dann würde er unmittelbar spüren, daß der andere Partner das nicht gerade gut findet. Warum kann er das nicht als Fehlverhalten erkennen, wenn er jetzt dieselbe Zeit vor dem Rechner sitzt?

G. Farke: Weil er zu Hause ist. Er fühlt sich gar nicht in der Betrügerrolle, weil es eben nicht real ist, weil kein realer anderer Partner vorhanden ist. Sehr viele betroffene Online-Sexsüchtige sagen: Mensch, das ist doch alles nur virtuell. Aber das ist natürlich auch eine Streitfrage: Wann fängt der Betrug an? Ich denke, wenn einem realen Partner Liebe und Sexualität entzogen werden und jemand nur noch süchtig danach ist, sich vor den Monitor zu setzen, um irgendwo noch einen neuen Kick zu erfahren, vielleicht irgendwo auch einmal neue Grenzen zu erkunden, dann ist das schon Betrug und gleichzeitig eine seelische Verletzung des Partners.

W.W.: Ist die Online-Sexsucht eine chronische Sucht, oder tritt sie in Phasen auf wie bei einem Quartalssäufer?

G. Farke: Es ist meist etwas dazwischen, im Medizinerlatein würde man sagen: chronisch-rezidivierend. Die manifeste Sucht verläuft in Schüben, dazwischen kann es suchtfreie Intervalle geben. Aber ohne Selbsterkenntnis, ohne Therapie kommt die nächste Suchtphase mit Sicherheit. Daneben gibt es verschiedenste Erscheinungsformen. Wir haben erfahren, daß die Sucht bei einigen schnell vorbei ist, nach zwei, drei Monaten etwa. Die Betroffenen haben sich alles im Internet angesehen, sind dann damit durch und finden wieder ins normale Leben zurück. Aber andere sitzen wirklich monate- und jahrelang vor dem Monitor. Das kann man dann schon als chronisch bezeichnen. Aber wenn sie dann irgendwann einmal diese ganze Geschichte mental verarbeitet und begriffen haben, was sie da eigentlich gemacht haben, wieviel Zeit sie verloren und was sie für sich selbst daraus gelernt haben, dann ist die Rückfallquote sehr gering.

Ich möchte hier aber auch Unterschiede machen. So sind z.B. die Internet-Spielsüchtigen weitaus stärker rückfallgefährdet als die Onlinesüchtigen im Kommunikationsbereich. Ich weiß von vielen, die diese Online-Spiele spielen, daß diese sogar den totalen Entzug als einzige Chance sehen, aus ihrer Sucht herauszukommen, weil sie nicht in der Lage sind, den Internetgebrauch zu dosieren, z.B. auf eine Stunde pro Tag. Die völlige Abschaffung des Internets im häuslichen Umfeld ziehe ich persönlich jedoch nicht unbedingt vor. Mir geht es darum, den bewußten und disziplinierten Umgang mit den Medien zu lernen, weil wir ja doch ständig damit zu tun haben.

Folterlust

W.W.: Lockt der Online-Kontakt aus dem Menschen Kräfte heraus, die er nie für möglich gehalten hätte, z.B. sadomasochistische Praktiken, die Lust, zu foltern oder gar zu töten?

G. Farke: Ich glaube, daß die Gefahr vorhanden ist, durch das Internet wirklich auf Gedanken zu kommen, die man niemals im realen Leben hätte. Hier wird die Neugierde geweckt, und gerade intelligente Menschen werden versuchen, auf diese Weise ihre eigenen Grenzen, Möglichkeiten und Neigungen zu erkunden.

Ich hatte z.B. eine Frau bei mir, die bis dahin ein völlig normales Leben geführt hatte, bis sie irgendwann in diesen Sado-Maso-Bereich hineinschnupperte. Es war für sie sehr verführerisch, mit diesen Herren zu kommunizieren, die alle sehr dominant waren. Aber dann kam der Moment, daß sie sich irgendwann selbst gefragt hat: Wo ist denn eigentlich der Reiz an dieser ganzen Sache, dieser Kick, und sie hat sich dann durchaus auch im realen Leben einmal mit einem solchen Herrn eingelassen. Selbstverständlich kann man aus einer solchen realen Beziehung herauskommen, aber ob man diese Erfahrung machen muß, das ist die andere Frage. Die Versuchung entspringt aus dem Internet. Dort gibt es nichts, was es nicht gibt. Im Internet findet man alles. Und irgendwann lernt man dort jemanden kennen, der quatscht Sie an und erzählt Ihnen Dinge, die Sie noch nie gehört haben, und dann packt Sie sehr schnell die

Neugierde. Der größten Gefahr setzen sich dabei übrigens Kinder und Jugendliche aus.

W.W.: Welche Rolle spielt die Webcam bei Online-Sexsüchtigen?

G. Farke: Davon höre ich sehr viel, obwohl ich mir das selbst nicht so gut vorstellen kann. Es scheint wohl schon gang und gäbe zu sein, daß immer mehr Internet-User auch eine Webcam haben und sich mit ihrer Hilfe gegenseitig bei der Selbstbefriedigung beobachten. Aber dann in der Regel nicht das Gesicht, so daß man sich nicht outet.

W.W.: Tritt die Sexsucht mehr bei Männern auf, oder sind Frauen genauso gefährdet?

G. Farke: Mehr noch bei Männern. Wobei die Frauen aber absolut auf dem Vormarsch sind. Man sagte früher immer, Frauen sind nicht so gefährdet, aber sie emanzipieren sich immer mehr. Frauen sind heute auch in der Beziehung ganz schön aktiv, sie wollen nicht mehr nur verführt werden, sondern auch selbst die Männer verführen und dieses Machtgefühl spüren, den Mann zu befriedigen.

„Die Traumwelt war zu schön"

W.W.: Sie waren auch einmal onlinesüchtig. Wann und wie hat es bei Ihnen angefangen?

G. Farke: Angefangen hat es Ende 1995, als das Internet noch ganz neu war. Ich begann mit dem Chatten und lernte dabei nette Leute kennen. Die anfängliche Faszination ging aber bald in die Sucht über. Zwei Jahre später gab ich meinen Job auf und schrieb dann Bücher zum Thema, weil ich mir erträumte, von der Buchschreiberei leben zu können. Ich hatte also wirklich den Bezug zur Realität verloren - absolut, obwohl ich mich nicht gerade als naiv bezeichne, aber das war etwas ganz Dummes. Die Traumwelt war zu schön.

W.W.: Haben Sie Ihre Sucht nur in Chatrooms ausgelebt?

G. Farke: Nicht unbedingt nur in Chatrooms, aber dort hatte ich die wichtigsten Begegnungen. So lernte ich einen Menschen kennen, mit dem ich mich sehr intensiv austauschen konnte. Auch habe ich damals z.B. ein Juristenforum gegründet und mit Anwälten online gesprochen. Es war durchaus auch sachbezogen, glitt aber irgendwie in die Flirterei ab. Dadurch lernte ich wirklich viele interessante Menschen kennen, die ich im normalen Leben nie kennengelernt hätte.

Jemandem ganz vertrauen

W.W.: Welche Erfahrung verbinden Sie ganz persönlich damit, daß Sie einigen Menschen ganz vertraut haben? Spürten Sie eine innere Sehnsucht danach, jemandem vollkommen zu vertrauen?

G. Farke: Bestimmt. Ich hatte damals keinen Partner, und sicherlich sehnte ich mich nach einem Menschen, der mein vertrautester Freund sein konnte. Auch heute noch, nach diesen vielen Jahren, habe ich z.B. mit dem Menschen, den ich damals zuallererst kennenlernte, immer noch Kontakt; nur sehr viel seltener. Wir schreiben uns heute vielleicht alle 14 Tage eine Email, aber immer noch sehr vertraut, und noch heute ist das eigentlich der Mensch, dem ich etwas anvertrauen würde, wenn mir irgend etwas in der Realität passieren würde, was ich nicht in meinem engsten Umfeld besprechen könnte. Und das sage ich, obwohl ich mich mit ihm nach eineinhalb Jahren getroffen habe: Wir standen uns damals gegenüber und waren nicht in der Lage, uns in den Arm zu nehmen.

W.W.: War das ein Schock? Hatten Sie denn nie Bilder von sich ausgetauscht?

G. Farke: Nein, das meine ich nicht. Wir kannten uns beide, auch vom Foto her. Ich habe nicht wegen seines Aussehens einen Schock erlebt, sondern weil wir uns einfach zu nah waren, zu vertraut. Ich habe das hinterher so interpretiert, daß zwischen uns so etwas wie ein elektrischer Zaun gezogen war. Wenn wir uns dann in die Arme gefallen wären, dann wären wir wahrscheinlich abgetaucht, aber davor hatten wir wohl beide Angst. Und so hat's nicht sollen sein. Es war schon sehr eigenartig, dieses Gefühl, sich so nah zu sein und dann doch nicht zueinander zu finden.

W.W.: Gab es einen Moment in Ihrer Sucht, an dem Sie bemerkt haben, daß Ihr Online-Leben wichtiger war als das reale? Ist Ihnen das irgendwann einmal ganz klar geworden?

G. Farke: Ja, sogar sehr oft.

W.W.: Waren Sie sich Ihrer Sucht immer bewußt?

G. Farke: Als ich das zweite Buch, „Hexenkuss.de", schrieb, ja, von da an war ich mir meiner eigenen Sucht immer bewußt. Beim ersten Buch, „Sehnsucht Internet", lebte ich noch voll in meiner Traumwelt. An dieser Stelle sei erwähnt, daß ich inzwischen keine Romane mehr zum Thema schreibe, sondern Ratgeber, wie z.B. „OnlineSucht. Wenn Mailen

Gabriele Farke bei der Arbeit.

und Chatten zum Zwang werden". Damit will ich Lösungsansätze an die Hand geben und auch Schulen Unterrichtsmaterial zur Verfügung stellen.

Damals während der Romanschreiberei lernte ich jemanden kennen, der mich auch auf dieses Thema aufmerksam machte und mich fragte: „Bist du eigentlich immer online oder lebst du hier?" Diese Frage hat mich doch sehr erschreckt. Daraufhin fing ich an, mich mit der Thematik auseinanderzusetzen.

Parallel entstand ein Streit mit meiner Tochter. Ich war damals alleinerziehende Mutter, und meine Tochter beschwerte sich vehement darüber, daß ich keine Zeit mehr für sie hatte. Diese Dinge spielten alle mit hinein.

Die Aufarbeitung

Daraufhin habe ich mich mit der Onlinesucht beschäftigt, nahm Kontakt zu amerikanischen Psychologen auf und kam so zu diesem Thema. Ich versuchte wirklich, alles aufzuarbeiten, suchte Hilfe, die ich aber nicht fand. Und irgendwann kam der Gedanke: Das kann und darf nicht sein! Ich lernte andere Menschen kennen, die in einer ähnlichen Situation waren. Es wurden immer mehr, und dann habe ich den ersten Verein gegründet, um eben Hilfe für Betroffene zu finden.

W.W.: Sind Sie irgendwann rückfällig geworden?

G. Farke: Einige Male. Aber immer nur für eine Nacht, nie über einen längeren Zeitraum. Ich würde lügen, wenn ich behaupten würde, ich sei nie rückfällig geworden. Das war dann temporär, und danach war wirklich wieder Schluß. Ich habe gelernt, mir das dann auch zu verzeihen. Für mich war es keine Sucht mehr in dem Sinne, sondern wirklich nur ein einmaliger Rückfall. Und das passiert auch! Das hören Sie auch von anderen, daß das absolut nicht auszuschließen ist. Aber dann muß man eben wieder den Deckel zuklappen und sagen: So, das wars - und fertig!

W.W.: Sie haben dann den Selbsthilfeverein gegründet. Welche Aufgaben hatte er?

G. Farke: Ziel des Selbsthilfevereins „Hilfe zur Selbsthilfe für Onlinesüchtige" (HSO) war es in erster Linie, bundesweit weitere Selbsthilfegruppen zu gründen, damit jeweils vor Ort auch Hilfe, auch therapeutische Hilfe, zu finden war. Ferner wollten wir letztendlich auch die Provider überzeugen, daß sie ihrerseits auch etwas tun müßten in der Präventionsarbeit gegen Onlinesucht. Das alles war aber ein jahrelanger Kampf, was ich jetzt in drei Sätzen zu beschreiben versuche. Alleine die Provider zu bewegen, daß sie dem Thema Aufmerksamkeit schenken, war eine fast unlösbare Aufgabe! Die Provider wehrten sich mit Händen und Füßen dagegen, denn schließlich war das auch geschäftsschädigend. Heute sind wir ein ganzes Stück weiter, die Problematik ist vielen bewußt, aber trotzdem wird noch nichts getan. Aber soweit werden wir auch noch kommen.

Die Alkoholindustrie z.B. macht eine ganze Menge in Sachen Alkoholsucht-Präventionen. Von der Alkoholindustrie existiert ein DIFA-Forum, zu dem man sich zusammengeschlossen hat, um präventiv Aufklärungsmaßnahmen durchzuführen (DIFA = Deutsche Initiative zur Förderung eines verantwortungsvollen Umgangs mit alkoholhaltigen Genußmitteln; im Internet unter www.difa-forum.de). Und dazu möchte ich unsere Provider auch bewegen.

Niemals unerreichbar sein

W.W.: Mittlerweile haben Sie ein Internet-Forum eingerichtet. Wie stark wird es von Online-Nutzern frequentiert? Wie viele Menschen suchen den Kontakt mit Ihnen? Wie viele Menschen schreiben Ihnen Erfahrungsberichte?

G. Farke: Wir haben am 17. April 2004 den Mediarisk International gegründet. Das ist ein gemeinnütziger Verein, der sich auch international für die Prävention von Mediensucht einsetzen will. Ich formuliere bewußt Mediensucht, weil inzwischen ganz viele andere Probleme hinzugekommen sind, wie z.B. die SMS-Sucht. Wir haben sehr viele Eltern, die uns anrufen und fragen, was sie tun können, weil ihre Kids die SMS bis ins Exzessive betreiben. Sie lassen nachts das Handy an, um ja nicht unerreichbar zu sein. Ich habe einen Vater in der Beratung, der sich richtig Sorgen macht, der sagt: Meine Tochter spricht überhaupt nicht mehr, die schickt nur noch SMS. Da kann der junge Mann in der Klasse neben ihr sitzen, sie spricht überhaupt nicht mit ihm, sondern schickt nur noch SMS. SMS-Sucht nimmt wirklich zu. Auch die Verschuldung nimmt zu. Rechnungen von 500 Euro im Monat sind oft keine Seltenheit mehr. Das ist wirklich gnadenlos, und die Eltern müssen zahlen! Hier ist absolute Aufklärungsarbeit notwendig. Eltern sollten wenigstens wissen, daß es auch Prepaid-Handys gibt, mit deren Hilfe sie ihren Kindern die Kosten zuteilen können. Aber leider herrscht oft auch bei den Eltern völlige Unkenntnis.

Vorbeugung

W.W.: Da sprechen Sie einen ganz wichtigen Punkt an. Was kann man als Elternteil vorbeugend unternehmen, damit eine derartige Sucht gar nicht erst bei den Kindern entsteht?

G. Farke: Onlinesucht oder SMS-Sucht?

W.W.: Nehmen wir jetzt speziell die SMS-Sucht.

G. Farke: Es ist auf jeden Fall wichtig, daß die Eltern ihrem Kind ein Prepaid-Handy zuteilen mit einzelnen Gebührenkarten, z.B. 15 oder 25 Euro.

W.W.: Das ist aber nur eine äußere Schranke. Muß nicht in der Familie ein Bewußtsein dahingehend aufgebaut werden, daß ein Jugendlicher gar nicht erst in diese Sucht verfällt, selbst wenn er ein grenzenloses Budget für Handygebühren zur Verfügung hat?

G. Farke: Da stimme ich Ihnen absolut zu – aber das wäre ein großes, wichtiges Thema, mit dem wir uns gesondert befassen müßten. Was ich aber eben meinte: Die Budgetierung der Handygebühren ist eine praktikable, ganz einfache Sofortmaßnahme, sowohl präventiv als auch im Fall der bereits eingetretenen SMS-Sucht! Denn dann kann der Jugendliche ja nicht grenzenlos Gebühren verbrauchen, so daß er automatisch auf die Notwendigkeit eines kontrollierten Umgangs mit dem Handy gestoßen wird. Oft lassen Eltern die Gebühren über ihr Konto abbuchen, und das Handy wird daraufhin ohne Ende genutzt. Hier haben die Eltern eine Möglichkeit, mit der sie den jungen Menschen zum bewußten Konsum erziehen können.

Sicherlich ist ein Handy sinnvoll, z.B. um Hilfe zu rufen. Aber ein Handy ist - aus Sicht der Erwachsenen - nicht mehr sinnvoll, wenn die Kinder es unter der Schulbank haben und sich SMS schicken, in denen sie z.B. die Lösungen von Aufgaben quer durch die Klasse schicken. Oder wenn sie nachts ihr Handy neben dem Bett haben, um ja keine SMS zu verpassen. Das ist die Vorstufe zur Onlinesucht! Denn dann wird auch demnächst nachts aufgestanden, um nach einer Email zu sehen. Das ist diese Sucht, bloß nichts zu verpassen - und die fängt wirklich beim Handy an! Hier können die Eltern ganz gewiß Aufklärungsarbeit leisten, indem sie z.B. fragen, was denn gerade jetzt so wichtig sei, daß das Kind unbedingt nach einer SMS sehen muß. So kommen sie mit ihren Kindern wieder ins Gespräch, und zwar aus der konkreten Situation heraus. Es klingt verrückt, aber manchmal ist es sinnvoll, ganz platt darauf hinzuweisen, daß der Adressat der SMS ja direkt neben dem Absender sitzt und das Kind doch nur seine Lippen gebrauchen müßte!

W.W.: Ich kenne das. Mir scheint es auch fast so, als verändere sich die ganze Jugendgeneration bzw. die Art des Umgangs miteinander durch die SMS-Möglichkeit: Man verabredet sich nicht mehr rechtzeitig vorher verbindlich, sondern man geht einfach los, schickt dann erst eine SMS ab, geht dann in die nächste Kneipe, wechselt die Leute, die ja alle ein Handy haben - und so geht es ziellos weiter, alles im Minutentakt.

G. Farke: Wir wissen beide, alles hat seine Vorteile, aber auch große Nachteile, wenn es exzessiv betrieben wird. Die Lehrer schlagen ja schon die Hände über dem Kopf zusammen und wissen überhaupt nicht mehr, wie sie mit dem Handyproblem umgehen sollen. In Niedersachsen gibt es z.B. einen Lehrer, der das Handy völlig verbieten will, und das nicht nur im Unterricht: Die Schüler dürfen ihr Handy gar nicht erst mit in die Schule bringen. Das gab einen Riesenaufstand von seiten der Eltern, die sagten, nein, das wollen wir nicht, unser Kind soll zumindest auf dem Schulweg erreichbar sein und umgekehrt. Und das ist ja auch sinnvoll.

Dieser Lehrer wird das Verbot, das nach den Sommerferien greifen soll, auch nicht durchsetzen, sicher nicht.

Was macht mein Kind da eigentlich im Netz?

W.W.: An welchen Symptomen können Eltern bemerken, daß ihre Kinder onlinesüchtig geworden sind? Was verändert sich?

G. Farke: Wenn die Kinder nicht mehr rausgehen, wenn sie keine Hobbys mehr ausüben, wenn sie nicht mehr zum Sport oder zum Tanzen gehen, sich nicht mehr mit Freunden treffen, wenn Internet das Leben beherrscht. Daran merken sie es äußerlich schon.

W.W.: Gibt es subtilere Anzeichen?

G. Farke: Ja, z.B. daß die Kinder am Familienleben nicht mehr teilnehmen. Es gibt natürlich auch Krankheitssymptome, die dann auftreten können, z.B. Haltungsschäden, Eßstörungen usw. Aber das wird leider erst nach langer Zeit bemerkt. Ich glaube, am auffallendsten ist die Tatsache, daß das Kind ständig vor dem Rechner sitzt. Sie kennen die heutigen Eltern ja auch. Viele von ihnen sind froh, wenn die Kids überhaupt beschäftigt sind, ja, sie bilden sich sogar ein, daß ihre Kinder etwas absolut Sinnvolles tun. Für viele Eltern ist es ein Schock, wenn sie im Fernsehen einen Bericht darüber sehen, wie gefährlich Internet auch sein kann, gerade für Kinder und Jugendliche. Wie leichtsinnig sich verabredet wird mit irgendwelchen wildfremden Menschen. Die Unerfahrenheit vieler Eltern ist wirklich erstaunlich. Oft ist auch keine Bereitschaft zu spüren, sich einmal darum zu kümmern: Was macht mein Kind da eigentlich im Netz?

W.W.: Das ist ein großes Manko. Hier fühlen sich auch viele Jugendliche nicht mehr verstanden.

G. Farke: Und irgendwann denken sie auch: Ach, das versteht Mutter sowieso nicht! Dadurch wird dieses Problem erst gar nicht in der Familie thematisiert. Ich meine, früher wurden die Kids vor die Glotze geschickt oder auch ins Kino, wie auch immer, wenn sie mal eine Stunde außer Haus sein sollten. Und heute sind die Eltern glücklich, wenn die Kids einfach nicht bemerkt werden und der Jugendliche sich sinnvoll zu beschäftigen scheint.

W.W.: Wie ist es, wenn man als Angehöriger eines jugendlichen Onlinesüchtigen mit diesem über seine Sucht, die offenkundig ist, sprechen möchte, der Betroffene aber gar nicht mehr zugänglich ist?

G. Farke: Der ist mit Sicherheit nicht zugänglich; der wird sogar absolut aggressiv! Sie können ihn nur immer wieder auf seine Sucht aufmerksam machen, etwas anderes können Sie nicht tun. Ich hatte hier eine Mutter, die ihrem Sohn das Internet komplett weggenommen hatte, die alle Kabel gekappt, den Rechner entfernt hatte usw. Der Sohn sperrte sich daraufhin im Zimmer ein, schloß von innen ab und verdunkelte alles, so daß sie noch am selben Tag anrief und mich fragte, was sie jetzt bloß tun solle. Ich riet ihr, den Psychosozialen Dienst anzurufen - etwas anderes fiel mir in diesem Moment auch nicht ein. Sie hatte jetzt wirklich Angst, er könne sich etwas antun. Damit will ich sagen: Es ist der größte Fehler, den ein Angehöriger machen kann, allen Ernstes zu glauben, mit der Abschaffung des Mediums wäre das Problem aus der Welt. Nein, ein Onlinesüchtiger hat einfach „seine Familie" scheinbar im Netz gefunden. Und wenn Sie ihm von einer Minute zur anderen seine Ersatzfamilie wegnehmen, dann stellt das für ihn ein ganz großes psychisches Problem dar: Jetzt fühlt er sich wirklich völlig alleingelassen. Wichtig wäre es zunächst, sehr viel Verständnis für den Onlinesüchtigen aufzubringen, wobei man auf der anderen Seite immer die Gefahr sehen muß, daß man sich co-abhängig macht, daß man die Sucht latent unterstützt, indem man z.B. dem Kind oder Jugendlichen sogar noch das Essen an den Rechner bringt und ähnliches. Co-Abhängige neigen auch dazu, das Thema Onlinesucht als Tabuthema zu verschweigen - man spricht nicht mit Nachbarn, Freunden, anderen Familienmitgliedern darüber, damit „bloß keiner etwas merkt".

Hilfe durch radikale Konsequenz

W.W.: Soll man als Co-Abhängiger bzw. als Angehöriger eines Onlinesüchtigen jetzt einen radikalen Schnitt machen, wie man das auch beim Alkoholsüchtigen macht - vielleicht sogar in letzter Konsequenz, indem man ihn verläßt?

G. Farke: Nun, es gibt wohl kaum eine andere Möglichkeit als die Androhung und - bei Nichtbefolgen der Maßgaben - die konsequente Durchführung einschneidender Maßnahmen durch den Angehörigen oder Partner. Das geht natürlich nicht von heute auf morgen und muß individuell sehr gut überlegt werden, auch in bezug auf das Alter des oder der Onlinesüchtigen. Aber Partner und Co-Abhängige machen sich einfach selbst fertig und sind dann sehr viel mehr therapiebedürftig als der betroffene Onlinesüchtige. Man muß einfach begreifen - auch als Angehörige -, daß man einem Süchtigen prinzipiell nicht helfen kann - dieser kann sich immer nur selbst helfen! Was man tun kann, ist, daß man ihn auf sein Problem aufmerksam macht und als mitbetroffener Angehöriger über die eigenen Gefühle spricht, auch darüber, wie man das Verhalten des Süchtigen empfindet. Und wenn er dann nicht wach wird, wenn er dann nicht sieht, daß er sein Verhalten ändern muß, dann bleibt einem gar keine andere Wahl, als eine einschneidende Maßnahme nach klarer Ankündigung auch konsequent durchzuführen, bis hin zum Verlassen des Süchtigen (im Falle eines Erwachsenen). Viele betroffene Angehörige oder Partner haben so oft geblufft und gesagt: „Wenn du das jetzt nicht läßt, dann bin ich nächste Woche weg!", und dann waren sie immer noch da. Das geht dann zigtausendmal so - irgendwann nimmt der betroffene Onlinesüchtige denjenigen auch nicht mehr ernst und sagt sich: Der (oder die) geht ja doch nicht! Das große Erwachen kommt dann, wenn endlich wirklich der Schnitt gemacht wird. Davor lag meist ein langer Leidensweg.

Ich schildere diese Dinge aufgrund vielfacher Erfahrungen auf diesem Gebiet, denn unser Verein betreut zum Großteil betroffene Angehörige, die einfach nicht wissen, was sie tun können.

W.W.: Das muß furchtbar sein!

G. Farke: Das ist ganz entsetzlich, weil man erst einmal die ganze Sache als Nichtsüchtiger nicht versteht - man fühlt sich vollkommen hilflos und fragt immer nach dem Warum. Und genau das darf man bei einem Süchtigen nie tun!

W.W.: Mir kommt da ein Gedanke: Könnte man nicht auch versuchen, auf dem Online-Wege mit dem eigenen Partner in Kontakt zu treten, ohne daß er das weiß?

G. Farke: Sie werden lachen, das gibt es tatsächlich! Das ist eine ganz wirkungsvolle Möglichkeit, per Email Kontakt miteinander aufzunehmen, allerdings nicht unter dem Schutzmantel der Anonymität, sondern wirklich als Partner.

W.W.: So daß der Partner am anderen Ende gleich weiß, wer da den Kontakt sucht?

G. Farke: Ja sicher! Und dann findet die Kommunikation eben per Email statt. Denn oft ist auch der Angehörige dann etwas mutiger in seiner Aussage, als wenn er seinem Partner gegenübersitzt. Dabei kommen ganz oft Dinge zur Sprache, die man in einem direkten Gespräch nicht unbedingt eruiert hätte.

Therapeutische Hilfe

W.W.: Die Gesellschaft blickt wahrscheinlich recht befremdet auf diese Onlinesucht. Wie war das für Sie, als Sie sich geoutet haben, oder wie ist es für andere Menschen, die sich outen? Muß man eine große Hemmschwelle überwinden, weil die Gesellschaft einen belächelt?

G. Farke: Genauso ist es. Wir haben auch heute noch Angehörige von Betroffenen, die ausgelacht werden, wenn sie irgendwo anrufen, bei der Caritas oder bei irgendwelchen Vereinen oder Verbänden, und um Hilfe bitten. Sie treffen meist auf eine große Hilflosigkeit. Es fehlt an Aufklärung an allen Ecken und Enden. Viele Therapeuten haben wir inzwischen gefunden, auch viele Kliniken, die Therapien anbieten, auch für Kinder und Jugendliche, wobei die Eltern miteinbezogen werden. Es gibt also wirklich gute Ansätze, aber immer noch ist Onlinesucht ein Tabuthema, ganz besonders der Bereich der Online-Sexsucht. Da gehen dann oft die Männer in meinen Vorträgen auf die Barrikaden nach dem Motto: Was will die Alte eigentlich?

W.W.: Warum? Weil sie sich selbst angesprochen fühlen?

G. Farke: Ja, das muß wohl so sein. Ich hielt neulich einen Fachvortrag in einer Fachklinik für Alkoholkranke. Wir hatten 80 Personen im Publikum, alles Fachpersonal, darunter sehr viele Suchtberater. Ein Zuhörer in der ersten Reihe ging beim Thema Online-Sexsucht hoch wie von der Tarantel gestochen: „Was wollen Sie eigentlich, onaniert wurde immer schon. Haben Sie etwas gegen Onanie?" Der wollte mich richtig auseinandernehmen! Aber ich blieb ruhig und bemühte mich, das Thema ganz klar darzustellen. Hinterher wurde er auch etwas stiller. Aber er war dieser typische Kontra-Kandidat mit dem Thema moderne Süchte. Er unterstellte mir, ich hätte eine Sucht danach, Süchte ins Leben zu rufen. Aber allein der Besuch unserer Homepage (www.mediarisk.de) widerlegt den Vorwurf dieses Zuhörers: Dort ist die große Hilflosigkeit zu sehen und auch die dringende Notwendigkeit der Hilfeleistung.

W.W.: Werfen Sie nun bitte noch einen Blick in die Zukunft: Wird die Onlinesucht zunehmen? Wie stark wird dieses Problem unsere Gesellschaft prägen? Welche Folgen wird es für die Gesellschaft haben, daß immer mehr Menschen onlinesüchtig werden?

G. Farke: Ich glaube, immer mehr Menschen werden vereinsamen und sich von der Gesellschaft abkapseln. Das ist meine große Sorge, ohne dies dramatisieren zu wollen. Es ist unglaublich, was heute schon online möglich ist: Viele Menschen und vor allen Dingen Onlinesüchtige kaufen online ein und lassen sich ihre Lebensmittel nach Hause bringen – sie gehen überhaupt nicht mehr vor die Tür! Hier ist meine große Sorge. Wenn dann auch noch Online-Sex betrieben wird, wofür gehen sie dann überhaupt noch aus dem Haus? Wo bleiben da die zwischenmenschlichen Kontakte? Das ist etwas, was mir wirklich zu schaffen macht. Andererseits: Wenn ich Menschen treffe, die eher zugeknöpft sind und wirklich nur für sich leben, dann denke ich: Mein Gott, irgendwo kannst du es dem Onlinesüchtigen auch nicht übelnehmen, denn hier draußen verpaßt er einfach nichts. So hat eben jedes Ding zwei Seiten. Aber ich glaube, es ist schon ein erschreckender Gedanke, wenn wir uns vorstellen, daß unsere Kinder gar nicht mehr arbeiten gehen und nur noch vor der Kiste sitzen und versuchen, auch damit ihr Geld zu verdienen. Ich möchte es manchmal nicht zu Ende denken.

Aber ich glaube auf jeden Fall, daß die Onlinesucht zunehmen wird, wenn sich nicht noch mehr Onlinesüchtige outen und wirklich den Mut haben, auch nach draußen zu gehen und zu sagen: Jawohl, mich betrifft es auch! Erst dann wird das große Erwachen kommen. Ich bemerke es auch in den Vorträgen: In den ersten zehn Minuten wird das Thema wirklich noch ein bißchen belächelt und nicht ganz so ernstgenommen, aber irgendwann kommt dann der Punkt, daß die Zuhörer wirklich überlegen, wer in ihrem Umfeld betroffen ist, und fast jeder kennt irgendeinen, der betroffen ist. Und in der Pause kommen sie dann auf mich zu und sagen: Ich habe auch einen Fall in der Familie. Der fehlende Mut, damit nach draußen zu gehen, hängt einfach noch mit der Tabuisierung dieses Themas zusammen, und viele Menschen haben Angst, ausgelacht zu werden.

W.W.: Ich finde es toll, daß Sie diese Arbeit leisten. Wie sind Sie mit der Reaktion Ihrer Mitmenschen klargekommen?

G. Farke: Es war anfangs nicht gerade leicht. Und wenn ich ein voll integrierter Familienmensch gewesen wäre, dann hätte ich sicherlich diesen Mut nicht aufgebracht. Ich hätte viel zu viel Angst davor gehabt, alles zu verlieren. Und nach meinem ersten Buch 1998 haben meine Nachbarn auch wirklich bei meinem Anblick die Straßenseite gewechselt.

Ich bin dann weggezogen von Lippstadt, wo ich 14 nicht ganz einfache Jahre verbracht hatte. Ich habe wirklich alle Höhen und Tiefen, auch nach meinen Veröffentlichungen, erlebt und erlebe das heute noch, wenn immer wieder in der Presse erscheint: Na ja, Farke war onlinesüchtig – damit zu leben, war und ist nicht leicht. Ich merke immer wieder, daß

Menschen sehr abfällig darüber denken und sprechen. Aber ich hole meine Kraft aus der Arbeit und aus dem, was ich für andere tun kann. Und ich bin davon überzeugt, daß der Mediarisk-Verein eine sehr sinnvolle und notwendige Aufgabe erfüllen kann, besonders dann, wenn wir es schaffen, uns in der Gesellschaft mit dieser Thematik weiter zu etablieren. Eine große Hilfe sind dabei prominente Namen – Patrick Lindner, Fritz Kuhn, bald vielleicht auch Rudi Carrell, den ich gestern in Buxtehude darauf angesprochen habe –, Menschen mit Außenwirkung, die uns in unserer Arbeit bestärken. Ohne die Unterstützung durch Prominente hat eine solche Arbeit heutzutage kaum Chancen, von einer breiten Öffentlichkeit wahrgenommen zu werden, und so werden wir Schritt für Schritt vorankommen.

Mehr Infos unter:
http://www.mediarisk.de oder www.mediarisk.org

Private Homepage der Onlinesucht-Expertin:
http://www.gabriele-farke.de

„Ich war chatsüchtig!"

Interview mit Alexandra

von Wolfgang Weirauch

Onlinesucht ist eine Sucht, der man sehr schnell erliegen kann. Wie schnell das mitunter geht und welchen Reiz Chats und sexuelle Rollenspiele ausüben können, lesen Sie bitte in nachstehendem Interview. Alexandra ist ein Pseudonym einer Frau in den 30ern.

Wolfgang Weirauch: Können Sie kurz schildern, wie Sie in Ihre ersten Chatrooms gelangt sind?

Alexandra: In die Chatrooms bin ich wie die Jungfrau zum Kinde gekommen. Letzten Herbst hatte ich eine persönliche Krise, vergrub mich in meine vier Wände und kam dann auf die Idee, mich in verschiedenen Chatrooms mit anderen Menschen zu unterhalten. Die Chatrooms, die ich zuerst besuchte, waren aber alle allgemeiner Natur, sehr langweilig und machten auf mich den Eindruck eines Kindergartens. Schließlich landete ich dann bei einem Erotik-Chat. Dort habe ich mir verschiedene Räume angesehen und gelesen, was dort geschrieben wurde. Und das war wesentlich interessanter. Zuerst habe ich ein wenig mitgeredet und war froh, daß alles anonym vonstatten ging, denn in diesem Chat ist die Identität nicht geschützt, also man kann ohne Adressenangabe einfach lostippen. Ich konnte über die intimsten Dinge mit Menschen sprechen, die ich nicht kannte und von denen ich auch zuerst nicht wissen wollte, wer sie waren.

„Ich sprach mit Fremden über Intimstes"

W.W.: Haben Sie in dieser Vorphase in dem Erotik-Chat schon etwas Spezielles gesucht, oder ergab das eine das andere?

Alexandra: Nein, ich habe nichts Spezielles gesucht und bin langsam in diese Gespräche hineingerutscht. Ich empfand es als angenehm, mit Fremden über Dinge zu sprechen, über die man nicht einmal mit Freunden sprechen kann, weil man von denen sicherlich Vorhaltungen bekommen würde. Und auf gute Ratschläge hatte ich in meiner damaligen Lebensphase keinerlei Lust.

W.W.: Wie ging es weiter? Haben Sie sich eine neue Identität aufgebaut?

Alexandra: Ich blieb in diesem Erotik-Chat hängen und wurde sehr schnell mit realen Interessen von Männern konfrontiert, zu denen ich derzeit allerdings keinerlei Neigung hatte. Deshalb habe ich mir eine neue Identität geschaffen, einen ganz anderen Wohnort, ein weitgehend anderes Aussehen, einen anderen Geburtstag und habe mir dazu einen entsprechenden Nick-Namen zugelegt. Auch meinen Wohnort habe ich an eine Stelle verlegt, an der ein Treffen nur sehr schwer möglich gewesen wäre. Natürlich sprach ich mit vielen Männern, und so vervollständigte sich das Bild und Leben dieser Phantasiefrau.

Eine Phantasiefrau entstand

W.W.: Haben Sie sich nach und nach mit dieser neuen Identität identifiziert? Lebten Sie nach und nach mehr in dieser neuen Identität als in Ihrer realen?

Alexandra: Es war eine parallele Identität. So lange ich nicht im Chat anwesend war, habe ich meine wirkliche Identität ganz normal gelebt, ohne daß ich das Gefühl hatte, daß mich die neue Internet-Identität irgendwie beeinflussen würde. Aber wenn ich im Chat war, habe ich mich vollständig mit der neuen Identität identifiziert.

W.W.: Wie oft und wie lange waren Sie mit dieser neuen Identität im Erotik-Chat?

Alexandra: In der Extremphase, die etwa vier Monate anhielt, war ich jeden Tag im Chat, oftmals bis zu fünf Stunden am Tag.

W.W.: Hatten Sie jeden Tag neue Chat-Partner, oder waren es immer dieselben?

Alexandra: Zu Anfang ging es querbeet, aber nach und nach lernte ich immer mehr der anderen Chatter kennen und begann dann mit speziell ausgesuchten Chattern im Chatroom zu kommunizieren.

Sinnliche Rollenspiele

W.W.: Worüber haben Sie mit den Chattern gesprochen?

Alexandra: In den einzelnen Räumen, also den Main-Rooms, habe ich mit allen über Allgemeines gesprochen. Einzelne Themen fallen mir jetzt nicht mehr ein, aber oftmals war es so, daß einer der Chatter seine

Seele ausgesprochen hat, und die anderen und ich dazu Kommentare abgegeben haben. Ich habe auch als total Außenstehende versucht, Ratschläge zu geben. Das waren oft sogar recht gute Gespräche. Wenn ich dann aber mit jemandem in einen Privatraum gegangen bin, dann ging es sehr heftig zu. Ich habe dort mit einzelnen Chattern Rollenspiele gemacht, die eigentlich fast alles umfaßten. Meist waren das irgendwelche Phantasie-Situationen, in denen ich mich mit den Männern traf, und wir dann im Rollenspiel phantasievolle Sexspiele und Geschlechtsverkehr miteinander hatten. Das ging hin und wieder bis zum bitteren Ende.

W.W.: Was meinen Sie damit?

Alexandra: Ich meine damit den realen Orgasmus, obwohl, wenn man diesen am Computer erlebt, man nicht mehr recht in der Lage ist zu schreiben. Aber diese Dinge habe ich sehr oft voll durchgespielt. Bei vielen war es schön und anregend, bei anderen wiederum lag ich vor Lachen am Boden. Das waren alles sehr sinnliche Rollenspiele. Hin und wieder waren es auch SM-Spiele, Folter kam auch vor, und meist war ich das Opfer.

„Es war wie ein Sog"

W.W.: Sie sind also langsam in diese Chatrooms hineingewachsen, haben feste Partner kennengelernt und erregende Rollenspiele durchgespielt. Gab es einen Punkt, an dem der Reiz so groß wurde, daß von ihm ein Sog ausging?

Alexandra: Ich war in der damaligen Zeit relativ einsam und mit mir selbst nicht im Reinen. Deshalb wollte ich mit vielen anderen Menschen sprechen bzw. im Chat meine Kommentare schreiben. Das hat sich für mich als Bedürfnis entwickelt. Als ich dann „sehr nette" Leute kennenlernte und es zu diesen Rollenspielen kam, übten die Rollenspiele einen Reiz auf mich aus. Ich habe dann mit einigen festen Chat-Partnern immer wieder neue Rollenspiele durchgespielt. Das war ein Sog, der aber auch schön war, und dem ich mich immer wieder ergeben habe. Ähnliche reale Erlebnisse hatte ich derzeit nicht.

W.W.: War es letztlich die Suche nach Liebe?

Alexandra: Das kann man so sagen. Ja.

W.W.: Wenn Sie so oft in dem Erotik-Chat waren, immer denselben Nick-Namen benutzten, dann waren Sie sicherlich nach einiger Zeit recht bekannt. Haben sich die Männer auf Sie gestürzt, oder wie ging das zu?

Alexandra: Es kamen schon sehr viele, aber daß sie sich auf mich gestürzt hätten, kann ich eigentlich nicht sagen. Aber ich wurde begrüßt, war bekannt, obwohl mich natürlich als reale Person niemand gekannt hat.

W.W.: War es Ihnen während Ihrer Chat-Tätigkeit klar, daß Sie süchtig sind?

Alexandra: Ja, auf jeden Fall.

W.W.: Wie hat sich das geäußert?

Alexandra: Ich habe meinen realen Freundschaftskreis ziemlich vernachlässigt, und es wurde mir mit einem Male klar, daß ich viel zu viel Zeit vor dem PC verbrachte. Ich frönte meinen Hobbys kaum noch, las immer weniger, obwohl ich normalerweise sehr viel lese. Eigentlich habe ich fast meine gesamte Freizeit im Chatroom verbracht. Ich war mir dessen zwar bewußt, war deswegen auch oft genervt, kam aber nicht mehr davon los.

W.W.: Hatten Sie das Gefühl, etwas zu verpassen, wenn Sie nicht im Chatroom waren?

Alexandra: Auf jeden Fall. Und das machte den Sog aus, in fast jeder freien Minute zurück in den Chat zu gehen.

„Ich zerbrach an mir"

W.W.: Wie war Ihr Verhältnis zu Ihren festeren Chat-Partnern? Sie wußten ja, daß Sie nicht diejenige waren, als die Sie sich ausgaben: Hatten Sie deshalb ein schlechtes Gewissen? War es Ihnen bewußt, daß Sie mit den anderen spielten?

Alexandra: Zu Anfang sah ich es als Selbstschutz an und hatte keinerlei schlechtes Gewissen. Aber als mir später einige wirklich sympathisch wurden, plagte mich allmählich schon das schlechte Gewissen. Zwei von ihnen, mit denen ich am meisten chattete, haben mir nach einiger Zeit ihre wahre Identität offenbart - und in dem Moment saß ich in der Patsche. Sie waren total ehrlich zu mir, und ich tischte ihnen Lügenmärchen auf. Das zerriß mich schon, aber ich war an einem Punkt, an dem es kein Zurück mehr gab.

W.W.: Flog Ihre falsche Identität irgendwann auf?

Alexandra: Einer der beiden hat mich ertappt und erkannt, daß viele Dinge, die ich schrieb, nicht wahr sein konnten. Ich hatte ihm vorgespiegelt, daß die Frau, die ich ihm die ganze Zeit beschrieben hatte, die reale sei. Er hatte mir seinen Namen und seine Telefonnummer genannt, also war ich dran, auch die meinige zu nennen, aber ich wollte es nicht. Und so redete ich mich damit raus, kein Telefon zu haben. Ich behauptete, nur über das Internet zu telefonieren, aber das war natürlich vollkommen unglaubwürdig. Er hat sich dann mit mir zu einem Privat-Chat vereinbart und mir dabei so zugesetzt, daß ich real zusammengebrochen bin und alle meine Lügen zugeben mußte.

W.W.: Können Sie diesen Zusammenbruch noch etwas näher schildern?

Alexandra: Ich war vor allem über mich selbst maßlos enttäuscht, daß ich so weit gegangen bin. Denn eigentlich bin ich ein sehr gradliniger Mensch und halte von Lügen überhaupt nichts. Aber in dieser Internet-Phase habe ich extrem gelogen, so stark wie noch nie in meinem Leben. Deshalb zerbrach ich eigentlich an mir, weil ich mich nicht wiedererkannte. Daß die Scheinwelt, die ich mit meinem Chat-Partnern aufgebaut hatte, zusammenbrach, war für mich nicht so schlimm. Andererseits war ich erleichtert, daß es aufgeflogen ist, weil das zweigleisige Fahren meines Lebens sehr anstrengend war. Ich mußte in den Chats ungeheuer aufpassen, mich an keiner Stelle zu verplappern, ich mußte mir genau merken, was ich wem gesagt hatte, und alles war schließlich Lüge, und ich konnte mir nicht leisten, beim nächsten Chat plötzlich etwas anderes zu behaupten.

W.W.: Da Sie mit vielen gechattet haben, konnten Sie sich denn genau merken, was Sie mit jedem einzelnen besprochen haben?

Alexandra: Ich hatte mir ein bestimmtes Bild einer Person aufgebaut und mit den meisten Chat-Partnern habe ich nur über diese konstruierte Person gesprochen. Einiges von meinem Aussehen und auch meine Gedanken waren dabei durchaus real. In diesen oberflächlichen Chats war es eigentlich nicht schwer, meine künstliche Identität von der realen auseinanderzuhalten. Schwer war es eigentlich nur bei den zweien, mit denen ich am meisten gechattet habe, denn bei ihnen mußte ich höllisch aufpassen, was ich im Chat schrieb. Sie haben sehr oft mit mir geredet, und das Verhältnis ging tiefer.

W.W.: Als Ihre Identität aufflog, Sie zusammenbrachen, was geschah da mit Ihrer Sucht? War sie vorbei, oder kehrte sie wieder zurück? Haben Sie danach gar nicht mehr gechattet oder nur noch gelegentlich?

Alexandra: Ich habe nur noch ein bißchen gechattet und chatte auch jetzt noch. In der ersten Zeit nach meinem Auffliegen habe ich versucht, meine Sucht nach dem Chat zu reduzieren. Ich habe mir z.B. vorgenommen, an drei aufeinanderfolgenden Tagen überhaupt nicht in den Chat zu gehen und merkte dabei, daß die Sucht vorhanden war, weil der Reiz, in den Chat zu gehen, zuerst doch noch ungeheuer stark anwesend war. Aber ich habe mir auf die Finger geklopft und diese kürzeren Ruhephasen durchgehalten. Ich wußte, daß es nicht so weitergehen konnte wie in den vergangenen Monaten.

„Ich stehe zu meiner Sucht"

W.W.: Aber heute können Sie Ihr Chatverhalten beherrschen?

Alexandra: Auf jeden Fall. Ich chatte auch nur noch in den Mains und mache keine Rollenspiele mehr. Manchmal gehe ich noch mit denen, die ich kenne, in einen Privat-Chat; aber nur, wenn diese es wünschen.

W.W.: Können Sie abschließend ein Fazit ziehen, warum Sie diese Chat-Phase überhaupt gemacht haben?

Alexandra: Ich geriet in den Chat und wurde süchtig. Dazu stehe ich. Der Hintergrund war eindeutig: Ich war in dieser Lebensphase einsam und fühlte mich von meiner realen Umwelt nicht verstanden. Ich konnte mit niemandem richtig sprechen, zog mich zuerst in mich selbst zurück, brauchte aber trotzdem einen Kontakt zu anderen Menschen. Den fand ich in den Chatrooms, ohne zu wissen, daß sich daraus eine Eigendynamik entwickeln würde. Im nachhinein bin ich maßlos erstaunt, wie schnell man in diesen Sog hineingeraten kann und wie schnell man süchtig wird. Allerdings kann ich jetzt nicht genau sagen, ob ich mich als geheilt bezeichnen kann. Auf jeden Fall bin ich nicht mehr so oft im Chat, und er ist für mich auch nicht das Nonplusultra.

W.W.: Sie machen keine Rollenspiele mehr und chatten nur noch sehr wenig privat. Gibt Ihnen denn das Gespräch in den Main-Rooms etwas? Finden denn dort überhaupt sinnvolle Gespräche statt?

Alexandra: Sinnvolle Gespräche findet man dort eigentlich nur sehr selten. Es ist eher wie ein netter Kaffeeklatsch.

W.W.: Und das reizt Sie?

Alexandra: Vielleicht ein bißchen, aber es ist nicht so, daß ich diese Gespräche brauchen würde.

Gemeinsam isoliert

Interview mit Uwe Buermann

von Katharina von Bechtolsheim

Uwe Buermann, *geb. 1968 in Oldenburg. Zwei Jahre Studium der Architektur an der Alanus Hochschule bei Bonn, danach vierjährige Ausbildung zum Klassenlehrer mit Nebenfach Werken am Lehrerseminar in Stuttgart. Von 1993 bis 1998 Mitarbeit im Kollegium der Jugendsektion in Dornach. Seit 1996 freie Vortrags- und Forschungstätigkeit. Seit 2000 Lehrer für Computerkunde an der Rudolf-Steiner-Schule in Hamburg-Farmsen. Mitbegründer und wissenschaftlicher Mitarbeiter bei IPSUM, dem „Institut für Pädagogik, Sinnes- und Medienökologie". Autor des Buches „Techno, Internet, Cyberspace"(Stuttgart 1998) und zahlreicher Artikel in verschiedenen Zeitschriften.*

Internet und die modernen Medien überwinden Distanzen, verbinden Menschen, sparen Zeit und erleichtern den Alltag. Theoretisch ermöglichen sie uns, unsere Aufmerksamkeit auf die Dinge zu konzentrieren, die uns wirklich wichtig sind. Sie stehen uns zu Diensten.

Wie ist es dann möglich, daß immer mehr Menschen sich diesen Medien ganz und gar ausliefern, so, daß sie den Bezug zum wirklichen Leben verlieren, sich isolieren und an ihrer Sucht beinahe zugrundegehen?

Einem Alkoholkranken zollen wir Mitleid aus gewisser Distanz, ein Junkie veranlaßt uns zum Grübeln über sein Schicksal - und wir atmen insgeheim auf, daß uns die Abgründe erspart bleiben, die er durchleben muß.

Die Mediensüchte aber spazieren direkt in unsere Familien und Wohnstuben: Internet verschafft uns Zugriff auf alles - und somit sind wir vom Sexchat nicht weiter entfernt als von unserer E-Mail-Adresse. Wenn wir wollen, sind wir mit drei Fingerbewegungen dabei, ohne jeden äußeren Aufwand.

Internet, Computer, Fernsehen und Handy stellen Fragen an uns, an unsere Wachheit, an unsere Pädagogik, an unsere Bequemlichkeit und unsere Vorlieben - und an unsere Freiheit. Hier gibt es niemanden mehr, der für uns Vorzensur leistet, wir müssen selbst aktiv werden. Mit bequemer Verteufelung ist ebenso wenig getan wie mit kritikloser Hingabe.

Uwe Buermann beantwortet in diesem Interview Fragen zu den virtuellen Welten, in denen die meisten von uns sich immer routinierter im Alltag und in der Freizeit bewegen. Er beschreibt den Reiz dieser Welten und die Gefahren, besonders für junge Menschen - und warum viele diesen Gefahren erliegen. Er spricht über Computer- und Fernsehtechnik und ihre suchtfördernde Wirkung; über Chat, SMS, Computerspiele und die Fernsehgewalt. Er beleuchtet gesellschaftliche Mängel und geistige Hintergründe und hat dabei immer auch Therapie und Pädagogik im Auge. Und er spricht in weiten Teilen über Dinge, die uns alle unmittelbar angehen.

Katharina von Bechtolsheim: Sie unterscheiden zwischen substanzgebundener und substanzungebundener Sucht. Wonach ist der oder die Süchtige bei Mediensucht oder Onlinesucht süchtig, wenn nicht nach einer bestimmten Substanz?

Uwe Buermann: Nach einer Idee im umfassenden Sinne. Nach einer Idee, an die sich Empfindungen und Vorstellungen koppeln. Einerseits ist es die Suche nach dem Kick, nacheinem positiven Gefühl. Da funktioniert ein eigendynamischer Belohnungsmechanismus, der aber nicht zur wirklichen Befriedigung führt - das macht ja letztlich den Suchtcharakter aus. Auf der anderen Seite gibt es eben die entsprechende Negativvariante: Der Betroffene läuft einem permanenten Mangel hinterher. Hier steht also nicht unbedingt der Kick im Vordergrund, sondern eigentlich das Zwischengefühl; das Mangelerlebnis, aus dem sich ein suchtartiges Verhalten entwickelt.

Permanent online

K.v.B.: Gibt es ernstzunehmende statistische Erhebungen, wie viele Menschen weltweit unter Onlinesucht leiden – und wie viele in Deutschland?

U. Buermann: Es gibt nur Hochrechnungen. Von verschiedenen Stellen, wie z.B. der TU Berlin, wurden größere Umfragen durchgeführt, die zu dem Ergebnis kommen, daß man bei etwa 10 Prozent der Onlinenutzer von einer Suchtgefährdung, wenn nicht von reinem Suchtverhalten sprechen kann. Darüber hinaus gibt es die Foren Betroffener. Hier kann man dem ansteigenden Zustrom entnehmen: Die Zahl der Betroffenen wächst. Gleichzeitig gibt es natürlich eine sehr große Dunkelziffer. Wir haben einen stetigen Anstieg der Nutzer. Normalerweise wird dem Nutzer sein Suchtverhalten erst dann bewußt, wenn er selber in eklatante Probleme kommt. Am ehesten geschieht das durch Finanzdruck. Wenn der Gerichtsvollzieher vor der Tür steht, wenn der Strom abgestellt wird, wenn die Telefonleitung gesperrt wird, dann ist das der Moment, in dem für ihn eklatant erlebbar wird, daß er sich nicht mehr in der Hand hat. Abkapselung von Freunden und realen Bezügen sind noch nicht unbedingt die Stadien, die der Betroffene als Leidensdruck erlebt. Das ist eher für das Umfeld schlimm, nicht für ihn selbst. Er hat ja seine neuen Freunde, seine neuen Bezüge in der Onlinewelt, so daß er dies nicht unbedingt als Mangel erlebt.

Eine Flatrate kostet heute etwa 30 Euro im Monat; das ist nicht wirklich viel Geld. Ich kann also ohne finanziellen Druck unbegrenzt online meine Zeit verbringen. Daher ist es inzwischen noch schwieriger zu beurteilen, wie viele Menschen wirklich süchtig sind. Immer mehr Menschen sind permanent online, unabhängig davon, ob sie vor dem PC sitzen oder nicht. Der Nutzer weiß meist selbst gar nicht mehr genau, wieviel Zeit er im Laufe des Tages im Netz ist. Mitten im Tagesgeschehen geht er immer wieder, wie er denkt, für kurze Zeit ins Internet, hat aber das Gefühl, ganz viel anderes erledigt zu haben. So, wie man das noch vor einiger Zeit in der Presse finden konnte – horrende Rechnungen, bedrohte Existenzen – ist das heute nicht mehr.

Ich habe sowieso keine Chance

K.v.B.: Wie schätzen Sie den Anteil der Suchtgefährdeten oder Süchtigen ein? Sind es bedeutend mehr junge Menschen, also im Alter bis 25 Jahren?

U. Buermann: Ja, da gibt es einen starken Zuwachs. Die Leidtragenden der Perspektivlosigkeit in unserer Gesellschaft sind ja vornehmlich die Jugendlichen. Die Perspektivlosigkeit ist real da und wird geschürt. In bezug auf die Schule stellen wir fest: Es gibt immer mehr Schulverweigerer. Die Einstellung: „Ich habe sowieso keine Chance, ob ich da hingehe oder nicht!" nimmt zu: Die Jugendlichen fühlen sich nicht gebraucht, es entsteht ein permanentes Mangelerlebnis. Gerade diese Jugendlichen weichen auf die virtuelle Realität aus, wo sie Bestätigung erleben und eine sichere Funktion haben.

Auf der anderen Seite greift die Perspektivlosigkeit in der Erwachsenenwelt genauso um sich und bewirkt auch da eine stetige Zunahme an Onlinesucht. Arbeitslosigkeit, verdeckte Arbeitslosigkeit, andere aussichtslose Perspektiven, von denen wir ja nicht zu wenige haben, treiben die Menschen in die virtuelle Welt. Und es sind oft Menschen, die zu den anderen Süchten keinen Bezug haben, die zunächst kein Rauscherlebnis suchen, sondern rein unter diesem Mangelerlebnis leiden. Nicht zufällig sind es auch immer mehr Frauen.

Wer bin ich?

K.v.B.: Bei Alkohol oder Drogen ist es ja der Körper, der die Substanz irgendwann fordert. Welcher Teil des Menschen will bei Onlinesucht seinen Mangel befriedigt haben?

U. Buermann: Die Seele; der Mangel entsteht im Seelischen.

Bei der Onlinesucht haben wir auf der einen Seite die Chatsüchtigen, also diejenigen, die der Online-Echtzeit-Kommunikation rein textbasiert erliegen. Das Wesentliche dieser Kommunikationsform ist: Man hat nur den Text, und man versteckt sich dahinter. Das ist gerade für die Jugendlichen attraktiv! Während des Erwachsenwerdens sind sie mit der Frage konfrontiert: „Wer bin ich?" Sie stellen fest, daß sie alle möglichen Rollen spielen: Sie sind das Kind ihrer Eltern, der Schüler der Schule, das Kind in der Klasse. Das Auflehnen gegen dieses Rollenbewußtsein zeichnet die Pubertätsphase aus, aber dieses Auflehnen lebt sich zunächst nicht anders aus - weil man es nicht anders kennt -, als daß die Jugendlichen zunächst in andere Rollen schlüpfen. Die Online-Kommunikation bietet mir jetzt die Möglichkeit, alles auszuprobieren. Ich kann in ein anderes Geschlecht schlüpfen, ich kann in eine andere Altersstufe schlüpfen, ich kann eine virtuelle Repräsentanz aufbauen. Das Spannende daran ist: Wie weit komme ich damit? Inwieweit bin ich in der Lage, wirklich in diese Rolle hineinzuschlüpfen, so daß ich nicht gleich nach zwei Sätzen auffliege? Das ist das eine.

Das andere ist: Wir spielen in einem Chatforum letztlich alle ein Rollenspiel. Letztendlich weiß ich das, wenn ich mich einlogge, mache es mir aber nicht während des Chats bewußt, weil ich mit meinem eigenen Spiel so beschäftigt bin. Intellektuell taucht der Gedanke, daß die anderen auch nicht echt sind, vielleicht am Rande auf. Ich möchte aber trotzdem, daß sie diejenigen sind, als die sie sich darstellen. Durch die Fülle der Kommunikationspartner treffe ich immer auch auf solche, die mich in dem, was ich da von mir gebe, bestätigen. Hier finde ich also immer eine positive Kommunikationsebene, eine Bestätigung. Sobald Kritik kommt, bin ich in der Lage, über Mausklick oder kurze Befehlseingabe auf der Tastatur einzugeben, daß Beiträge der mich kritisierenden Person für mich nicht mehr existent sind.

Gefährliche Spielwiese

Neben diesem verständlichen Reiz, den diese Spielwiese hat – dem Ausprobieren von Persönlichkeitsmustern – entsteht ein Riesenmanko: Sobald ich mich in meine eigenen Vorstellungen verliebe, habe ich keine Korrektur mehr.

Wenn ich in meiner Klassengemeinschaft über eine Zeit zum Sternchen oder Püppchen werde und nur noch mit hochgezogener Nase durch den Klassenraum stolziere, dann bekomme ich bald die Quittung dafür, indem meine Klassenkameraden mich hoffentlich liebevoll und hoffentlich hartnäckig auf den Boden der Tatsachen zurückholen. Diese soziale Korrektur fällt im Internet einfach weg – und das ist die Gefährdung. Je nachdem, wie gefestigt die Persönlichkeit des Jugendlichen ist: Er oder sie wird möglicherweise 18 Stunden am Tag mit Genuß chatten und den Reiz voll auskosten, wird aber ab einem gewissen Zeitpunkt sagen: So, jetzt ist es gut. Ich habe es ausprobiert, es hatte seinen Reiz, aber jetzt ist wieder anderes dran.

Die Ursachen für eine wirkliche Suchtgefahr können vielseitig sein: Es kann sein, daß der Jugendliche von sich aus in seiner Persönlichkeit noch nicht gefestigt ist, es kann damit zusammenhängen, daß in seinem realen sozialen Umfeld zu viele Frustrationserlebnisse da sind, daß Mangelerlebnisse einschneidend auftreten, daß er zu hören bekommt: „Du kannst nix, du taugst nix!“ Dann gewinnt diese virtuelle Welt natürlich verstärkt an Attraktivität. Denn dort werde ich ja bestätigt, angehimmelt, angebaggert, trotz meiner realen oder eingebildeten Unzulänglichkeiten. Da beginnt es also im Seelischen gefährlich zu werden.

Ich bewirke Gewaltiges

Bei den Online-Spielen dagegen wird generell mit Konkurrenzgefühlen gearbeitet. Es geht immer darum: Wer gewinnt? Der Computer, man selber - oder ein virtueller oder realer Gegner? Pure Konkurrenz also. Auf der anderen Seite geht es um Machtkitzel. Mit Mausklick oder Tastatureingabe bewirke ich Großes: Eine ganze Welt geht zugrunde, Menschen sterben virtuell durch mich, ich verändere und bewirke Gewaltiges. Das ist natürlich Illusion. Ich bin Sklave des Spielprogramms, des Programmcodes, ich kann nicht wirklich bestimmen, ich muß exakt im richtigen Moment exakt den richtigen Knopf drücken, damit das Spiel überhaupt weitergeht, ich bin nicht frei. Aber die Illusion der Macht ist da. Deswegen besteht auch der Drang, sich Spielegemeinschaften anzuschließen. Wenn ich alleine vor meinem Computer sitze, ist der Machtkitzel zwar da; aber ich bemerke irgendwann, daß ich real nicht viel bewirke.

Die Online-Spielegemeinschaften aber wirken eben doch bis in die Realität der Teilnehmer hinein - anders als die Chatforen, wo es eher die Ausnahme ist, daß Mensch und Mensch sich real begegnen. Bei den Clangemeinschaften sind die Spieler in festen Gruppierungen und tauchen völlig in ihre Rollenrepräsentanz ein. Die Identitäten, die sie annehmen, kommen natürlich aus der Fantasy-Welt, also etwa Paladin oder Hexe oder was auch immer - oder, wenn von den Ego-Shooter-Spielen die Rede ist, dann eben Lieutenant soundso oder Corporal soundso. Die Spielstrukturen solcher Gemeinschaften werden aber bis in die Realität hinein wirksam: Ein Clanführer einer Spielegemeinschaft hat wirklich Führeranspruch. Wenn er für seinen Clan den Befehl erteilt, daß dann und dann Clan-Schlacht ist, so hat man als Clanmitglied daran teilzunehmen, oder man wird aus dem Clan ausgeschlossen. Es herrschen also rigorose Umgangsformen und diktatorische Strukturen. Aber eben freiwillig gewählt, selbst auferlegt, indem ich mich dort anschließe. Einerseits wird mit Machtgelüsten kokettiert, andererseits wird die Leistung in der Spielewelt neben die z. B. mangelnden Leistungen in der Schule als Realität gestellt. Damit ist der Mangel an Erfolgserlebnis an anderer Stelle scheinbar ausgeglichen. Die Seele ist scheinbar befriedigt. Scheinbar!

Jeder Mensch will wahrgenommen werden

K.v.B.: Welche gesellschaftlichen Mängel außer der Perspektivlosigkeit veranlassen die jungen Menschen, die Realität zu fliehen und vor dem Bildschirm oder im Internet kleben zu bleiben?

U. Buermann: Das läßt sich beschreiben mit gesellschaftlichem Aufmerksamkeitsdefizit, nicht zu verwechseln mit ADS (Aufmerksamkeitsdefizit-Syndrom, Anm. d. Red.). Durch die Urbanisierung, durch die Vereinzelung, durch das ganze Konkurrenzgebaren der heutigen Zeit wird mit veranlaßt, daß beinahe jeder Zeitgenosse das Gefühl hat, nicht wirklich, nicht echt, nicht ausreichend wahrgenommen zu werden. Werfen wir einen Blick in die Schulen: Welche Schüler werden wahrgenommen? Das sind die, die versagen, die im negativen Sinn aus dem Rahmen fallen, die verweigern - oder eben die, die im positiven Sinne aus dem Rahmen fallen. Dazwischen sind aber Schülerinnen und Schüler, über die nie ein Wort verloren wird. Das bedeutet: Sie werden nicht wirklich wahrgenommen! Wenn sie einen Tag fehlen, merkt das niemand. Ein solches Aufmerksamkeitsdefizit hat irgendwann Folgen.

Jeder Mensch will wahrgenommen werden. Wenn ihm das verweigert wird, ist zwangsläufig vorgegeben, daß er dafür sorgt, wahrgenommen zu werden. Das ist in der Schulpraxis der Grund, weswegen Schüler, die jahrelang einwandfrei „funktioniert" haben, plötzlich irgend etwas produzieren, das die Aufmerksamkeit auf sie lenkt. Sei es, daß sie sich ausklinken, sei es, daß sie Alkoholexzesse praktizieren, sei es, daß sie in die Magersucht verfallen - oder was auch immer: Irgend etwas werden sie inszenieren, um wahrgenommen zu werden.

Verheerend ist, daß heute auf die Frage „Was ist denn wirklich wichtig?" durch die übermäßige Medialisierung die Antwort lautet: „Nur das, was in den Medien auftaucht." Das heißt, ich in meinem kleinen Umfeld bin nicht wichtig. Nun schalte ich den Fernseher ein und sehe dort: Daniel Küblböck ist plötzlich wichtig! Das Fernsehen vermittelt mir also, diese Person in ihrer Nichtigkeit ist wichtig. Das setzt mich, je nachdem, wie mein Selbstwertgefühl geartet ist, sofort zurück! Als junger, vielleicht perspektivloser Mensch entsteht in mir das Gefühl: „Ja, warum ist der denn wichtig? Ich kann doch viel mehr! Ich kann besser reden, ich kann besser lesen, ich kann vielleicht sogar besser singen!" Damit wird also immer wieder an diesem Aufmerksamkeitsdefizit herumgestachelt.

Bei einer Werbekampagne waren einmal auf rotem Teppich Glamourgirls zu sehen mit dem eingeblendeten Text: „Die Aufmerksamkeit anderer ist der erste Schritt zum Ruhm!" Geschickt gemacht - aber: Aufmerksamkeit ist ja nicht der erste Schritt zum Ruhm, sondern Grundvoraussetzung für Menschlichkeit!

Da liegt die Verzerrung in der gesellschaftlichen Entwicklung: Aufmerksamkeit ist heute nicht mehr normal, obwohl sie es sein sollte - und sie rutscht dadurch in eine Überbewertung und treibt dann solch exzessive Blüten. Im Internet habe ich die Möglichkeit, egal, wer ich bin, egal, wie unbedeutend ich gesellschaftlich gesehen sein mag, mir ein Aufmerksamkeitsforum zu schaffen. Sei es durch die Chatwelt, sei es durch die Spielewelt: Endlich werde ich in meinem Tun wahrgenommen, erhalte Rückmeldung, bin anerkannt.

Wilde Phase oder Sucht?

K.v.B.: Wo würden Sie selbst denn den Beginn von Suchtverhalten ansiedeln, unabhängig von äußeren Erhebungen?

U. Buermann: Den Beginn des Suchtverhaltens auszumachen, ist nicht leicht. Im Jugendalter z.B. kann es unter Umständen einfach wilde, exzessive Phasen geben. In solchen Phasen sind etliche der Suchtkriterien scheinbar erfüllt: Während der Jugendliche vorher noch fleißig ein Instrument geübt hat, zum Reiten gegangen ist, wird all das von einem Augenblick auf den anderen vernachlässigt. Er tritt aus dem Sportverein aus, Freunde werden unwichtig - er oder sie sitzt tage- und nächtelang vor dem Computer. Ist das jetzt schon manifestiertes Suchtverhalten? Hier kann man leicht zu Fehldiagnosen kommen. Ob es nur eine Phase ist und bleibt, aus der der Jugendliche von selbst wieder herauskommt, oder ob diese Phase sich auswächst und eine dauerhafte Sucht entsteht, ist eine individuelle Frage. Den Zwischenpunkt abzuspüren, wann es ins Suchtverhalten übergeht, ist meiner Meinung nach schwierig und hat stark mit dem Lebensalter zu tun. Bei Erwachsenen, die Onlinesucht entwickeln, ist es einfacher zu erkennen, daß man es nicht nur mit einer

Phase zu tun hat, weil zu einem gewissen Alter gewisse Verhaltensmuster nicht mehr passen.

Ausgetrickst!

K.v.B.: Ein Onlinesüchtiger wird ja irgendwann zum Dauerkunden für gewisse Firmen und Anbieter. Also müßte die Entwicklung vom kontrollierten Gebrauch zur Sucht im Interesse der Anbieter liegen. Fördern die Anbieter die Sucht? Stacheln sie sie gar an - und wie?

U. Buermann: Ja, beides trifft zu. Schon aus Konkurrenzgründen wird ja mit allen Mitteln gearbeitet. Allein in der Werbung wird ganz direkt an der Suchtanlage gestachelt.

Bei Computerspielen können die Spieler das Spiel z.B. nicht ohne weiteres beenden. Es werden Tricks eingebaut, die den Spieler immer wieder zurück ins Spiel bringen und das Spielende hinauszögern.

Beim Chatten: Jemand, der chatten möchte, will natürlich Chatpartnern begegnen. In einem leeren Chatraum bleibt keiner. In fast allen Chaträumen, egal, zu welcher Tageszeit und an welchem Wochentag, sind wenigstens zwei Gesprächspartner. Dazu bieten gewisse Anbieter sogenannte Bot-Programme. Sie kommen also in einen Chatroom, und da sind schon zwei, die untereinander ein wenig plaudern. Sie klicken sich in die Kommunikation ein, es werden Ihnen Fragen gestellt, die Sie beantworten. Aus Ihren Antworten bauen diese Programme neue Fragen, also etwa so: Das Programm fragt: „Wie geht's Dir?" Sie antworten: „Ach, grade nicht so gut." Dann greift das Programm „nicht so gut" auf und fragt: „Warum geht's Dir nicht so gut?" Also kommen Sie ins Er-zählen: „Ach, ich hatte einen schlechten Tag." Das Programm fragt: „Warum hattest Du einen schlechten Tag?" Sie werden also in ein Gespräch verwickelt, haben das Gefühl, ernstgenommen zu werden und kommen nicht im entferntesten auf die Idee, daß sie mit einem Programm kommunizieren, das Sie an den Chatraum bindet, obwohl kein Chatpartner da ist. Dazu kommt, daß Sie frühmorgens und spätnachts ihrer Neigung nicht nachgehen könnten, wenn keiner da wäre; daß Sie ihrem Bedürfnis also zu Unzeiten nachgehen, veranlassen diese Trickprogramme noch zusätzlich.

Schwerwiegende Folgen

K.v.B.: Welchen suchtfördernden Anteil haben eigentlich Medien - also PC und Bildschirm - rein technisch gesehen?

U. Buermann: In bezug auf den Kathodenstrahlmonitor, sprich Röhrenmonitor, gibt es ein physiologisches Element: Beim Röhrenmonitor entsteht kein geschlossenes Bild. Der Bildaufbau geschieht durch den Elektrodenstrahl, der mit hoher Geschwindigkeit die Fluoreszenzschicht abtastet und zum Leuchten bringt. Genauso wie es den hellsten Punkt dort gibt, wo die Fläche leuchtet, gibt es Teilbereiche des Monitors, die ganz dunkel sind. Wir werden im Sehverhalten getäuscht: Wir haben den Eindruck, ein Bild zu sehen, aber wir sehen es nicht auf der Monitorfläche, sondern auf der Innenseite der Netzhaut oder im Sehzentrum.

Sobald wir vor einem solchen Röhrenmonitor sitzen, wird die Augenaktivität heruntergedämpft, heruntergelähmt. Der Konsum hat Auswirkungen bis in den Stoffwechsel hinein, die Stoffwechseltätigkeit wird in allen Verdauungsabschnitten um 15 Prozent verlangsamt oder zurückgefahren, auch das Hirnstrommuster wird verändert. Erst kürzlich erschien in den USA eine neurowissenschaftliche Studie, die belegt, daß übermäßiger Bildschirmkonsum in frühen Lebensjahren zu Veränderungen in der Gehirnstruktur führt und ursächlich ist für Hyperaktivität im Schulalter. Es treten also physiologische Veränderungen ein, die schwerwiegende Folgen haben.

Willenslähmung und Krampf

Zusammengefaßt: Der Kathodenstrahlmonitor hat unabhängig vom ausgestrahlten Inhalt eine willenslähmende Wirkung. Wir kennen das. Es ist immer einfacher, einen Fernseher oder Computer einzuschalten, als ihn auszuschalten. Das ist nicht mit persönlicher Schwäche zu begründen, sondern es ist etwas, was allein in dem Wechselspiel von technischer Gestaltung und menschlicher Physiologie zu suchen ist. Es betrifft jeden, unabhängig vom Alter. Die Willensdämpfung ist da, und ein gewisser Suchtanreiz ist rein technisch gegeben.

K.v.B.: Kann überhöhter Bildschirmkontakt epilepsieartige Anfälle sogar mit auslösen?

U. Buermann: Ja. Das hat einerseits mit dem physiotechnischen Bildaufbau zu tun, mit dem Flackerlicht, von dem ich sprach. Es ist lange bekannt, daß die Darstellung auf Bildschirmen – also eine kontrastreiche Darstellung wie in Musikvideos, Actionfilmen mit hoher Schnittgeschwindigkeit oder bei Computerspielen – mit ihren stark flackerhaften Bildern bei Epileptikern Anfälle auslösen können. Lange Zeit ging man davon aus, daß Menschen, die ihren ersten Anfall vor einem Bildschirmgerät hatten, auch vorher schon epileptisch veranlagt waren – und der Bildschirm nur der Ort der Erstmanifestation war. Man konnte ja nie wissen, ob es vorher schon unbemerkte Anfälle gegeben hatte.

1997 gab es in Japan einen Vorfall bei der Ausstrahlung von Folge 34 von Pokémon, einer Kindersendung. Dort kam es im Hintergrund zu einer Wechselwirkung zwischen einem blauen und einem roten Stroboskop. Diese eine Szene führte bei über 600 Kindern, die vor dem Fernseher saßen, zu epileptischen Anfällen – landesweit! Diese 600 Kinder landeten in Krankenhäusern; man muß also davon ausgehen, daß noch einige mehr betroffen waren. Der Vorfall ging damals auch durch die allgemeine Presse. In der allerersten Stellungnahme behauptete Nintendo, daß es sich um entsprechend veranlagte Kinder gehandelt haben mußte. Bei der großen Anzahl der betroffenen Kinder war diese Argumentation jedoch nicht haltbar. Es gab leider keinen Gerichtsprozeß in dieser Sache – eine außergerichtliche Einigung fand statt. Die betroffenen Familien erhielten Schadensersatzzahlungen, die an die Bedingung gekoppelt waren, daß sie sich zu diesbezüglichen Fragen nicht weiter äußern sollten.

Spätestens seit diesem Zeitpunkt weiß man aber, daß eine Übertreibung des ohnehin gegebenen Flackereffekts auch bei völlig gesunden Menschen zu Anfällen führen kann. Sachlich richtig muß man natürlich immer sagen, daß es sich „nur" um epilepsieartige Anfälle handelt. Die betroffenen Kinder bekamen derartige Anfälle nie wieder. Es war also tatsächlich eine Reaktion auf diese optische Überreizung, die, gekoppelt an den Röhrenbildschirm, zu einer solchen Stauung und Krampfauslösung führte.

Eingebrannt

K.v.B.: Steiner beschreibt Epilepsie ja, ganz vereinfacht ausgedrückt, als Stauung der höheren Wesensglieder, die bei gesundem Weg über den physischen Leib für Bewußtheit sorgen. Verlangsamt also die Bildschirmtechnik den Stoffwechsel und paralysiert den Willensbereich? Wird die aktive Sinneswahrnehmung reduziert und zurückgedrängt? Würden Sie auch so weit gehen zu sagen, daß die höheren Wesensglieder zurückgeschoben werden?

U. Buermann: Ja, das kann man durchaus so beschreiben. Der Vorgang läßt sich auch an einer anderen Seite festmachen. Normalerweise gehen Erinnerungen, die wir haben, über das Ätherische in unseren physischen Leib. Das heißt, was wir seelisch-geistig aufnehmen, wird dem Ätherleib vermittelt und dann dem physischen Leib eingeprägt, spannenderweise überall am Leib. Deswegen hilft es auch zurückzugehen, wenn Sie in der Küche etwas vorhatten und Sie sich bereits im Flur befinden, wo Sie bemerken, daß Sie nicht mehr wissen, was Sie eigentlich tun wollten. Sie gehen nochmals in die Bewegung und zurück an den ursprünglichen Ort - und das sorgt dafür, daß Sie sich erinnern. Die Erinnerung sitzt in diesem Fall in den Beinen.

An medial vermittelte Bilder erinnern Sie sich unmittelbar: Wenn Ihnen eine Filmszene einfällt, ist sie komplett. Wenn Ihnen eine Lebensszene einfällt, dann ist das zwar ein kompletter Eindruck, aber er ist nicht ausgestaltet. Zur Erinnerung müssen Sie sich in einen aktiven und anstrengenden Prozeß hineinbegeben. Erinnerung ist also eigentlich etwas Aktives. Diese Aktivität ist bei der Erinnerung an Filmbilder nicht notwendig.

Wenn Sie jetzt auch noch untersuchen, woher diese Filmbilder denn genau auftauchen, dann kommen Sie zu dem Ergebnis: aus dem Kopf, nirgendwoher sonst. Und dann stellen Sie fest, daß diese Bilder dort wirklich abgespeichert sind - abrufbar! Der Erinnerungsprozeß ist kein aktiver. Das ist nur dadurch zu erklären, daß die höheren Wesensglieder zurückgedrängt werden und wir eine unmittelbare Einprägung, ein Einbrennen der Bilder in den Ätherleib und in den physischen Leib haben - also rein auf der Ebene des Kopfdenkens, unter Umgehung der höheren Wesensglieder. Daher rührt auch das stark Manipulative der Medien. Auch wenn wir uns eine Viertelstunde nach den Nachrichten nicht wirklich erinnern können, was inhaltlich Thema war, die Bilder stecken fest, ohne daß wir wirklich Zugriff auf sie haben. Das hat mit dem Bewußtseinszustand zu tun, in den man kommt, wenn Ich und Astralleib zurückgedrängt werden, besonders, wenn das Ich zurückgedrängt wird: Man kommt in einen latent hypnotischen Zustand.

Deshalb funktioniert die Sache mit der Werbung ja auch so wunderschön. Werbeslogans, Werbemelodien und die Bilder dazu setzen sich in uns fest. Schlagen Sie in einem Raum, der voller Menschen ist, die ersten Töne einer Werbemelodie oder eines Slogans an: Sie erkennen an der Reaktion sofort, wer Fernsehkonsument ist, denn was Sie begonnen haben, wird unmittelbar fortgesetzt von den Anwesenden; das steckt tief drin und kommt dann unmittelbar hoch. Wenn Sie während eines Vortrags die ersten Worte von „De bello gallico" anschlagen, funktioniert das durchaus nicht, obwohl viele der Anwesenden das Große Latinum haben und ihnen die ersten Zeilen entsprechend eingebimst wurden.

Im Widerspruch zur Weltlogik

K.v.B.: Legt die Bildschirmtechnik auch den Ätherleib lahm, also das Raumempfinden, Zeitempfinden und das klare lebendige Denken?

U. Buermann: Ja. Anthroposophisch bezeichnet: Wir haben es mit einem Zurückziehen oder Zurückschieben der Lebenskräfte, der Ätherkräfte, aus bestimmten Körperbereichen zu tun. Das merken Sie ja: Sie bekommen kalte Füße, das gesamte Zeitgefühl und das Temperaturgefühl kommen durcheinander, die Gliedmaßen sind unterversorgt - es kommt zu Verschiebungen.

Darüber hinaus sind Computer zwangsläufig formal logisch, sie zwingen Sie in ein reines Kopfdenken, das geht nicht anders. Diese formale Logik muß immer vorhanden sein, sonst würde der Computer nicht funktionieren. Diese Logik steht mitunter in eklatantem Widerspruch zur realen Weltlogik. Ein einfaches Beispiel: Wenn Sie Windows beenden wollen, müssen Sie auf „Start" drücken. Das widerspricht zunächst einmal unserer Weltlogik und kostet einen lebensnah denkenden Menschen eine gewisse Überwindung.

Diese Diskrepanz zwischen echtem Denken und Computerlogik zeigt auf die Dauer Nachwirkungen. Jemand, der viel mit Computerprogrammen arbeitet, fängt irgendwann an, seine Alltagserinnerungen in Ordnern zu strukturieren. Nach und nach gleicht sich das ganze Denkschema dem an, was einem hier in der formalen Logik vorgegeben wird. Man schafft Ordner und Unterordner - und irgendwann gerät man in ein Schubladendenken, das weder der Welt, in der man lebt, noch den Menschen, die es betrifft, irgendwie angemessen ist.

Diese Rückwirkung auf das Leben hängt damit zusammen, daß Sie Ihr Denken der formalen Logik des Computers anpassen müssen, um mit ihm arbeiten zu können. Wir sind weit davon entfernt, daß der Computer sich dem Menschen anpaßt. Auch wenn es verschleiert geschieht: Der Benutzer muß sich dem Gerät und seinen Strukturen bis ins Denken hinein unterordnen.

Konditionierung

K.v.B.: Was halten Sie denn von Computerlernprogrammen für Kinder?

U. Buermann: Der Computer funktioniert rein mit dem Reizreaktionsschema. Etwas anderes kann er nicht. Wenn Sie fragen, welche Art von Lernen am Computer stattfinden kann, lautet die Antwort: Konditionierung. Konditionierung ist gesellschaftlich sehr negativ besetzt; und gewöhnlich gibt es an dieser Stelle einen breiten Aufschrei! Sachlich betrachtet gibt es in der Schule viele Bereiche, in denen wir Konditionierung betreiben. Das wollen wir sogar, und wir stehen dazu. Man denke ans Vokabellernen. Man denke aber auch daran, daß z.B. bei Legasthenie wie selbstverständlich versucht wird, diese Schwäche mit Konditionierung auszugleichen.

All diese Dinge können wir mit dem Computer effizienter machen. Wo wir also wirklich Konditionierung wollen, ist es absolut berechtigt, Lernprogramme anzuwenden. Sobald wir aber etwas anderes erreichen wollen - ein Begreifen, ein Verstehen, ein Lernen im Sinne des Wissenserwerbs, das heißt des eigenständigen Verknüpfens verschiedener Intuitionen, müssen wir auf Computerlernprogramme verzichten, weil sie das nicht leisten können.

Mühsal ist out

K.v.B.: Sie haben die Suchbewegung bei Online- und Mediensucht plastisch beschrieben. Aber bei Suchttendenzen gibt es ja immer auch eine Fluchtbewegung. Wovor fliehen wir denn da?

U. Buermann: Ja, wovor eigentlich? Grundsätzlich frönen die Medien unserer Bequemlichkeit. Das ist noch keine Wertung: Wir fliehen eben auch die Anstrengung. Um zu erreichen, was mir die Medien bieten, brauche ich in der Realität wesentlich mehr Kraftaufwand.

Um in einer Gemeinschaft von Menschen zu erreichen, daß ich allgemein angesehen werde, muß ich sehr viel tun. Ich muß sehr viel tun an mir selbst, und ich muß sehr viel tun, indem ich mich auf die anderen einlasse. Das ist das Gesetz in der realen Sozietät: Ich komme selbst nur dann zu Geltung und Ansehen, wenn ich das meinem Gegenüber auch entgegenbringe. Es sei denn, ich wende Unterdrückungsmechanismen an. Wenn es wirklich menschlich werden soll, geht es nur anhand des Prinzips der Gleichheit. Empathie, Auseinandersetzung mit dem Andersartigen sind gefordert. Auf all das kann ich beim Chat verzichten. Das macht jede Therapieform sehr anspruchsvoll. Es geht nicht nur darum, einen Verzicht anzuregen, sondern auch darum, daß die Menschen sich zu einem anstrengenderen Weg bekennen müssen. Auch nach so einem Bekenntnis ist die Rückfallgefahr an gewissen Frustrationspunkten noch groß. Das andere kann ich - zwar nicht nachhaltig - aber sofort und vor allen Dingen mühelos bekommen.

Daß die substanzungebundenen Süchte so rapide zunehmen und wir bei genauem Hinsehen inzwischen mehr süchtige als nichtsüchtige Menschen in der Gesellschaft haben, hat damit zu tun, daß es insgesamt unattraktiv geworden ist, den mühsamen Weg zu gehen. In unserer Medien- und Informationsgesellschaft steht vermeintlich der schnelle Weg jedem offen. Mühsal ist unpopulär. Es wird im Sozialen wie im Wirtschaftlichen die Illusion erweckt: Wenn du es richtig anstellst, geht es ohne Anstrengung.

Die Folge ist, daß ich nach Möglichkeiten suche, wie ich schnell zu Kapital, zu Ansehen, zu Ruhm kommen kann. In einer tieferen Schicht weiß jeder, daß das nicht nachhaltig funktioniert, aber die gesellschaftliche Illusion wirkt. Man plant nur noch kurzfristig. Es geht nur noch um den schnellen, unmittelbaren Erfolg, wie auch immer dieser sich definiert. Langfristig werden wir als Gesellschaft so nicht überleben können. Das erleben wir z.B. augenblicklich am Zusammenbrechen aller Sozialsysteme. Wir werden nie weniger Arbeitslose haben als jetzt, wenn wir so weitermachen wie bisher. Das läßt sich auch nicht durch Reformen an kleiner Stelle auffangen.

Keiner schaut mir zu

K.v.B.: Ganz wertfrei gesehen bedeutet das Internet auch, daß ich Zugriff auf alles habe. Ich hole mir die Welt auf den Bildschirm, und mit ihr alle Abgründe, wenn ich will. Warum üben diese Abgründe eine so faszinierende Wirkung auf uns aus? Liegt das in uns begründet? Erkennen wir einen eigenen Abgrund wieder, den wir gewöhnlich unter Verschluß halten müssen?

U. Buermann: Ja, ganz klar. Es hat durchaus auch mit einem Wiedererkennen zu tun. Der Computer ist als Medium so konzipiert, daß ich mich ihm alleine aussetze. Sogar auf den LAN-Partys sitzt jeder alleine vor seinem Computer, vor seinem Rechner. Gerade im Internet gibt es oft ein Wiedererkennen oder ein Erahnen eines Wiedererkennens der kleinen oder größeren Begegnung mit dem eigenen Doppelgänger. Es ist eine Begegnung mit den Abgründen, die in uns allen sind. All die Schrecknisse, zu denen Menschen fähig waren und sind, schlummern in uns selbst. Und es hat einen gewissen Reiz, das zu sehen. Es kommt darauf an anzuerkennen, daß ich solche Potentiale in mir habe. Dennoch muß ich sie in ein gesundes Verhältnis zur Realität setzen, damit sie nicht an irgendwelchen unerwünschten Stellen aus mir hervorbrechen. Durch die verschleiert intime Situation vor dem Computer findet nun eine ganz reale Anstachelung dieser Potentiale statt: Ich mache es in meinem Kämmerlein, keiner schaut mir zu, ich weiß zwar, daß ich es mit Welt-öffentlichkeit zu tun habe, aber es ist ja nur mein Bildschirm, mein kleiner Rechner, in meinem Zimmer. Ich bin mir gar nicht klar: Was ich hier ins Netz stelle, landet in der Weltöffentlichkeit. Was ich hier tue, würde ich in der Öffentlichkeit nie tun, aber ich stelle es ins Netz.

Tickende Zeitbomben

Pädophilie als solche ist zum Beispiel kein neues Problem. Aber was Sie im Bereich Kinderpornographie im Net finden, ist mehr als die „klassische" Pädophilie. Der „klassische" Pädophile, der im innerfamiliären Bereich oder in der Nachbarschaft übergriffig wurde, hat sich mental nie an solchem Bildmaterial aufgegeilt. Das ist real aus anderen Prozessen entstanden und wurde dann ausgelebt. Das Internet ist ein Medium, das ganz sachlich gesehen zur Verbreitung der Pädophilie beiträgt. Meist beginnen Online-Sexsüchtige im Rahmen ihrer ganz normalen Sexualität. Anhand des Bildmaterials und als Antwort auf die Reize, die geboten werden, schnuppern sie immer tiefer in die verschiedenen pervertierten Richtungen der Sexualität hinein, weil die normale pornographische Darstellung durch ihre Masse ihren Reiz verliert. Mitunter rutschen sie auch ganz ohne pädophile Veranlagung in diese Bereiche hinein. Solche Tendenzen werden durchaus erst hervorgerufen. Im Vorstellungsleben sind Online-Sexsüchtige längst bei der Tat, physisch sind sie, wenn überhaupt, bei der Selbstbefriedigung. Irgendwann entsteht in diesem suchtartigen Hunger zwangsläufig das Bedürfnis, die Vorstellung Realität werden zu lassen. Dieses Defizit kann durch kein Downloading und durch keine Bilderflut, wie heftig auch immer, ausgefüllt werden. Es entstehen tickende Zeitbomben – um uns herum, durch diese Angebote. Dem müssen wir ins Auge sehen; bei allem Positiven, was uns das Internet bietet.

Beliebt statt mächtig

K.v.B.: Über Chats haben Sie eingangs schon viel gesagt. Wie erklären Sie sich, daß besonders Frauen und junge Mädchen der Chatsucht erliegen?

U. Buermann: Die Medienphänomene zeigen uns, daß es Unterschiede zwischen Frauen und Männern gibt, die über die physisch wahrnehmbaren Unterschiede hinausgehen. Das geschlechtstypische Suchtverhalten ist keine Folge der Erziehung, sondern es ist bereits verschieden angelegt.

Machtgefühle und Konkurrenzempfinden haben auch Frauen und junge Mädchen, dennoch spielen sie sehr selten Computerspiele, die auf diese Reize hin ausgelegt sind. Auf LAN-Partys finden Sie vornehmlich Jungs. Ab und an junge Frauen - aber das ist die Ausnahme.

In bezug auf Chatten, SMS und Soap-Operas wird mit sozialer Anerkennung gespielt, aber nicht im Sinne von Macht und Leistung. Es geht hier vielmehr darum, beliebt und begehrt zu sein. Gerade im Jugendalter ist das ein Hauptmotiv für die Mädchen. Auch „Ablästern" ist ein typisches Phänomen, möglichst ohne selbst Opfer zu werden. Das sind die seelischen Neigungen, die Chat, SMS, Soap-Opera wunderbar abdecken. Das positive Gegenbild davon ist Kommunikationsfreude.

Bei erwachsenen Frauen tritt sehr schnell auch die erotische Komponente hinzu, die im Chat sofort angesprochen wird. Wir haben das Phänomen der Single-Gesellschaft und das Problem der zunehmenden Beziehungsunfähigkeit. Wir wollen - und das gilt auch für die Männer - einen Partner, ohne die Eigenständigkeit zu verlieren. Onlinechat bietet die Plattform für solcherlei Beziehungen. Ich bestimme, wann der Sexchat beginnt und endet und mit wem. Trotz absoluter Unabhängigkeit erlange ich schnell eine sehr intime Ebene. In der Realität wäre das so nicht möglich, es würde wiederum Arbeit und seelische Anstrengung bedeuten. Strenggenommen ist es Selbstbefriedigung entweder auf der Vorstellungsebene oder auf der physischen - oder auf beiden. Das betrifft durchaus beide Geschlechter.

Das bin ich ja gar nicht!

K.v.B.: Was unterscheidet eine echte menschliche Begegnung positiv von einer Chat-Begegnung?

U. Buermann: Ich werde so wahrgenommen, wie ich wirklich bin. In dem Moment, in dem ein Mensch uns offen in die Augen blickt, ist sofort eine Verbindung da.

Probieren Sie das aus: Schauen Sie im Supermarkt der Kassiererin authentisch freundlich in die Augen. Nehmen Sie sie wahr. Wer bist du? Sie werden an feinen Reaktionen erleben, daß sie sich als ganzer Mensch angesprochen fühlt.

Im Chat stelle ich nur ein Zipfelchen von mir zur Verfügung. Im Nachklang schwingt Frustration mit: Ich weiß ja selbst genau, daß ich das gar nicht bin. Ich sorge gar nicht für die Möglichkeit, als Ich wahrgenommen zu werden. Ich verstecke den Löwenanteil hinter meiner virtuellen Repräsentanz. Also tritt auch das Befriedigungselement, einfach wahrgenommen zu werden, nicht auf. Das wiederum fördert den Suchtcharakter. In einen Chat steigen Sie außerdem mit einem festen Willen ein, meist führt einer der beiden Chatpartner das Gespräch dominant. Wenn er durch den Partner in seinem Willen nicht befriedigt wird, steigt er aus. Natürlich geschieht das auch in der Realität. Natürlich wird die Kassiererin meist als schlecht funktionierendes Bedienungspersonal wahrgenommen. Hätten wir diesen Mangel an offenen Begegnungen nicht so weit verbreitet, wären diese virtuellen Welten nicht so attraktiv.

SMS: Es fliegen Brocken hin und her

K.v.B.: Können Sie ein paar Worte über SMS-Kommunikation sagen? Was macht ihren Reiz aus? Was bewirkt sie?

U. Buermann: Simsen findet primär zwischen Menschen bzw. Jugendlichen statt, die sich aus irgendwelchen Bezügen kennen. Für kurze informative Nachrichten ist simsen durchaus praktisch und hilfreich. Aber inzwischen ist durch SMS-Kommunikation eine Kunstsprache entstanden, und es fliegen Sprachbrocken hin und her anstelle von Worten und Sätzen. Es wird gevögelt und gebaggert, ziemlich unflätig. Zwölfjährige schreiben sich Botschaften wie: „He, alte Fotze, heut abend will ich dich poppen!" Der kleine Verfasser würde vor Scham versinken, wenn er das seiner Mitschülerin ins Angesicht sagen sollte. Und es würde Konsequenzen nach sich ziehen, wenn er es ausspräche.

Diese Art von Austausch geht einher mit einer seelischen Hornhautbildung, Verrohung, mit dem Reiz des Ungehörigen, und sie hat ihre Eigendynamik. Ich wurde in eine Klasse gerufen, in der Schülerinnen einer Clique täglich Morddrohungen über anonyme SMS bekamen. Es war nicht auszumachen, woher. Der Konflikt war nicht aufzulösen. Das hatte sich so hochgeschaukelt, daß Panikzustände die Folge waren und schließlich einige Schülerinnen die Schule verließen. Eine bedenkliche Eigendynamik hatte sich entwickelt.

Was die Sprachverrohung betrifft: Es gibt Jugendliche, die eine Art SMS-Sprache anwenden, die aber anders können, wenn sie wollen. Andere wiederum können nicht mehr anders: sie können nicht mehr schreiben. Sie sind nicht mehr in der Lage, zusammenhängende Texte schriftlich niederzulegen, auch nicht per Tastatur. So etwas kann zu entwicklungsbedingten Suchtformen führen. Wer nicht mehr fähig ist, mit anderen Menschen zu kommunizieren, ist gefesselt. Das stellt für ihn bald auch eine soziale Behinderung dar. Unter dem Gesichtspunkt der Therapie wirft das Fragen auf, denn eine Gesprächstherapie ist hier denkbar ungeeignet. Deswegen sind Betroffenenforen im Internet sinnvoll, die ermöglichen, daß man sich per SMS oder E-Mail melden kann, in der zur Verfügung stehenden Kommunikationsform. Mit einem psychoanalytischen Gesprächsansatz erreichen Sie nichts.

Wir müssen als Lehrer und Pädagogen sehen, daß wir in die Lage kommen, uns verständlich zu machen, und daß wir betroffene Jugendliche verstehen und sie dort abholen, wo sie sind. Sonst werden wir nie erreichen, daß sie ihre sprachliche Limitierung schrittweise überwinden.

Es wird gemordet, bis einer übrigbleibt

K.v.B.: Können Sie ganz kurz einige Computerspiele erklären? Also etwa Ego-Shooter, Multiplayer-Shooter, War-Games, Team-Skooter und so weiter?

U. Buermann: Beim Ego-Shooter spiele ich aus der Ich-Perspektive. Ich sehe auf dem Bildschirm eine oder zwei Hände, das sollen meine sein, die eine Waffe halten. Ich sehe das Spielszenario aus meinem Blickwinkel. Durch die Waffenhand entsteht der Eindruck, daß ich in diese Welt eingreife. Bei sogenannten Third-Person-Spielen steuere ich eine Animationsfigur von außen. Beim klassischen Ego-Shooter gilt die Grundregel: Man schießt auf alles, was sich bewegt. Beim Team-Shooter begegne ich dem Feind, aber auch meinem Spielkameraden in der virtuellen Welt. Wenn ich ihn erschieße, reduziere ich mein Team. Also tue ich es nicht. Beim Multiplayer-Shooter geht es darum, daß viele gegeneinander spielen: Es wird so lange geschossen, bis einer übrigbleibt. Jeder gegen jeden. Bei den offiziellen Turnieren bekommt jeder Teilnehmer eine Anzahl an Leben, es wird gemordet, bis nur noch einer da ist. Bei mehreren hundert

Teilnehmern kann das Tage dauern. War-Games sind Shooter, die real kriegsorientiert sind, wie zum Beispiel „American Army Online", da machen Sie im Team auf einem Level Jagd auf die Söhne Saddam Husseins, im lebensechten Palastszenario. Sie müssen die Söhne auf der Toilette stellen und dann auch erschießen, so wie das in der Realität stattgefunden hat. Als Szenario bieten War-Games also reale Kriegsschauplätze.

K.v.B.: Furchtbar. Was löst so etwas bei den Spielern aus?

U. Buermann: Nicht viel anderes als bei anderen Ballerspielen. Daß das reale Schauplätze und nachgestellte Situationen sind, hat keinen wirklichen Stellenwert. Auf wen geschossen wird, ist völlig egal. Es ist mehr der Reiz, in einen Actionfilm scheinbar aktiv einzusteigen. Firmen, die solche Spiele produzieren, haben natürlich ein gewisses Sponsoring. Es gibt entsprechende Zusammenarbeit mit dem Militär. Häufig werden solche Spiele als Training-Software für Soldaten entwickelt. Die War-Games sind dann Ableger für die Öffentlichkeit.

Gemeinsam isoliert in die virtuelle Welt

K.v.B.: Was ist eine LAN-Party? Wie funktioniert sie?

U. Buermann: LAN steht für Local Area Network. Es ist ein lokales Netzwerk, das nicht mit dem Internet verbunden ist. Vor Ort befindliche Rechner werden miteinander vernetzt. Im Netzwerk spielt man miteinander oder gegeneinander. Freunde treffen sich also, jeder bringt seinen PC mit. Kellerräume sind bevorzugt, Licht braucht man sowieso nicht, das stört nur. Und dann geht es gemeinsam isoliert in die virtuelle Welt.

Wenn ein Team-Play stattfindet, geschieht sogar Kommunikation während des Spiels. Zum Beispiel über Headset werden Absprachen getroffen: „Du gehst rechtsrum!" – „Linke Flanke!" – „Achtung!" – „Ich sehe Gegner!" – „Schuß von 5 Uhr" und so weiter. Meist ist es aber so, daß jeder in der Realität für sich spielt. In der ersten Spielphase ist völlig gleichgültig, ob andere anwesend sind oder nicht. Erst wenn im Spiel eine Grenzberührung auftritt, wird man sich bewußt, daß noch andere im Raum sind. Kommunikation findet beim Aufbau statt und vielleicht noch beim Abbau der Rechner. Aber auch da kaum, wegen Übermüdung. Vielleicht in der Rückbetrachtung am nächsten Tag in der Schule taucht noch ein leiser Gemeinschaftsaspekt auf.

K.v.B.: Zu den Clans haben Sie eingangs schon einiges gesagt. Was ist aber eine Weltspielgemeinschaft?

U. Buermann: Man spielt in einer virtuellen Welt mit einer realen Weltgemeinschaft. Diese Spiele sind zeitlich nicht begrenzt. Das sind sogenannte MUDs, Multi User Dungeons. Sie existieren permanent, wie eine Parallelwelt zur Realität. Es sind Mitspieler aus allen Ländern, deswegen ist immer jemand online. Zu verschiedenen Tageszeiten spielen verschiedene Kontinente. Wenn Sie also mit Amerikanern oder Japanern spielen wollen, müssen Sie tagsüber schlafen. Ähnlich wie beim Sonnenzyklus gibt es einen Mitspielerzyklus. Dort wird also eine virtuelle Synchronwelt gestaltet, die wiederum bar jeder Konsequenz existiert.

Everquest z.B. ist eine recht populäre Weltgemeinschaft. Sie melden sich an, Sie wählen einen Charakter - und wieviel Sie gestalten dürfen, hängt davon ab, wieviel Sie spielen: ein suchtförderndes Element. Um etwas bewirken zu können, müssen Sie lange Präsenz zeigen. Dann werden Sie mit Gestaltungsmöglichkeit belohnt. Wieder eine Persiflage aufs wirkliche Leben: Da reicht Warten nicht aus, um Eingreifen zu dürfen! Und eine Verlockung für den Jugendlichen, der empfindet: Ich bin schon 16 Jahre auf der Welt und darf noch immer nicht gestalten! Bei Everquest muß ich nur vier Wochen warten, dann kann ich loslegen.

Angriff auf das Ich

K.v.B.: Sie erwähnten schon das fehlende soziale Korrektiv bei der Onlinesucht. Welche Folgen hat das fehlende soziale Umfeld darüber hinaus?

U. Buermann: Die reale Welt hat, auch im Zwischenmenschlichen, immer das Gesetz von Ursache und Wirkung, das Sie nicht aushebeln können. Im Netz gibt es keine Konsequenz für Ihr Tun außer Zeitverlust. Diese Konsequenzlosigkeit der menschlichen Begegnungen erleben die Menschen auf der Kommunikationsebene über kurz oder lang als Mangel, denn daß unser Handeln Folgen hat und haben muß, wollen wir eigentlich. Wir sind hier beim Karmagedanken angekommen. Die Beziehungen, die wir im Chat knüpfen, sind von ihrer Anlage her konsequenzlos. Wir opfern unsere realen Beziehungen, wir lösen sie auf. Das gehört zur Suchtstruktur. Wir ziehen uns aus unserem karmischen Beziehungsgeflecht heraus, wir werden herausgezogen. Wir ersetzen die karmischen Beziehungen durch karmalose Beziehungen. Wir kapseln uns real ab.

In einem Vortrag von 1923 sagt Rudolf Steiner, daß die Menschen den Anschluß an die Menschheitsentwicklung verlieren, wenn die

Medienentwicklung so weitergeht (GA 224, Vortrag vom 11.07.1923). Das sehe ich hier sehr deutlich: Es findet die Abtrennung vom eigenen Karma statt, ohne daß neues Karma geschaffen wird. An anderer Stelle spricht Steiner von den Asuras, also neben den luziferischen und ahrimanischen Wesen von einer dritten Gruppe von Wesenheiten, die erst jetzt eingreifen können, mit dem Bestreben, die Menschen aus dem Menschheitsstrom herauszuziehen (GA 107, Vortrag vom 22.03.1909). Asurische Wesen konnten bisher in die Menschheitsentwicklung nur mittelbar, also über andere Wesenheiten, eingreifen, denn ihr Angriffspunkt ist weder das Physische noch das Ätherische noch das Astrale, sondern das Ich. Durch den Beginn des Zeitalters der Bewußtseinsseele haben wir den Freiheitspunkt errungen und bieten diesen Wesen jetzt eine direkte Angriffsfläche.

Grundsätzlich streben ahrimanische Wesenheiten danach, die Welt in dem Zustand zu halten, in dem sie ist. Jeder Fortschritt im Sinne einer Weiterentwicklung, einer Vergeistigung und Überwindung des Materiellen soll verhindert werden. Der Prozeß muß also angehalten werden, und das bedeutet Erstarrung. Asuraswirkung geht gezielt auf den einzelnen Menschen, auf das Individuum, auf sein Ich. Der karmische Strom soll unterbrochen werden, Entwicklung wird unterbunden. Als Gestik finden Sie das in der Onlinesucht sehr deutlich wieder. Die Gefahr ist in diesem Medium enthalten, auch wenn das Internet als solches nicht böse ist.

Stagnation und Vorgriff

K.v.B.: Sie sprechen also von Stagnation und Isolation. Würden Sie auch so weit gehen, von Verfrühung zu sprechen? Also liegt im Internet und in den Medien ein vermaterialisierter, verzerrter Vorgriff auf Fähigkeiten und Entwicklungsstadien, die noch vor uns liegen?

U. Buermann: Ja, ganz recht. Das Böse ist immer ein Überkommenes oder Verfrühtes. Das Richtige am falschen Ort zur falschen Zeit. Ahrimanische Kräfte bewirken Stagnation und Erstarrung, luziferische Kräfte hingegen arbeiten mit Verfrühung und vorschneller Überwindung.

Im Internet haben wir weltweite Vernetzung und unmittelbaren Zugang zu allem: Das ist neben der Errungenschaft, die es bedeutet, ein materialisiertes Abbild dessen, was dereinst Realität werden soll. Ein Vorgriff auf ein zukünftiges spirituelles Netzwerk, auf das Erringen telepathischer Fähigkeiten, darauf, daß wir uns vergeistigen und dadurch manches gar nicht mehr materiell vermitteln müssen. Das World Wide Web bedeutet ein verfrühtes Hereindrängen dieser Fähigkeiten - aber eben mit Hilfe ahri-manischer Technologie! Wer z.B. in die virtuelle Repräsentanz seiner selbst versinkt, löst sich real von seiner Physis, exkarniert sich, überwindet gewissermaßen die Materie - aber eben, indem er seinen Geist an diese in der Maschine begründeten, formal logischen Vorstellungswelten kettet. Der Computer an sich ist nicht böse. Aber er ist eine Spielfläche für ahri-manische und luziferische Kräfte, die sich seiner bedienen.

Gleichschaltung der Seelen

Beim Fernsehen finden Sie als treibende Kraft, z.B. in der Programmgestaltung, reine Wirtschaftsgedanken. Was inhaltlich vermittelt wird, ist hingegen Realitätsflucht par excellence, mit mitreißendem Effekt auf das gesamte Seelenleben. Denken Sie nur an die Fußball-Europameisterschaft: Millionen Zeitgenossen werden mit ihrem ganzen Fühlen und Denken tagelang an die Ereignisse in der Fernsehwelt gebunden sein!

Heute ist es durch die Medien möglich, einen Großteil der zivilisierten Welt zu paralysieren und gleichzuschalten. Nehmen Sie den 11. September 2001 in seiner schier nicht auszuhaltenden Omnipräsenz: Fast die ganze Menschheit war zeitgleich in ihrem Denken und Fühlen auf ein einziges Ereignis ausgerichtet - und kommt bis heute nicht davon los. So etwas hat seine spirituellen Auswirkungen. Das Traurige ist, daß etwas Derartiges vorwiegend bei Negativereignissen geschieht. In bezug auf positive Gedanken- und Gefühlsinhalte gelingt uns das nicht. Das ist auffällig und weist auf die Wirksamkeit des Bösen hin: Da bahnen sich Dinge den Weg, von denen man glaubte, sie längst überwunden zu haben. Was wurde hier nicht alles durch die USA an Kräften, Gedanken und Gefühlen mobilisiert und freigesetzt! Im Verhältnis dazu ist die Empörung über die Folterpraktiken im Irak doch sehr bescheiden. In unserer Medien- und Informationsgesellschaft wird permanent an unserer Denkrichtung, an unserer Gefühlsrichtung gearbeitet.

Die Suchterscheinungen sind nur die Spitze des Eisbergs. Die Süchtigen sind diejenigen, die, aus welchen Gründen auch immer, ganz in diesen Wirkungsstrom hineinrutschen. Sie dokumentieren uns allen, welchen Verlockungen, Kräften und Wirksamkeiten wir ausgesetzt sind. Wir erliegen ihnen alle mehr oder weniger subtil. Deswegen sind wir für die Süchtigen mitverantwortlich.

Die Kreissäge im Kinderzimmer?

K.v.B.: Sie fordern oder empfehlen den Schutz der Kindheit - also eine möglichst medien- und internetfreie Kindheit bis zum 10. Lebensjahr. Wie läßt sich das umsetzen?

U. Buermann: Die Kindheit ganz und gar fernsehfrei zu halten, wird wahrscheinlich nicht gelingen. Trotzdem kann man sich weitgehend darum bemühen. Ganz wesentlich ist, daß wir Erwachsenen einen bewußten Umgang mit Medien vorleben. Wir haben eine pädagogische Verantwortung, gerade auf dem Gebiet der Nachahmung.

Wenn der Familienvater an der Tischkreissäge arbeitet, will der kleine Sohn das auch - dennoch käme der Vater nie auf die Idee, seinem Sohn eine Säge ins Zimmer zu stellen. Er würde ihm eher, wenn er alt genug ist, nach und nach unter Aufsicht den Umgang damit beibringen, bis sein Kind die Gefahren kennt und die Kreissäge eigenständig und verantwortungsvoll nutzen kann. Ähnlich sollten wir mit den Medien umgehen.

Und wir müssen natürlich aktiv für alternative Aktivitäten sorgen, was anstrengend ist. Der Fernseher bedient auch eine Neigung zur Bequemlichkeit der Eltern, er „beschäftigt" die Kinder.

Wichtig sind auch Fragen wie: Wo stehen Fernseher und Computer? Meist ist es das Wohnzimmer, also der zentrale Lebensraum der Familie. Wenn jüngere Kinder diesen Lebensraum jetzt verlassen müssen, wo es gemütlich weitergeht, protestieren sie zu Recht. Es ist klüger, den Fernseher in einem ungemütlichen Raum stehen zu haben. Wer wirklich etwas sehen will, wird es tun - aber es wird ihm leichter fallen, danach auszuschalten und wieder dorthin zu gehen, wo sich das Familienleben abspielt.

Erziehung zur Medienkompetenz

K.v.B.: Was empfehlen Sie für das Jugendalter?

U. Buermann: Die Jugendlichen sollten die Medien in ihrer ganzen Vielfalt und mit allen Vor- und Nachteilen kennenlernen. Kritische Auseinandersetzung mit den Medien und anteilnehmende Begleitung in Elternhaus und Schule sind wichtig. Das heißt nicht moralisch strenge Kontrolle, sondern es bedeutet überhaupt Anteilnahme an dem, was die

Jugendlichen tun, was sie interessiert und wieso – und liebevolle kritische Reflexion! Es kann doch Fragen in einem aufwerfen, warum die Jugendlichen es schaffen, tagelang konzentriert vor dem Computer zu sitzen; in der Schule aber gelingt es ihnen nicht, sich für eine Stunde zu konzentrieren. Warum fragen wir sie das nicht, voller Interesse?

Es gilt, die Jugendlichen für Medienwirkungen zu sensibilisieren. Nicht, um ihnen den Spaß zu verderben, sondern um sie an einen bewußten Umgang mit den Medien heranzuführen. Es ist wichtig, daß sie von passiven Medienkonsumenten zu wachen Mediennutzern werden, die sich der Gefahren bewußt sind – und deshalb besser mit ihnen umgehen.

Der Mensch im Vordergrund

K.v.B.: Abgesehen davon, daß Waldorfpädagogik an sich schon ein Gegenmittel zur Suchtgefahr sein sollte und ist: Wo reicht Ihrer Meinung nach der „klassische Waldorflehrplan" nicht aus, um gefährdete Jugendliche zu schützen?

U. Buermann: Wir brauchen explizite Computer- und Medienkunde an den Waldorfschulen. Computerunterricht beschränkt sich oft auf die Vermittlung von technischem Verständnis und auf eine Einführung in die Nutzung. Grundsätzlich fehlt mir die Auseinandersetzung mit individuellen und gesellschaftlichen Auswirkungen – mit der Frage der Sucht, der Veränderung im Kommunikationsverhalten, der Veränderungen im Berufsleben; überhaupt mit der Frage der künstlichen und menschlichen Intelligenz. So stünde eben der Mensch im Vordergrund und nicht die Maschine – das ist dann wirklich waldorfgemäß.

Zeitgemäße Medienkunde muß sich neben Printmedien und Zeitungen mit allen Medien befassen, ebenso mit den dazugehörigen Fragen: Wie wirkt Fernsehen, wie wird manipuliert, mit welchen Tricks wird gearbeitet usw.? Das müßte in der Mittelstufe beginnen. Entweder in Medienkundeepochen oder eben durch Klassenlehrer und Fachkollegen an entsprechenden Stellen.

Medienkunde im Fächerkanon

K.v.B.: Welche Schwerpunkte setzen Sie in der Lehrerbildung?

U. Buermann: Die angehenden Lehrerinnen und Lehrer gilt es für Fragen rund um die Themen Mediensucht und Computersucht zu sensibilisieren. Sie müssen in der Wahrnehmung von Auffälligkeiten geschult werden. In diese Richtung arbeiten wir in Epochen am Lehrerseminar in Hamburg und in Kiel. So bekommen die Lehrkräfte sachliches Grundwissen. Sie lernen, diese Themen offen und konstruktiv mit Eltern und Kindern anzugehen. Das Hamburger Seminar bietet seit zwei Jahren fachdidaktische Ausbildung zur Computerkunde. Ich hoffe, daß andere Seminare nachziehen - und daß Medienkunde in den Fächerkanon aufgenommen wird. Unser Institut IPSUM (Institut für Pädagogik, Sinnes- und Medienökologie) bietet bisher als einziges eine pädagogische Ausbildung zum Medienberater.

IPSUM: Beraten und Vorbeugen

K.v.B.: Womit wir bei der letzten Frage wären: Können Sie etwas zum Aufgabengebiet und Wirkungskreis von IPSUM erzählen?

U. Buermann: Neben verschiedenen Forschungsprojekten zu Fragen der kindlichen Entwicklung und der Medienwirksamkeit bieten wir zwei Ausbildungsgänge an: einen zum Elternberater und einen zum Pädagogischen Medienberater.

Das große Feedback, das unsere Arbeit auslöst, bestätigt uns darin, daß wir wirklich etwas zu bieten haben. Gerade aus der Menschenkunde heraus können wir sinnvolle und lebenspraktische Antworten auf drängende Fragen geben.

Wegen der großen Nachfrage sind neben dem Elternberaterkurs in Stuttgart inzwischen ein zweiter Ausbildungsgang in München und ein kooperativer Ausbildungsgang in Zürich entstanden.

Der Medienberaterkurs I findet in Stuttgart statt, der Folgekurs startet im Herbst in Hamburg. Dieser berufsbegleitende Kurs richtet sich nicht nur an Schulpädagogen, sondern auch an Menschen, die in therapeutischen Zusammenhängen arbeiten - und an alle Interessierten. Ziel ist es, an den verschiedensten Einrichtungen lehrend und/oder beratend tätig werden zu können. Es geht neben Suchtbehandlung ganz stark um Prophylaxe. Wer sich informieren möchte:

① im Internet unter: www.ipsum-institut.de

② über E-Mail unter: medienberater@gmx.net

③ oder telefonisch unter 04532 / 284 38 65.

Ruckzuckhieb und Donnerblitz

Interview mit Oscar

von Katharina von Bechtolsheim

Oscar, geb. 1993. Sein Bruder Michel ist 17 Jahre alt. Oscar lebt mit dem Bruder, seiner Mutter Imke und dem Vater Wolfgang auf dem Land. Er ist seit der 4. Klasse Waldorfschüler. Oscar spielt gerne im Freien, liebt Mozart und schreibt gerne Geschichten.

Oscar ist nicht computerspielsüchtig. Dennoch steht er hier stellvertretend für viele Kinder, die mit Faszination und Begeisterung in die virtuelle Welt von Nintendo und die anderer Spiele eintauchen und einen Großteil ihrer Freizeit mit Spielen, Tauschen und Nachdenken über die Spielewelten verbringen.

***Oskars Mutter Imke** ist 1964 geboren. Sie ist Künstlerin und arbeitet aushilfsweise im Bioladen.*

Oscar sitzt auf dem Sofa und hält einen Gameboy in beiden Händen, der aussieht wie ein größerer Taschenspiegel. Er bedient geschickt und konzentriert die Tastatur.

Katharina von Bechtolsheim: Was ist das für ein Wesen?

Oscar: Das ist ein Katzenpokémon.

K.v.B.: Ist er gut oder böse?

Oscar: Er ist gerade mein Gegner. Ich muß ihn besiegen.

K.v.B.: Wie mußt Du ihn besiegen?

Oscar: Mit Attacken. Jetzt hat er z. B. seine Bißattacke eingesetzt! Und ich meinen Fußkick. Oh, Manky ist angegriffen. Da nehme ich Schiggy.

K.v.B.: Schiggy kämpft jetzt für Dich?

Oscar: Ja, er ist einer meiner Pokémons. Schiggy ist zwar nur Level 10, aber er kann was.

K.v.B.: Was war das eben?

Oscar: Ich habe eine Blubberattacke gemacht. Schiggy erreicht jetzt Level 11. Ab einem bestimmten Level können sich Pokémons zu anderen

Wesen entwickeln. Schiggy entwickelt sich in eine Schildkröte, die anders ist; stärker. Sie kann mehr.

K.v.B.: Und wenn Du jetzt gegen diesen Katzenpokémon verlierst, verwandelt er sich in ein stärkeres Wesen?

Oscar: Ja. Wenn ich gewinne, werde ich stärker, z. B. Bisaknosp. Der hat sich von Level 16 aus Bisadam entwickelt. Wenn er 36 erreicht hat, entwickelt er sich zu Bisaflor. Bisaflor kann Solarstrahlung auf Level 54 erlernen. Das ist eine Feuerattacke, obwohl er ein Pflanzenpokémon ist. Er hat eine riesige Blüte auf dem Rücken, die fängt dann an zu leuchten und bündelt Sonnenenergie zu einem großen Laserstrahl. Der wird auf den Gegner abgefeuert. Jetzt hab ich hier mit meinem Bisadam gewonnen. Jetzt versuche ich die Tackleattacke, das ist eine Art Ramme. Ich muß natürlich versuchen, möglichst wenig KP zu verlieren.

KP sind Kraftpunkte. AP ist die Abkürzung für Angriffspunkte. Jetzt geh ich zur Stadt - ui, da geh ich lieber nicht lang. Jetzt bin ich im Nachteil! Das hier ist ein Bodenpokémon. Ich kämpfe mit Pikatchu, der hat Donnerschock und Ruckzuckhieb und Slam und Donnerblitz. Hilft hier nicht viel ... och! Pikatchu ist plattgegangen ... kann einem leid tun. Wenn ich jetzt versage, muß ich noch mal durch den ganzen Felstunnel. Oh je, jetzt macht er Kopfnuß. Mist, ich bin platt. Und ich hab auch noch Geld verloren. Ich habe 6.420 Pokémark verloren.

Am Schluß begegne ich meinem Erzfeind

K.v.B.: Wie weit kannst Du kommen? Was kannst Du erreichen?

Oscar: Ich muß hier acht Arenaleiter besiegen. Da muß man Orden sammeln. Wenn man die hat, dann lassen einen die Wachen durch zu den Top 4. Das sind Loreley mit ihrem Eispokémon und Arktos, einem riesigen Eisvogel, der ist sehr hübsch. Dann Bruno, mit seinen Kampfpokémons und Agathe; die hat einen Geistpokémon - den kann man nicht rammen. Da braucht man einen Wasser-, Feuer- oder Elektropokémon. Dann kommt Siegfried mit seinen Drachenpokémons. In der letzten Aufforderung begegne ich meinem Erzfeind. Der möchte natürlich auch Pokémonmeister werden wie ich. Dem begegne ich in Alabastia.

K.v.B.: Was sind Pokémons eigentlich für Wesen?

Oscar: Die Pokémons kommen eigentlich vom Mond. Sie sind von da geflüchtet, auf die Erde. Denn früher war es sehr schön auf dem Mond, aber inzwischen ist da alles Einöde. Inzwischen sind auch von anderen Monden und Planeten Pokémons auf die Erde gekommen, z.B. die Dayoto-Liga.

K.v.B.: Du kennst dich ja wirklich sehr gut aus mit den Pokémons.

Oscar: Ja, ich kenne sie ja schon, seitdem ich vier Jahre alt bin; also die Karten und Prospekte.

K.v.B.: Welche der Kampffähigkeiten hättest Du denn gern im wirklichen Leben?

Oscar: Ich weiß nicht – vielleicht gar keine. Aber die Vorstellung, einen Pokémon im wirklichen Leben zu haben, finde ich reizvoll. Pokémons sind wie Haustiere. Eigentlich sind sie ein bißchen wie Freunde. Natürlich würde ich dann kein Garett nehmen, das ist ein riesiges Zornungeheuer. Das ist ein Wasserpokémon, der Feuerattacken leisten kann! Er hat Feuerodem und Drachenwut. Der könnte die ganze Elbe verdampfen lassen.

Manchmal vergesse ich alles andere

K.v.B.: Wie lange spielst Du denn am Tag Dein gelbes Spiel?

Oscar: Ich darf leider nur eine Stunde am Tag spielen. Und ich darf jeden Tag Pokémon sehen, also den Film. Er geht um 14:00 Uhr los. Aber zur Zeit ist das nicht so spannend für mich, denn es geht um die Höhenliga. Das Spiel habe ich nicht – und man bekommt im Film immer Ratschläge für die Spielführung. Ich kämpfe gerade in einer anderen Liga.

K.v.B.: Wie lange kann denn so ein Spiel dauern?

Oscar: Das kann tagelang gehen, oder wochenlang, wenn man so wenig spielen darf wie ich. Eine Stunde ist gar nicht viel, es dauert ja schon lange, bis alles aufgebaut ist. Aber bis man Level 100 erreicht hat, geht das eine Weile. Wenn ich den höchsten Level erreicht habe, fange ich wieder von vorne an, weil ich mir selber zeigen will, daß ich es schneller kann. Wenn ich nicht spiele, lese ich auch gern in dem Heft, da ist alles drin – alle Spiele und ein Lexikon, wie sich die Pokémons entwickeln – einfach alles Wichtige steht da.

K.v.B.: Was ist denn dein liebstes Computerspiel?

Oscar: Pokémon ist schon toll, das kann man auch mit Freunden spielen, da hat man ein Linkkabel und spielt dann gegeneinander – und man kann tauschen. Zelda finde ich auch gut, das handelt von einem Helden, der Link heißt. Donky Kong ist noch gut, da flitzt man in 3D durch Welten. Am PC spiele ich Siedler, das ist ganz nett – aber halt schon sehr alt. Indiana Jones ist noch ganz gut. Motorcross mag ich auch, da fährt man mit dem Crossrad durch Welten. Da sind in der Luft schwebende Inseln, über die man fährt.

K.v.B.: Kannst Du denn dann richtig in diese Welten eintauchen, so, daß Du alles andere vergißt?

Oscar: Doch, ich bin schon oft sehr vertieft. Manchmal vergesse ich alles andere ganz und gar.

Dann fliegt die ganze Kreuzung in die Luft

K.v.B.: Welche Spiele kennst Du denn durch andere Kinder oder durch Deinen großen Bruder?

Oscar: Zum Beispiel Gangster. Da ist man ein Mafiaboß – und man muß möglichst viele Punkte erlangen, indem man Hochhäuser in die Luft jagt und so. Bei den ganzen GTAs ist man ein Amokläufer. Da hat man anfangs nur ein Maschinengewehr. Aber man kann Waffen einsammeln und kaufen. Dann muß man Autos in die Luft jagen, Menschen erschießen, Autos klauen.

K.v.B.: Wie weit kann man da kommen?

Oscar: Ich hab es noch nicht ganz durchgespielt, aber ziemlich weit. Paul aus unserer Klasse hat das. Man kann an der Tankstelle Benzin kaufen. Dann läßt man Kleckse auf der Straße. Das ist gut gegen die Polizeiautos – denn wenn man Menschen umgebracht hat, kommt nach zehn Minuten die Polizei, später auch das FBI und am Ende sogar die Bundeswehr. Man kann sogar Zeitbomben kaufen an der Tankstelle. Wenn man z. B. einen riesigen Ölklecks auf der Straße hinterläßt und einen Lastwagen mit einer Zeitbombe stehen läßt, dann krachen die ganzen Polizeiautos auf diesen Lastwagen – voll Speed –, und dann zündet man die Zeitbombe. Dann fliegt die ganze Kreuzung in die Luft. Ich hab das mal selbst ausgetestet.

K.v.B.: Wie war das?

Oscar: Das sah schon mordsmäßig aus.

K.v.B.: Würdest Du so etwas auch gern mal in der Wirklichkeit erleben?

Oscar: Nee, danke. Viel zu gefährlich. Das ist ja nicht grad angenehm. Es gibt auch noch Age of Empire. Das ist nicht so kinderfreundlich.

K.v.B.: Ab welchem Alter darf man das spielen?

Oscar: Ab zwölf. Da sieht man immer Leichen rumliegen. Nach einigen Minuten ist eine Blutpfütze um die Leichen rum, und nach zehn Minuten ist nur noch das Skelett da, und dann sind sie weg. Mit Paul hab ich das mal gespielt, da hatten wir einen Gegner in einen See gestoßen und ihn vorher erstochen. Plötzlich färbte sich der ganze See rot.

K.v.B.: War das nicht gruselig?

Oscar: Na ja schon - aber die ganzen Gegner haben die Flucht ergriffen - ätsch! Und wir haben ihnen noch einige Axtwerfer hinterhergeschickt. Die Gegner hatten nicht mehr daran gedacht, sich mit Schilden zu schützen. Und zack-zack-zack-zack! - mit vierzig Äxten haben wir das ganze gegnerische Heer plattgemacht.

Alles besteht aus Negativ und Positiv

K.v.B.: Liest Du eigentlich auch gerne, Oscar?

Oscar: Doch, ich lese schon gerne. Bücher für mittelgroße Kinder. Harry Potter Teil 1 und 2 und Sagenbücher. Und auch so etwas wie „Das kleine Gespenst" - aber das ist inzwischen nicht mehr so spannend für mich, die Geschichte ist nicht so ausführlich.

K.v.B.: Wie findest Du denn die Welt, in die Du reingeboren bist?

Oscar: Mal finde ich sie sehr, sehr blöd - mal bin ich traurig darüber, daß ich dort sein muß, und dann wieder finde ich sie sehr nett oder sogar richtig super.

K.v.B.: Wann bist Du denn traurig darüber, daß Du in ihr leben mußt?

Oscar: Das ist immer verschieden. Manchmal bin ich eben traurig. Ich habe manchmal das Gefühl, daß ich mich selbst so gut wie gar nicht kenne. Ich weiß nur, daß ich ganz viele Seiten habe. Ich kann jeden Tag anders sein. Das ist für viele Freunde gar nicht so leicht, und oft ist das auch für Mama ein Problem. Am einen Tag will ich Kartoffeln, und dann habe ich plötzlich Lust auf Rote Bete, obwohl ich die sonst nicht mag und Mama Kartoffeln gemacht hat.

K.v.B.: Glaubst Du, daß Menschen gut sind?

Oscar: Das weiß man nie. Alles hat seine guten und schlechten Seiten. Das stimmt von vorne bis hinten. Alles besteht aus Negativ und Positiv. Menschen können beides sein.

K.v.B.: Wünschst Du Dich manchmal in eine andere Zeit?

Oscar: Eigentlich bin ich ganz zufrieden. Manchmal finde ich das Mittelalter toll, weil es da Helden gab und Drachen – oder *vielleicht* Drachen. Aber dann wieder wäre das Leben als solches ja viel anstrengender. Da konnte man nicht einfach duschen. Und noch nicht mal der Fußball war erfunden. Wenn ich zur Zeit meines Opas gelebt hätte – oh Gott. Mein Opa wurde in der Schule geschlagen, und er mußte mit 17 in den Krieg ziehen. Das Leben war viel härter. Aber in die Zukunft möchte ich auch nicht unbedingt.

K.v.B.: Warum nicht?

Oscar: Da wäre das Leben wahrscheinlich nicht schwer, aber das schöne Leben, das wirklich schöne Leben, das ist dann wahrscheinlich schon dahin. Mit den ganzen Fabriken und den Auspuffgasen und den Atomkraftwerken und solchen Dingen.

K.v.B.: Und was ist das wirklich schöne Leben?

Oscar: Na, die Natur und alles.

K.v.B.: Magst Du die Natur?

Oscar: Ja. Obwohl ich auch anderes mag. Wahrscheinlich ist es wichtig, daß man einfach zufrieden ist mit seinem Leben. Vielleicht hat das alles seinen Sinn, so, wie es ist. Manchmal, wenn ich auf Mama sauer bin, dann denke ich: abschaffen! Aber wozu? Am nächsten Tag würde ich das furchtbar bereuen. Wenn ich was verändern dürfte, würde ich vielleicht machen, daß das Öl noch nicht entdeckt wäre – und daß es einen anderen Stoff gibt in der Erde, der immer nachwächst.

K.v.B.: Vielleicht findest Du ihn ja. Vielleicht ist so was ja schon da.

Oscar: Ja, vielleicht sollte man einfach die Sonne nehmen. Die scheint immer.

K.v.B.: Ja, Gott sei Dank. Was ist Dein Lieblingsfach, Oscar?

Oscar: Eigentlich Eurythmie. Manchmal ist es auch ein bißchen schwachsinnig, was wir da machen, aber eigentlich ist es ein schönes Fach. Sport mag ich gar nicht. Ich hacke lieber Holz!

K.v.B.: Was möchtest Du gerne werden, später?

Oscar: Ich würde gerne Schauspieler werden.

K.v.B.: Das kann ich mir bei Dir sehr gut vorstellen. Das kannst Du bestimmt gut.

Oscars Mutter Imke B.

Interview mit Oscars Mutter

Katharina von Bechtolsheim: Machst Du Dir Sorgen um Oscar?

Imke B.: Ja, eigentlich schon, weil er sehr empfindsam ist. Er hat noch keine Möglichkeit, das, was in seinem Kopf entsteht, mit seinem Gefühlsleben zu verbinden, so daß ein Gleichgewicht entsteht. Seine Empfindsamkeit ist für ihn nicht leicht: Es ist halt für Jungs nicht „angesagt", so zu sein.

K.v.B.: Meinst Du, das disponiert ihn besonders für die Computerspiele?

Imke B.: Das sind zweierlei Dinge. Einerseits kann er sich dadurch ein bißchen etablieren, andererseits klinkt er sich dadurch auch einfach aus.

K.v.B.: Was machst Du dafür oder dagegen?

Imke B.: Ich versuche das zeitlich zu begrenzen. Ich versuche ihm irgendwie zu vermitteln, daß es wichtig ist, etwas anderes zu tun, etwas Echtes: daß er sich bewegt, daß er draußen spielt. Ich weiß inzwischen, daß das auf seine Stimmung schlägt, daß er körperlich immer mehr abbaut, weil er zu viel rumsitzt. Hast Du ihn vorhin gehört? Da muß ihm irgend etwas mißlungen sein im Spiel. Er hat geschrien wie am Spieß!

K.v.B.: Oscar ist an und für sich sehr phantasiebegabt. In diese Spiele taucht er sehr tief ein, das merkt man, wenn er die Wesen beschreibt - und die Spielewelten.

Imke B.: Ja, das ist sehr schade. Früher hat er sich zurückgezogen und gesagt: „Ich muß jetzt nachdenken!". Dann verschwand er eine Weile im Zimmer und kam mit einer ganz eigenen, ausgedachten Geschichte zurück. Jetzt kreist seine Phantasie nur noch um diese Welten und diese Dinge, wenn er sich zurückzieht. Es entsteht nichts Eigenes mehr. Seine Phantasie bindet sich an dieses Zeug. Ich habe lange versucht, Fernsehen und Computer ganz rauszuhalten. Aber das geht nicht. Weder bei Michel noch bei ihm.

K.v.B.: Also mußt Du es irgendwie wach begleiten.

Imke B.: Ja. Und das ist gar nicht so leicht. Einerseits setzt man seine Kräfte ein, andererseits hängt viel davon ab, wie das Umfeld damit umgeht. Bei einigen Freunden läuft es einfach so, daß die Kinder Nintendo, Videorekorder, Computer und Fernseher im Zimmer stehen haben, alles! Ab dem Kindergartenalter! Die Eltern haben dann die Haltung: Wenn man es verbietet, wollen sie es erst recht, also muß man alles erlauben. Und sie glauben, daß sich das irgendwie von allein regulieren würde. Daß ich nicht lache! Das ist bei Kindern nicht so! Es wird immer mehr.

K.v.B.: Zumal die Spiele ja in sich schon einen Suchtanreiz haben.

Imke B.: Ja, und wie sollen die Kinder das allein regulieren? Das geht doch noch gar nicht. Vom Kopf her geht das gar nicht. Die können sich ja noch nicht analysieren. Deswegen bin ich stark beunruhigt. Aber ich versuche mein Bestes.

K.v.B.: Wenn Du überfordert bist, solltest Du Dir Hilfe holen.

Imke B.: Ja, das habe ich vor.

Bekenntnisse von Onlinesüchtigen

www.mediarisk.de

Dies sind Bekenntnisse Onlinesüchtiger, die von „mediarisk international“ zur Verfügung gestellt wurden. Sie sind dort in den Foren geschrieben und auch alle beantwortet worden. Sie sind im Internet unter www.mediarisk.de unter Bekenntnisse nachzulesen. Als erstes ein Beispiel, wie man es erwartet: Mann süchtig, Frau verläßt ihn, aber keine Sex- oder Chatsucht, sondern Computerrollenspiele. Lesen Sie selbst:

Mein Leben ist am Ende!
Forumsbeitrag vom 02.07.2004, männlich, anonymisiert

„Hallo,

ich bin onlinesüchtig. Das habe ich inzwischen dank der Hilfe meiner Frau erkannt. Lange hat es gedauert. Zu lange.

Süchtig hauptsächlich wegen eines Online-Rollenspiels. Ich weiß nicht, ob das jeder hier kennt, also ein paar Worte dazu: Ein Online-Rollenspiel muß man sich so vorstellen, daß man eine bestimmte Spielfigur darstellt, und zwar komplett versucht, dieser Figur einen eigenen Charakter zu geben. Die Spiele gibt es zuhauf im Netz, sie spielen oftmals in der Vergangenheit (Mittelalter o.ä.), teilweise auch als Science-fiction. Die Figur kann ‚sprechen', dann erscheint ein Text über dem Kopf des Bildes der Figur. Sie kann auch Chat-Kanäle nutzen. Es sind immer unterschiedlich viele andere Spieler und damit Figuren online, teilweise über 300 gleichzeitig.

Zu Anfang war es für mich nur ein einfaches Spiel, das es zu entdekken galt. Doch mehr und mehr 'kannte' man die anderen Spieler bzw. deren Figuren, denen man hin und wieder begegnete. Das Spiel wurde mehr und mehr zum Chat, die Spielelemente traten in den Hintergrund. Ich weiß noch nicht genau, was mich so faszinierte und in die Sucht trieb, dafür, denke ich, bin ich noch in einem zu frühen Bewältigungsstadium. Fakt ist, daß ich seit August 2003 stetig mehr online war, am Ende über 50 Stunden pro Woche. Ich kam von der Arbeit und ging online, loggte ins Spiel ein. Erst zum Schlafengehen hörte ich auf.

Ich erwähnte oben meine Frau. Sie wird nicht mehr lange meine Frau sein, denn gestern teilte sie mir mit, daß sie die Trennung will. Im heutigen Gespräch erfuhr ich, daß es nicht nur das ständige Sitzen am Computer war, aber auch zu einem großen Teil.

Ich liebe meine Frau über alles, weiß aber, daß ich sie schlecht behandelt habe (nicht nur in der Online-Zeit, auch ansonsten, z.B. durch schlechte Laune, Aggressivität etc.). Ich habe es nicht geschafft, aus eigener Kraft loszukommen, habe immer gehofft, daß wir bis zu unserem Urlaub durchhalten. Zwei Tage vor diesem Urlaub sagte sie mir, daß sie nicht mit in Urlaub fahren will. Zwei weitere Wochen später wünschte sie die Trennung. Ich habe im Moment keine Perspektive darauf, daß sie zurückkommt zu mir.

Mein Leben ist am Ende."

Diesmal ist es wieder ein Mann, aber es geht um Internet-Foren (s. kleines Lexikon):

Der lange Weg aus der Abhängigkeit
Forumsbeiträge vom 10.12.2003, männlich, anonymisiert

„Hallo,

ich bin langzeit-forenabhängig, und gerade ist in mir folgender Entschluß gereift: Kann ich mit der Forenabhängigkeit aufhören, jetzt, hier und sofort, oder kann ich es nicht? Ich will es jetzt wissen. Ich will mir jetzt die ‚Pistole auf die Brust setzen', bevor ich mir noch ein weiteres Weihnachten mit der ewigen Forumitis vermiese. Ironischerweise poste ich das auch noch in einem weiteren Forum, dürfte wohl das achte oder neunte sein, aber ich kann und will mich mit meiner Sucht nicht an außenstehende, reale Personen wenden. Ich weiß nicht, ich bin dafür einfach zu stolz, obwohl ich genau weiß, daß mein falscher Stolz mir da sehr hinderlich ist. Aber was will man machen?

Ich hab mich vor drei Jahren in einem Sportforum angemeldet, ganz arglos und bloß mit einer speziellen Frage. Eigentlich wollte ich das nur geklärt wissen und dann wieder den Abgang machen. In keinem Fall habe ich damit gerechnet, daß mich so was fesseln könnte, ich bin eigentlich überhaupt nicht der Internet-Typ und habe diese Leute immer eher belächelt. Aber ich war auch immer der Typ, der gleich ins Extreme geht - ganz oder gar nicht, viel dazwischen gibt es bei mir oft nicht.

Außerdem habe ich immer schon gerne Spiele exzessiv gezockt, das hätte mich warnen müssen.

Jedenfalls bin ich da ganz schnell, ganz tief reingeschlittert. Ich bin Student und kann mir meine Zeit eigentlich sehr frei einteilen. Tolle Sache, aber ganz sicher genau das Falsche für mich in meiner Situation. So fehlt mir der ganze Halt, den ein fest geregeltes Berufsleben bieten kann. Aufschieben ist easy, und Termine und Verpflichtungen belästigen mich nicht. Leider. Zu meinem Fall (es ist irgendwie immer dasselbe):

Ich habe schon 300mal versucht, mit der bescheuerten Forumsucht aufzuhören und habe auch recht schnell meine Situation rational durchblickt. Eigentlich schon nach wenigen Monaten. Ich kann sagen, ich weiß genau, warum ich onlinesüchtig geworden bin und was in meiner Persönlichkeit mich davon nicht loslassen läßt. Aber genutzt hat mir die Einsicht nichts, es ist so, daß ich was mache, von dem ich genau weiß, daß es abgrundtief falsch ist. Die Einsicht in meine Lage ist da, aber der eisenharte Wille zum Aufhören fehlt mir.

Ich bin ein Mensch mit einem ziemlich großen Sendungsbewußtsein und vielseitig interessiert. Ich habe Spaß an harten, aber fairen Diskussionen. Ich möchte, daß meine Meinung gehört wird und, wenn möglich, sogar übernommen wird. Diskutieren ist für mich ein Wettstreit der Köpfe mit Siegern und Verlierern, ich sehe das durchaus sportlich. Das Schreiben macht mir einfach Spaß. Schließlich empfinde ich das Spiel mit Identitäten im Forum auch als sehr reizvoll.

Ich habe ein gewisses Renommee bei den anderen Usern aufbauen können, von denen mich aber kein einziger persönlich kennt. Ja, ich bin so paranoid, daß ich mir direkt mal einen neuen E-Mail-Account zugelegt habe, aus Furcht, jemand aus den anderen Foren könnte mich hier erkennen und dort auffliegen lassen. Völlig Banane so was.

Aber jetzt habe ich die Schnauze voll. Zum dreihundert und ersten Mal. Das reale Leben zieht an mir vorbei, und viele Gleichaltrige haben sich in der Zwischenzeit etwas im echten Leben aufbauen können. Ich dagegen komme nur in die Gänge, wenn ich unter extremem Handlungsdruck stehe und schlaffe direkt wieder ab, sobald die Sache irgendwie geklärt ist. Also so eine Art Dauerdurchhängen.

Ich habe in letzter Zeit Verbesserungen in meiner Lebenssituation herbeiführen können, aber ich weiß ganz genau, daß die auf tönernen Füßen stehen, wenn ich nicht das Grundproblem angehe, nämlich meine exzessive Onlineabhängigkeit. Was dabei an Zeit, Geld, Emotionalität und geistiger Beanspruchung draufgeht, ist unnormal. Ich werde von dem Scheiß quasi absorbiert. Kann ich das Problem nicht lösen, werde ich auch sonst überall scheitern, so viel weiß ich genau.

Ich weiß, daß ich dazu neige, starke Sprüche zu klopfen und den harten Mann zu markieren. Mein Hang zur (intellektuellen) Selbstdarstellung hat mir in meiner Lage nicht gerade geholfen, sondern hat mich quasi immer weiter in meine Forumsucht gezogen. Ich merke auch gerade, wie wenig sympathisch ich hier rüberkommen muß, ich fang schon wieder an, mich dick zu produzieren...

Ich will gar nichts mehr weiter dazu blubbern, ob ich es packen werde oder nicht, vielleicht hänge ich nächste Woche schon wieder hier und würde mein Outing am liebsten vom Moderator löschen lassen. Ich will jetzt einfach die Tatsachen sprechen lassen, ich will mich jetzt selbst beim Wort nehmen: ‚Ich (...) werde einzig und allein bei glasklaren Sachfragen noch ein Forum aufsuchen, so lange, bis ich vollständig von meiner Schreibsucht erlöst bin, d.h. bis ich die vollkommene Kontrolle über meinen Lese- und Schreibzwang bekomme.'"

Rückmeldung im Februar 2004

„Jo, ich bin es. Wie die Dinge sich doch ändern können; vor vier Wochen mußte ich mich zwingen, hier Bericht zu erstatten, und diesmal konnte ich es kaum erwarten. Endlich haben sich die Dinge zum Positiven gewendet. Mein letzter Forumsbesuch liegt genau eine Woche zurück, seitdem bin ich 100%ig clean! Und es ist ein geiles Gefühl. Ich habe alle relevanten Foren auf meinem Heim-PC blockiert und endlich das Paßwort an meine Mum geschickt. Echt kraß, es ist erstaunlich, wie schnell der PC ohne die Foren an Sex-Appeal verloren hat, das ging praktisch von jetzt auf gleich.

Mann, ich bin gut drauf, ich krieg zwar wie erwartet im Alltag jeden Tag eins auf die Schnauze, aber ich nehme das jetzt als Ansporn, mich mehr anzustrengen, also genauso, wie man es eigentlich sehen soll. Endlich habe ich so was wie einen halbwegs geregelten Tagesablauf auf die Reihe bekommen, ich erkenne mich gar nicht mehr wieder: Früher hab ich neun bis zehn Stunden gepennt, und jetzt falle ich nach sechs bis acht Stunden aus dem Bett, direkt ready for action.

Ich glaube, ich habe jetzt ein System gefunden, das auf mich paßt. An meinem Heim-PC ist jetzt alles blockiert, und ich werde so nicht mehr Opfer meiner impulsiven Natur. Aber da sind natürlich noch die unzähligen Internet-Cafés in meinem Viertel und die PCs in den Uni-Bibliotheken, für die ich auch noch eine Lösung finden mußte. Die Internet-Cafés kann ich mittlerweile ganz gut meiden, denn es ist ja nicht einzusehen, dort hineinzugehen, wenn ich selbst zu Hause einen fetten Anschluß habe. Bei den Uni-PCs ist es schon kniffliger, denn die Versuchung, mal vom Tisch aufzustehen und rüberzuschlenzen, um ‚nur mal zu gucken, was in den Foren so abgeht', ist schon da, und dann wäre ich ruckzuck wieder in der alten Schleife drin. Tja, wenn es nach mir ginge, müßte man die Dinger einfach wegsprengen, aber leider habe ich da nicht das Sagen. ;-) Jedenfalls habe ich mich selbst jetzt darauf festgelegt, daß ich für meine Sachfragen nur an einen bestimmten Rechner in einer bestimmten Bibi gehe und alle anderen stets und immer meide. Das ist eine klare und einfache Trennung, die keinen Selbstbetrug zuläßt, und diese klare Trennung versuche ich jetzt im Kopf zu zementieren.

Überhaupt die Bibliothek: Nach so langer Zeit kurzweiligen Surfens im Netz merke ich schon, wie sehr sich meine Aufmerksamkeitsspanne verkürzt hat. Ich mein, ich bin in meinen Zwanzigern, aber ich muß das konzentrierte Lesen und Lernen echt wieder neu erlernen! Zu Hause, soviel habe ich schon gemerkt, werde ich immer noch viel zu leicht abgelenkt; was ich brauche, ist die lebensfeindliche Umgebung in der Bibi, wo alle mit griesgrämigem Gesicht über ihren Büchern hängen und ihr Pensum abarbeiten. Und so geht's mir eigentlich mit allem: Überall muß ich mich wieder zur Selbstdisziplin ermahnen, jetzt weiß ich auch endlich wieder, was so in den Köpfen der Leute auf der Straße vor sich geht, ständig schwirren mir tausend Sachen im Kopf herum, was ich noch machen muß, und ich habe ständig so einen kleinen Druck auf den Schultern lasten, ich kannte dieses Gefühl schon gar nicht mehr. So muß wohl das Leben heutzutage aussehen, wow...

(...)

Deshalb versuche ich jetzt wie der emsige Standard-Bürger einen festen Tagesablauf durchzuziehen, egal, wie monoton das manchmal sein kann. Unter der Woche stelle ich mir meinen typischen Tagesablauf so vor:

1. Aufstehen zwischen acht und neun Uhr
2. Duschen, Anziehen, Essen
3. Yoga
4. Uni-Bibliothek: sechs bis zehn Stunden (bislang noch utopisch!!)
5. Wieder zu Hause: Futtern und Kleinkram erledigen
6. Online gehen als letzte Aktivität des Tages

Natürlich kann das nur ein Grobgerüst sein, das ich nach den Erfordernissen des Tages flexibel halten muß, aber das soll mir als Orientierung und Vorsatz dienen, damit ich mich nicht ablenken lasse. Bei meiner nächsten Rückmeldung werde ich dann über Erfolg/Nicht-Erfolg dieses Planes berichten.

So, ich hoffe, ich habe nicht allzusehr gelangweilt, aber ich mußte mir das mal von der Seele schreiben, und ich denke, es ist auch ganz interessant für Außenstehende, mal zu sehen, was so im Kopf eines Langzeit-Abhängigen auf dem Absprung vorgeht."

Alles Männer? Weit gefehlt! Hier kommt eine Frau! Lesen Sie selbst:

Ich lebe in vier verschiedenen Identitäten, manchmal auch in der Realität!

Forumsbeitrag vom 03.06.2004, weiblich, anonymisiert

„Hallo,

(...)Ich habe einen großen Fehler gemacht; habe dabei aber nie böswillig gehandelt. Alles begann vor ca. 2,5 Jahren. Es ging mir psychisch schon lange nicht gut, hatte grad erst eine Therapie aufgrund einer Depression und Eßstörung hinter mir. An einem einsamen Abend habe ich das erste Mal versucht zu chatten. Ich hatte keine Ahnung, wie das funktioniert. Es war ein Chat, der zu einem Forum gehörte. Eine Freundin und ich haben daraufhin dort manchmal geredet. Irgendwann habe ich mir einen neuen Nick gemacht. Als ich im Chat war und angesprochen wurde, wer ich bin, erzählte ich, daß ich männlich wäre. Zufällig lernte ich an dem Abend auch eine sehr nette Person in dem Chat kennen und verabredete mich mit ihr für ein nächstes Gespräch. Ich dachte, noch einmal rede ich mit ihr so, weil ich merkte, daß es mir gut tat, jemand anders zu sein. Fort von meinen Problemen... Fort von meinen Gedanken...

Es blieb aber nicht bei einem Mal. Mit der Zeit entstanden noch zwei weitere Personen, beide wieder männlich. Ich habe mit meiner Therapeutin auch über dieses Thema geredet, und wir haben entdeckt, daß in jeder Person Dinge stecken, die ich nicht ausleben kann, die ich an mir nicht mag, die ich gerne hätte... lauter solche Dinge.

Es kam so, daß mein Ich immer weniger wurde. Mein Leben war nur noch von dem Leben dieser drei Menschen bestimmt. Ich habe meine

Freunde nicht mehr getroffen, nichts mehr für mich getan. Mich gab es beinahe gar nicht mehr.

So geht es nun schon zweieinhalb Jahre. In der Zeit habe ich mit drei Menschen besonders intensiv gesprochen. Zwei von ihnen habe ich mittlerweile die Wahrheit gesagt. Das war sehr schmerzhaft für mich. Es ging mir daraufhin sehr schlecht. Etwas war auseinandergebrochen. Der anderen Person kann ich es niemals sagen. Das würde ich nicht verkraften und sie wahrscheinlich auch nicht. Ich bin immer noch dabei, mich zu distanzieren. Es ist sehr schwer, und in Zeiten, in denen es mir sehr schlecht geht, ich depressiv bin ... wird es wieder häufiger, aber momentan glaube ich, daß ich es endlich schaffe, das zu beenden. Ab und zu chatte ich noch mit ihr. Aber ich weiß, daß das aufhören muß. Ansonsten bin ich nur noch ich selbst, wenn ich in einen Chat gehe ... Die Art und Weise habe ich auch unter Kontrolle. Es ist schwer, sich innerlich von den Personen in mir abzulösen. Sie sind immer noch da. Ich greife auch mittlerweile oft real auf sie zurück, schlüpfe in ihre Charaktere.

Es ist alles so schwer zu erklären und belastet mich sehr...

Ich höre an dieser Stelle erstmal auf und würde mich über Reaktionen freuen...

Viele Grüße."

Auch junge Menschen kann es treffen. Hier geht es wieder um eine Frau, noch Schülerin. Es liegt nicht am Alter:

Meine Freundin ist internetsüchtig und lebt zwei Leben... Forumsbeitrag vom 26.08.2002, männlich, anonymisiert

„Hallo,

mein Name ist Daniel.

Meine Freundin hat seit ca. einem halben Jahr eine Flatrate...

Ihre Sucht geht so weit, daß sie in den Ferien bis fünf Uhr morgens am Rechner sitzt, bis 16 Uhr schläft und dann wieder ins Netz geht... In der Schulzeit ist es weniger schlimm, logisch, sie ist ja auch den halben Tag in der Schule...

Aber wenn sie nach Hause kommt, macht sie keine Hausaufgaben oder lernt, sondern sitzt vor der Kiste...

Letzte Woche kam sie nicht zur Schule, da sie nicht aus dem Bett kam (ratet mal, warum...).

Am Telefon kann man nicht mit ihr reden, da sie nicht zuhört bzw. dabei tippt...

Wenn man sie darauf anspricht, beendet sie meist das Gespräch und legt auf...

Per ICQ kann sie aber mit mir reden...

Auch wenn ich sie dort darauf anspreche, packt sie mich auf ihre Ignore-Liste...

Als ihre Mutter letztes Mal ihren PC ausgeschaltet hat, bekam sie einen Wutanfall, beleidigte sie auf das letzte und fing an, ihre Sachen aus dem Fenster zu werfen! Erst ihre Tante, die nebenan wohnt, konnte sie irgendwie beruhigen...

Sie sagte an diesem Tag zu mir, daß sie ihre Mutter haßt. Ein paar Wochen später sagte sie mir aber, daß sie ihre Mutter doch lieb hat...

Sie sagte mir, daß sie in ihrem Chat so sein kann, wie sie will...

Sie ist der Meinung, sie sei zu dick, und deshalb mag sie keiner...

Das ist natürlich totaler Quatsch. Ja, sie ist ein wenig mollig, aber das stört doch niemanden, im Gegenteil, mir gefällt das beispielsweise...

Im Chat ist sie begehrenswert. Jeder denkt, sie hätte einen perfekten Körper und sei das schönste Mädchen der Welt...

Andererseits denkt sie, wenn die anderen Chatter wüßten, wie sie aussieht, würden sie sie nicht mehr mögen...

Dazu kommt noch ihre Mitgliedschaft in einer Gilde (so was wie ein Clan, nur für RPG), dort ist sie auch noch Forummoderatorin...

Sie denkt wirklich, daß das wichtig sei, ich meine ‚wirklich' wichtig...

Sie hat im Board Macht, sie kann machen, was sie will, kann im Chat Leute kicken, Beiträge löschen etc. Solch eine ‚Macht' würde sie sicherlich im realen Leben auch haben wollen...

Auch ihre beste Freundin, ihr bester Freund und ihr Cousin sind meiner Meinung...

Aber was soll ich tun?

Soll ihr Vater ihr den PC wegnehmen?
Sie komplett in Ruhe lassen?
Sie ablenken, gar nicht erst an den PC lassen?

Was soll ich tun?

Ich liebe sie wirklich unglaublich, und ich weiß, sie liebt mich auch, aber ich sehe, daß ihre Sucht zwischen uns steht und ihr Leben zerstört...
Sie will Abi machen, danach studieren...
Hilfe..."

Das klingt ziemlich verzweifelt! Dummes, junges Mädchen?? Nein, es trifft auch ältere, gestandene Männer:

Trennung wegen Onlinesucht
Listenbeitrag vom 26.03.2001, weiblich, anonymisiert

„Hallo,
erst seit neuestem bin ich im Internet. Kenne mich nicht aus und weiß nicht, ob ihr mir noch helfen könnt. So viele Fragen und keine Antworten. Warum hat er alles aufgegeben für eine Welt im Internet? Sein Kind, mich, seine Freunde und in absehbarer Zeit auch unsere Firma.

Es fing vor zwei Jahren an. Er mußte immer länger arbeiten. Ganze Tage und Nächte verbrachte er am PC. Seine Arbeit blieb liegen und mußte nachgeholt werden. Seine Schlafzeit ist teilweise nur ein bis zwei Stunden. Er schläft mittlerweile an Ampeln ein.

Ich habe versucht, im Guten sowie im Streit etwas zu ändern. Aber ich kam nicht dagegen an. War der PC nicht greifbar, so kamen die SMS.

(...)

Wir haben uns einmal sehr geliebt. Die Familie war sein Lebensinhalt. Auch Hobbys und viele Freunde hatten wir. Mittlerweile trifft er sich auch mit solchen Frauen. Was erwartet er zu finden? Das große Glück? Hat er vergessen, daß er es hatte? Glaubt seine Phantasie, daß die Frauen im Netz besondere Wesen sind und nicht die gleichen, die es auch in der Realität gibt?

Jetzt...?

Ich habe keine Kraft mehr. War beim Anwalt. Habe ihn gezwungen auszuziehen. Nächsten Monat kann er in seine neue Wohnung übersiedeln. Er versteht nicht, warum ich ihn nicht länger ertragen kann. Jedes Gespräch ist sinnlos. Er ist geistig schon lange nicht mehr bei uns. Nur noch seine Kontakte im Internet zählen für ihn.

(...)

Ich bin nur noch unglücklich. Verstehe die Welt und meinen Mann nicht mehr. Auch unser Kind leidet sehr unter dieser Situation.

(...)

Er ist 50 Jahre alt. Was für ein Leben erwartet ihn?

(...)

Ich weiß nicht, ob ich richtig gehandelt habe. Aber durch unsere Trennung sehe ich die einzige Chance für ihn und vielleicht für uns, daß er womöglich darüber nachdenkt, was er eigentlich tut.

(...)

Es tut sehr weh, einen geliebten Menschen durch eine Sucht zu verlieren, zu sehen, wie sie ihn negativ verändert. Ich kenne diesen Menschen nicht mehr. Sein ganzes Wesen hat sich total verändert. Mit was war ich 18 Jahre verheiratet?

(...)

Vielleicht schreibt Ihr mir oder sagt mir, wo ich für uns Hilfe finden kann.

Danke“

Hier dauerte es zwei Jahre, dort sind es neun Jahre. Und wer hier denkt: „typisch Mann“, der lese ganz schnell die Antwort auf diesen Text:

Online-Sexsucht / Zwanghaftes Runterladen von Pics Forumsbeitrag vom 08.03.2002, männlich, anonymisiert

„Hallo zusammen,

es fällt mir (m., 30) ziemlich schwer, das zu schreiben, aber ich tu's trotzdem.

Bin seit ca. neun Jahren auf der Suche nach Sex-Pics. Was heißt hier schon Suche. Ich hab das Gefühl, jedes Bild schon mal gesehen zu haben. Früher hatte ich noch meine Harddisk gefüllt. Aber sobald die Daten lokal sind, haben sie keinen Reiz mehr. So kann es vorkommen, daß ich, verteilt über einen Zeitraum von mehreren Monaten, immer wieder dieselben Bilder ansehe – immer online. Ein Witz ist das!

Tatsächlich hab ich's letzte Woche mal geschafft, zwei Tage offline zu sein. Wow! Ich hatte mir zwar geschworen, damit aufzuhören... na ja, konnte ich ja auch – für zwei Tage.

Eigentlich weiß ich auch nicht so recht, woher das Ganze kommt. Ich habe eine liebe Freundin (und habe auch sonst mit Frauen keine Mühe). Irgendwie ist das Ganze so eine Art Voyeurismus, gekoppelt mit Sucht.

Obwohl ich genau weiß, welche Bilder mich erwarten (ich weiß langsam, aber sicher, wie eine nackte Frau aussieht ;-), muß ich's trotzdem wieder ansehen. Interessant dabei ist auch, daß ich mir wirklich alles reinziehe. Auch wenn ich's uncool finde. So wie die Jagd nach dem ultimativen Bild. Nur gibt's das nicht.

Na ja, fast nicht: Es kommt alle zwei bis drei Wochen mal vor, daß ich ein faszinierendes Bild finde. Ich rede mir dann ein, daß sich die Sache nun doch gelohnt hat. Speichere ich das Bild jedoch, ist die Faszination weg (auch beim zweiten Mal Anschauen ist die Faszination weg, aber ich schau's halt trotzdem nochmals an). Der Gedanke, daß es nur in zweiter Linie um die Bilder geht, drängt sich irgendwie auf...

Ich bin mir da aber trotzdem nicht ganz sicher. Es könnte sich nämlich wirklich um einen Online-Voyeurismus handeln. Im Prinzip macht ja die Jagd nach dem Unbekannten Spaß. Das Unbekannte anzuschauen. Zu warten, was nach einem Mausklick wohl erscheint. (Ja, ich weiß, es tönt sogar für mich seltsam, obwohl ich es gerade geschrieben habe.)

Ja, das kommt eigentlich noch dazu: Ich weiß ja, daß mir das Ganze nicht gut tut. Ich trage sonst eigentlich sehr viel Sorge zu mir: wenig Alkohol, kein Rauchen, ich bin sehr gebildet, übergebildet?), treibe sehr intensiv Sport, bin beruflich erfolgreich, kann gut mit Menschen reden etc.

Diese Aufzählung dient nicht als Bluff, sondern nur, um mein Umfeld aufzuzeigen. Obwohl ich also weiß, daß mir die Jagd nach Bildern gar nicht guttut, tu ich's trotzdem. Gesundheitlich schlägt es sich im Umstand nieder, daß meine Verdauung ziemlich stark leidet. Dies ist wohl ein Problem der inneren Nervosität und eines ziemlich starken Schuldbewußtseins.

So ärgere ich mich nämlich ziemlich stark, wenn ich mal wieder nicht die Finger von der Sache lassen konnte. Die Schuldgefühle sind aber nicht irgendwie offen, sondern eher im Unterbewußtsein. Und genau dies führt wahrscheinlich auch zu den Bauchschmerzen und den Verdauungsproblemen.

Ich hatte mich bis heute auch nicht getraut, über die Sache zu reden oder zu schreiben, da ich etwas wie eine Hemmschwelle spüre. Selbst wenn ich es sagen will, verspüre ich eine starke Blockade, da ich Angst habe, auf Ablehnung zu stoßen (obwohl ich fast sicher bin, das dies bei meinen Kollegen/innen nicht der Fall wäre).

Ja, das ist also der eine Grund. Der andere Grund ist noch von viel perfiderer Natur: Eigentlich möcht ich ja gar nicht darüber reden, weil ich sonst aufhören müßte.' Das heißt, jemand könnte mich kontrollieren und mir unangenehme Fragen stellen (mein Umfeld ist leider so, daß es niemand merken kann, obwohl ich eine Freundin habe).

Aber das ist ja wohl die Hauptangst der Süchtigen: ihre Sucht zu verlieren. Diese Erkenntnis ist auch nicht von mir, sondern ich hab sie vor ein paar Wochen am TV vernommen. Auf jeden Fall muß ich sagen, daß gerade diese Erkenntnis mein erster Schritt zur Heilung ist. Mit dieser Erkenntnis läßt sich Sucht ziemlich schön charakterisieren (bin ja kein Fachmann, sondern das ist einfach meine naive Vorstellung als Laie, aber Hauptsache, es hilft).

Ich beschäftige mich nun auch seit geraumer Zeit mit dem Gedanken, einen Psychologen aufzusuchen, aber... ich hab einfach Angst. Angst, darüber zu reden. Wenn ich so rein objektiv über mein Problem nachdenke, find ich's ja nicht mal schlimm. Ich meine damit, daß, wenn ein Freund mit diesem Problem zu mir kommen würde, ich stundenlang mit ihm darüber diskutieren könnte. Ich weiß dies, weil ich jemanden mit einem anderen (aber ähnlichen) Problem kenne.

Aber da es nun mal mich selbst betrifft und ich eine Erziehung der alten Schule (Jungs weinen nicht, über Probleme spricht man nicht, Gefühle zeigen ist Schwäche etc.) genossen habe, tu ich mich echt schwer damit.

Nun ja, auf jeden Fall geht es mir jetzt im Moment schon recht gut (ich muß jetzt nur noch den Mut haben, um die Meldung zu schicken ;-). wahrscheinlich kommt ja keiner bis hierhin mit Lesen, da ich mich so fürchterlich ausführlich gefaßt habe.

Aber wenn doch, und wenn Ihr Ähnliches erlebt habt, laßt es mich wissen.

Th. m."

Antwort auf diesen Artikel
Forumsbeitrag vom 10.03.2002, weiblich, anonymisiert

„Hallo m.,

ich hab noch nie ein einziges Wort darüber verloren - weder mündlich noch schriftlich. Aber heute tu' ich's einfach. Du machst mir Mut, obwohl ich eine Frau bin... Denn weil ich eine Frau bin, erhoffe ich mir auch kein Verständnis. Ich erwarte also eher den Stempel ‚pervers'.

Eigentlich habe ich heute Informationen über Chatsucht gesucht. Bei verschiedenen mehr oder weniger nützlichen Fragebogen wird von einer Dauer von mindestens zwölf Monaten gesprochen, während der der Mensch gewisse Probleme im Zusammenhang mit dem Internet haben muß, um als süchtig zu gelten. Solange chatte ich aber noch nicht. Also nicht süchtig?

Dann wurde mir bewußt, daß ich eigentlich schon lange ähnliche Probleme habe, nämlich mit Porno-Sites. Dabei war es im Grunde dasselbe wie beim Chatten: Ich suche etwas, das ich wohl nicht finden werde. Dabei verbrauche ich Zeit, Geld (lade auch immer alles neu 'runter, verrückt ist das!), ich setze Job und Beziehungen zwischendurch aufs Spiel. Daß ich Mühe habe mit dem Einhalten von Chat-Zeiten, wissen meine Freunde eigentlich. Von Porno-Sites weiß nur ich etwas, bis jetzt. Ich schau' mir auch solche Porno-Sites an, die mich im Grunde gar nicht interessieren. Bei mir ist das phasenweise. Das macht es nicht leichter. Ich habe jeweils das Gefühl, alles im Griff zu haben im Umgang mit dem Internet. Wenn ich dann wieder stundenlang online war, schwör ich mir jedesmal, damit endgültig ganz aufzuhören, und ich glaub da auch noch dran!

Ja, mehr dazu gibt's nicht zu sagen im Moment. Vielleicht noch, daß ich nicht von Flirt- oder Sex-Chats rede und daß ich nicht das Gefühl habe, daß ich mit Männern Probleme hätte. Also wie bei Dir: Ich weiß eigentlich nicht so recht, woher das Ganze kommt. Eine Art Sucht, denk ich mal.

Ich bin auf weitere Reaktionen gespannt.

Q."

Antwort auf diesen Artikel
Forumsbeitrag vom 11.03.2002, weiblich

„Hallo m., hallo ‚Q',

ich bewundere und danke Euch für Eure Offenheit hier! Gerade diese ehrlichen Beiträge hier machen vielleicht dem einen oder anderen Mut, ebenfalls über sein (ähnliches?) Problem zu sprechen und es schließlich anzugehen.

Ob es Antworten gibt auf Eure Fragen? Ich hoffe es sehr und wünsche mir, daß auch die in dieses Forum schauen, die diese Antworten wirklich kompetent geben können.

Aus meiner Tätigkeit als Vorsitzende des ehemaligen HSO e.V. sind mir Eure Probleme mehr als bekannt. Es ist gar nicht so selten wie Ihr glaubt, daß sowohl Frauen als auch Männer diese Pornoseiten zwanghaft runterladen, einige haben ganze Schränke voller Aktenordner mit diesen Pics, und zwar einfach nur aus dem Grund, weil ‚sie sie einfach haben müssen'!

Da bei Dir, m., aber der gesundheitliche Aspekt (Verdauungsprobleme etc.) in Zusammenhang mit Deiner Abhängigkeit zu stehen scheint, kann ich Dir wirklich nur raten, schnellstens auch reale Hilfe zu suchen. Artet so etwas erst einmal in eine chronische Krankheit aus, wird alles noch schwerer. Deinen Zeilen entnehme ich, daß Du aus der Schweiz kommst. Wir haben dort in Zürich eine Anlaufstelle und einen Ansprechpartner, den ich Dir gern sehr empfehlen möchte, Du findest ihn unter unserem Menü ‚fachliche Hilfe'. Ich kenne Herrn E. persönlich und weiß, daß ihm Dein Problem auf keinen Fall fremd ist! Er ist auch nicht einer der ‚üblichen' Therapeuten, die uns manchmal mehr Angst einjagen als Mut machen ;-) also, raff Dich auf und schreibe ihm oder rufe ihn an. Ich denke, das solltest Du Dir wirklich wert sein! Bestell ihm einen lieben Gruß von mir.

Eine Diskussion hier darüber zu beginnen, was die Gründe für diese von Euch beiden beschriebene Verhaltensweise sind, dürfte wohl ins Uferlose laufen, aber letztlich findet Ihr die Antwort sicher nur, indem Ihr Euch selbst hinterfragt und selbst noch ein bißchen besser kennenlernt. Vielleicht hilft es aber ein bißchen, wenn Ihr wißt, daß Ihr keinesfalls ‚pervers' seid oder Schuldgefühle haben müßt deswegen. Ich glaube, daß in den meisten Menschen unbewußt etwas schlummert, das sie nicht in die Öffentlichkeit tragen wollen, weil es für unsere ‚ach so anständige Gesellschaft' ein neues, ungewohntes Thema ist – trotz aller Offenheit und scheinbarer (!) Toleranz.

Ich selbst habe vor Jahren erfahren, daß Moral und Erziehung in einer virtuellen Welt schnell verändert werden können. Plötzlich suchte ich nach etwas, von dem ich damals vor Wochen oder Monaten noch keine Ahnung hatte und was ich für mich selbst total abgelehnt hätte, und ganz gewiß veränderte ich mich und mein Verhalten auch, obwohl ich das nicht wollte. Letztlich – nach langer Zeit im Rückblick – muß ich sagen, daß vielleicht auch diese Erfahrung für meine heutigen Maßstäbe und Wertevorstellung wichtig war und ich daraus gelernt habe. Gelernt über mich selbst, meine Sehnsüchte und Wünsche, aber auch über meine

Grenzen. So gesehen hat also alles auch irgendwie seinen Sinn im Leben, denke ich.

Ich wünsche Euch beiden Antworten und viele gute Gespräche zu diesem Thema, die Euch weiterbringen. Vielleicht schreibt Ihr ja eines Tages mal wieder hier im Forum, daß Ihr es geschafft habt und Abstand gefunden habt von der Phase Eures Lebens, in der Euch eben diese Verhaltensweise selbst etwas fremd vorkam.

Alles Gute,
Gabriele Farke.“

Leiden die Menschen alle an ihrer Sucht? Oder ihre Angehörigen? Oh, nein! Lesen Sie selbst, von einer Frau sowie einem Mann:

Süchtig und froh darüber!
Forumsbeiträge vom 14.04.2003, männlich, anonymisiert

„Hallo,

vorweg gesagt bin ich meiner folgenden Aussage wohl bewußt, denn ich habe im Real life nur Ärger mit Menschen (gehabt). Online kann ich sie (die Masse Mensch) ignorieren und ‚ausschalten'. Das Internet ist der steuerbare Ersatz für Menschen wie mich, die dem Egoismus und der Selbstherrlichkeit der Menschen überdrüssig sind. Sehen wir es mal realistisch: Menschen sind verlogene, habgierige Geldgeier, die nur ihre Bereicherung bei Gut und Ruhm im Sinn haben. Die wenigen Ausnahmen sind dermaßen verstreut, daß man sie - um (m)einen Kreis zu schließen - nur im Netz findet. Ich verbringe sowohl im Beruf als auch im Privatleben mein Leben im Internet und vermisse das Real life nicht im geringsten. Im Gegenteil, ich brauche nur ca. 15 Minuten Menschen in der Großstadt zu beobachten, um - in meiner Meinung bestärkt - wieder hinter meinem PC zu verschwinden. Oberflächlich wird man auf Aussehen und Reichtum reduziert, und man muß täglich erleben, wie ‚klassenlos‘ (Ironie beachten!) diese Gesellschaft ist.

Auf diesem Wege möchte ich auch noch sagen, daß ich meine besten Freunde und Bekannten ONLINE kennengelernt habe - und (!) diese sogar in regelmäßigem Abstand real treffe.

Gemeinsame Hobbys sind dabei natürlich die Basis.

Aber eines möchte ich noch sagen: DAS soll KEIN Aufruf zum permanenten Onlinegehen sein - im Gegenteil. Ich unterstütze die Meinung der

Seitengründer als solche, daß vielen „Net-Junkies“ geholfen werden muß, da diese im Real life viel besser aufgehoben sind. Ich für mich habe jedenfalls schon seit langem die Hoffnung aufgegeben, daß ich nochmal soziale Kontakte (die es wert sind!) außerhalb des wwws finde.

Beste Grüße an alle und viel Glück an die, die ins Real life zurückwollen,

xy.“

Antwort weiblich, anonymisiert

„Hi,

kann Dich verstehen - ich verbringe im Moment im Schnitt am Tag zehn bis zwölf Stunden online... und ich finde, das Netz kann mir viel mehr bieten als das Real life. Man lernt die Leute auch viel besser kennen.

Im Netz werde ich einfach so akzeptiert, wie ich bin. Ich krieg nicht die ganze Zeit zu hören, das oder das solltest Du ändern, sondern werde einfach akzeptiert. Ich hab auch schon ein paar Leute, mit denen ich mich im Internet gut verstehe, persönlich kennengelernt - und wurde bisher von keinem im RL enttäuscht. Am Anfang, als ich zum ersten Mal einen aus dem Netz getroffen hatte, dachte ich, klar, mach Dir nicht zuviel Hoffnungen/Gedanken, theoretisch kann Dir im Netz jemand sonstwas vorlügen. Aber das war bei bisher keinem der Fall. Freundschaften, die sich bei mir bisher im Netz gebildet haben, haben das RL auch überlebt.

Eigentlich ist die ‚Onlinesucht‘ sogar was richtig Positives für mich.

Bevor ich einen Internetanschluß hatte, hab ich mich halt jeden Tag in Bücher oder vor dem Fernseher verkrochen, jetzt verbringe ich meine Zeit im Netz und unterhalte mich dort mit Leuten, die dieselben Hobbys haben wie ich oder dieselben Probleme... und fahr damit - denk ich mal - besser!!“

So, nach diesen Befürwortern jetzt die Studenten, denn der Bildungsstand spielt dabei auch keine Rolle. Zuerst eine Studentin:

Ich bin onlinesüchtig!
Forumsbeitrag vom 24.11.2003, weiblich, anonymisiert

„Hallo,

wie soll ich anfangen? Ich bin seit ungefähr drei Jahren chat- bzw. onlinesüchtig. Ich weiß das leider ganz genau, und ich brauche Tips, wie ich damit aufhören kann.

Also, ich bin jetzt 24 Jahre alt, und es fing damit an, daß ich das Internet in der Uni entdeckt habe. Damals hatten wir kein Internet zu Hause, also bin ich immer in die Uni gegangen zum Chatten.

Ich habe viele Leute im Chat kennengelernt, und es war am Anfang ja noch sehr lustig. Ich habe fleißig weiterstudiert, aber seit ca. zwei Jahren vernachlässige ich mein Studium total. Am Anfang war ich eine der besten Studenten und hätte mein Studium in sieben Semestern (Regelstudienzeit sind neun Semester) packen können.

Ja, irgendwann hatten wir Internet zu Hause (ich lebe bei meinen Eltern), also habe ich manchmal bis zu zehn Stunden am Tag gechattet. Damit meine Eltern mich nicht dauernd nerven, habe ich nach einem Internetcafé gesucht und LEIDER gefunden. Ich gebe am Tag bis zu 20 Euro aus in diesem Internet$^{ian}\frac{1}{2}$. Meine Eltern denken, daß ich in der Uni bin...

Wenn ich jetzt zusammenrechne, was ich hier ausgegeben habe, oh je. Ich könnte jetzt reich sein :(

Es nervt mich alles nur noch. Ich habe mir 100.000mal vorgenommen, endlich davon loszukommen, weniger ins Café zu gehen und endlich mit dem Studium weitermachen, aber wie soll es anders sein...ich schaff es nicht. Ich schiebe alles auf und kriege nichts hin. Das Semester ist wieder fast vorbei, und ich habe nicht eine Vorlesung besucht.

Na ja, und Freunde? Die vernachlässige ich total. Telefoniere recht selten, gehe kaum aus und denke mehr an meine Chatbekanntschaften. Das Chatleben ist für mich nur noch real, alles andere nehme ich nicht wahr.

Ich verbringe meine Zeit nur noch mit dem Chatten, im Internet Surfen und und und.

Ich bin wirklich eine Versagerin, was alles andere angeht. Vor allem lüge ich so viel. Alle im Chat denken, daß ich eine Musterstudentin bin, und meine Eltern und Freunde denken dasselbe. Immer fallen mir neue Ausreden ein: Wo ich war, wieso ich nicht fertig mit dem Studium bin, wofür ich so viel Geld ausgebe. Ich schäme mich so sehr für all diese Sachen. Ich habe kein richtiges Leben mehr. Ich habe drei Jahre meines Lebens verschenkt. Es ist wirklich so.

Ich hätte nie gedacht daß mir so was passieren kann. Es mag sich doof anhören, aber ich bin ein sehr hübsches Mädchen, war immer sehr modebewußt, habe es geliebt zu telefonieren, mit Freunden auszugehen, habe ein gutes Abitur, war immer sehr beliebt in der Schule und Uni. Ich habe zu den Coolen gehört. Zudem komme ich aus einer sehr guten und liebevollen Familie.

Ich weiß seit einiger Zeit, daß ich süchtig bin, und versuche es ja zu ändern. Abends weiß ich genau, daß ich damit aufhören will, aber am nächsten Tag bin ich wieder im InternetCAFÉ und chatte, schreibe, labere mir einen ab.

Sicherlich wird man mir hier empfehlen, zu einer Beratungsstelle zu gehen, aber das werde ich niemals machen. Ich kenne mich nur zu genau, ich werde es niemals zulassen, daß jemand in der realen Welt davon erfährt, und sei es auch nur ein Therapeut. Gestern habe ich in einer Zeitschrift diese Adresse gefunden. Ich erfülle eindeutig die Anzeichen dafür, daß ich internetsüchtig bin.

Könnt Ihr mir bitte helfen? Ich mache mich selbst damit kaputt. Ich will das alles nicht, ich will wieder so sein wie früher. Vor allem habe ich gemerkt, daß alle anderen Chatter, mit denen ich gechattet habe, eben nicht so sind wie ich. Sie haben es unter Kontrolle und leben ein wundervolles Leben. Die Chatter/innen, die ich am Anfang kennengelernt habe, chatten auch gar nicht mehr. Ich bin anscheinend die einzige von der alten ‚Chatclique', die noch chattet. Es kommen immer neue Chatter dazu...

Oh Gott, ich kann einfach nicht mehr. Ich stecke soviel Geld in diesen Mist, so viel Zeit...unglaublich.

Von einem Tag auf den anderen geht alles natürlich nicht. Ich wäre so glücklich, wenn ich am Tag eine Stunde chatten könnte. Das würde mich 3 Euro kosten und nicht 20 Euro!!! Ich könnte so viel unternehmen.

Wieso schaff ich es einfach nicht?

Danke fürs Lesen, und ich brauche wirklich Tips. Alleine pack ich es nicht.

Viele Grüße."

Nun ein Student:

Selbstbefriedigung am PC ...
Forumsbeitrag vom 26.01.2004, männlich, anonymisiert

„Hallo!

Ich bin 22 Jahre alt und studiere.

Mein Problem begann 1998, da ich zu dieser Zeit das erste Mal mit dem Internet in Berührung kam. Zu dieser Zeit schon spielte die Onlinezeit keine

Rolle (vom Geld her, meine ich). Sehr schnell landete ich bei Sexchats und lud mir alle erdenklichen Bilder herunter. Wie auch bei anderen, die hier posten, scheint es nur auf das Herunterladen anzukommen...

Anschauen, schön finden, runterladen...im Prinzip nie wieder anschauen... es ist ein Unterschied, ob man es sich auf seinem PC anschaut oder im Netz stöbert. Ich verbrachte damals viele Stunden vor dem PC.

Die Sache bei mir ist die, daß diese Sucht (ich denke schon, daß eine gewisse Sucht bei mir im Spiel ist) sich nur auf den Sex bezieht, in anderen Worten: Sobald ich ejakuliert habe, kann ich den PC abschalten und habe dann natürlich Schuldgefühle ... meine Zeit wieder so sinnlos verplempert zu haben. Damals (1998/99) habe ich das Ganze damit in Zusammenhang gebracht, daß ich frustriert war, keine Freundin zu bekommen. Seit Ende 1999 habe ich eine wundervolle Freundin.

Generell kann man sagen, daß mein Problem darin besteht, daß ich mir dabei immer einen runterhole und das so derart in die Länge ziehe, daß die ganze Nacht draufgehen kann. Fakt ist auch, daß ich nicht nervös bin, wenn ich es mal nicht machen kann, nur wenn ich dann erstmal am PC sitze, dann...Bilder/Chat...onanieren...und dann dauerts...

Ich halte es ohne Probleme ohne Internet aus (ohne auch nur einen Gedanken daran zu verschwenden...was ja eigentlich untypisch ist für eine suchtgefährdete Person)...zum Beispiel 2 Wochen, wenn ich im Urlaub bin...

Aber wenn ich erstmal wieder am PC sitze...dann geht's wieder los. Ich denke, meine Sucht bezieht sich darauf, sexuelle Stimuli zu bekommen, um gut onanieren zu können; meine Phantasie anzuregen. Ich habe mir auch schon oft Gedanken gemacht, ob es nicht nur der Drang ist, mal mit einer anderen Frau ins Bett zu gehen (weil ich auch viel auf den Voting-Seiten rumhänge...ich mag ehrliche Frauen kennenlernen und mit denen über Sex zu reden bzw. Cybersex zu machen).

Festzuhalten bleibt...sobald ich ejakuliert habe, ist es absolut vorbei...

Ich habe auch schon mehrmals probiert aufzuhören...das Beste wäre natürlich, Onanie und PC zu trennen, aber das ist verdammt schwer. Ich habe auch schon probiert, mir Zeitlimits zu setzen beim Onanieren...ohne großen Erfolg...

Ich gehe jetzt sicherlich sehr ins Detail, was nicht jeder hören will oder nicht jeden interessiert, aber bei mir ist es so, daß ich mich nicht mit meiner Hand stimuliere, sondern mit einem Kleidungsstück dazwischen meine Eichel reibe, das ist zum einen ein sehr schönes Gefühl, kann es aber sehr in die Länge ziehen, und man kann sich sehr wundreiben (zwölf Stunden). Ich habe schon einmal mehrere Wochen durchgehalten, auf die übliche Art und Weise zu onanieren...und dann habe ich mir einmal gesagt, es wieder auf diese Weise zu tun...und dann war es vorbei...

Meine Freundin weiß nicht, daß ich derart lange Cybersex mache, sie weiß aber z.B. auch, daß ich Sexbilder auf dem PC habe, aber das interessiert sie auch nicht. Ich liebe meine Freundin, und sexuell haben wir auch keine Probleme. Im Umgang mit Menschen habe ich auch keine...ich habe das Problem eben nur, wenn ich alleine an meinem PC sitze...

Was kann ich tun?"

Und nun eine Frau, die ähnliches von der anderen Seite erlebt hat und damit nicht leben kann. Allerdings bestand eine Ehe mit Kindern:

Sex-Onlinesucht

Forumsbeitrag vom 22.03.2004, weiblich, anonymisiert

„Hallo an alle Mädels, die hier ihr Herz ausschütten.

Ich habe dieses Forum rein zufällig gefunden, eigentlich war ich auf der Suche nach Tips für alleinerziehende Mütter, Selbsthilfegruppen etc.

Ja, auch ich gehöre dazu! Es klingt hier, als würden WIR uns outen, bisher dachte ich nicht, daß es überhaupt jemanden gibt, der das nachempfinden kann, was ich hinter mir gelassen habe.

Ich habe zwei Kinder mit diesem Mann – bin ihm nach 12jähriger ‚Musterehe' rein zufällig auf die Schliche gekommen. Auf die harte Tour, denn er hat meinen PC benutzt und wohl vergessen, die heruntergeladenen Dateien zu löschen. Er hat das Ganze mehr als sieben Jahre unserer Ehe extensiv betrieben. Internetseiten mit allem möglichen Porno-Kram, alles nicht herkömmlich, sondern ein paar Stufen härter (mit Tieren und ... für mich nur schockierend).

Dazu hat er – leider habe ich das auch zu spät gemerkt – regelmäßig ausgiebige ‚Gespräche' mit den 0190ern geführt, E-Mails mit ‚Nutten' im ganzen Bundesgebiet getauscht und wöchentlich ca. 800 DM an Bargeld verbraten. Mich angelogen, was Geld betrifft, mich angelogen auf meine Frage, warum er nicht mehr mit mir schlafen will, mich nicht mehr richtig küssen mag... Nicht in der Lage, mir in die Augen zu sehen und gottverdammtnochmal zuzugeben, was er für einen Bockmist baut, weil er es auf andere Art braucht. Nicht in der Lage zuzugeben, daß er sich daran ergötzt, daß es ‚*schwache - minderwertige Frauen*' gibt, die ihm für seine Bedürfnisse zu Diensten sind - er fühlt sich sooo groß und stark und verabscheut die Frauen dafür, daß sie ihm Befriedigung verschaffen.

Ja - zwei Kinder und ich, eine Hausfinanzierung und eine ‚glückliche Familie' am Ende. Warum habe ich mich soooo schmutzig gefühlt, warum habe ich die Schuld bei mir gesucht? Ich bin sicher nicht Claudia Schiffer, aber nicht unattraktiv - das weiß ich heute wieder. Heute fühle ich mich auch nicht mehr schmutzig... Die Frage nach dem WARUM bleibt! Ich bin nicht frigide, eine ganz normale Frau, die sich auch traut, über ihre Träume und Wünsche in sexueller Hinsicht zu reden - ist ja normal, wenn man seinen Mann liebt und begehrt. Ich küsse soo gerne ... bin sicherlich nicht langweilig im Bett.

Warum lassen Männer ihre Frauen links liegen und rubbeln sich täglich mehrfach einen vor dem PC?? Warum sind sie nicht fähig, sich zu artikulieren?

Ich habe versucht, mit meinem Ex zu reden - er war der Meinung, das sei nicht notwendig, er habe alles im Griff. Er hat nicht eine Sekunde darüber nachgedacht, was er uns und der Beziehung angetan hat. Er hat weitergemacht. Ich hatte nur noch eine Möglichkeit - ich bin gegangen.

Schön, daß ich die gemeinsamen Schulden auf unserem Girokonto, das zuletzt mit einem nahezu raketenartigen Trend in den Sollbereich lief, heute noch abzahlen darf.

Als ich raus war, haben mir meine Kinder erleichtert berichtet: ‚Sind wir froh, daß du jetzt endlich gemerkt hast, was der Papa da immer in seinem Büro macht.'

Nun mach ich mir nur noch Sorgen um die beiden: Was haben die mitbekommen, entwickeln die sich einigermaßen normal (was für Scheidungskinder ohnehin nicht zu erwarten sein wird, es gibt doch einige Probleme - die Kinderseelen leiden unter normalen Umständen schon ziemlich)?

Heute führt Herr ‚Saubermann' einen Scheidungskrieg erster Güte gegen mich. Da ich zum Glück auch überleben kann, ohne auf Kindesunterhalt von ihm warten zu müssen, kann er von mir aus noch eine Weile damit fortfahren. Ich habe den Respekt vor dieser Person längst verloren - auf diesem Wege verliere ich auch noch den restlichen Funken Respekt vor der Person als ‚Vater'.

Er ist nicht in der Lage, sein Leben in den Griff zu bekommen. Schade nur, daß ich zu spät gemerkt habe, warum. Eines weiß ich, Verständnis für einen Mann haben, der wegen vermeintlichem ‚Streß im Büro' im ehelichen Bett keinen mehr hochbekommt, werde ich nicht mehr! Ich habe auf die harte Tour gelernt, wo der Hase lang läuft. Allzu viel Vertrauen ist nicht gut, es wird nur ausgenutzt - Süchtige sind gut im Lügen, egal, ob Drogenabhängige oder Raucher (wie oft habe ich mir schon gesagt, ich kann mit dem Rauchen aufhören, kann es aber nicht).

Ich kann keinem Mann glauben, der sagt, er hört damit auf - er belügt sich selbst damit und die Frau, die ihn liebt, gleich mit.

Ohne gezielte professionelle Hilfe gibt es keinen Weg aus dieser Sucht, die rasend um sich greift, wie mir nun langsam bewußt wird. Was können wir Frauen dagegen unternehmen???

Vielleicht einfach mal etwas mehr Öffentlichkeit für dieses heikle Thema? Obwohl - unter Jungs ist das wohl inzwischen salonfähig.

Was also ist Ursache, was können wir tun, damit uns das nicht noch mal passiert??"

Das ist eine gute Frage. Allerdings ist die Antwort darauf nicht leicht und wahrscheinlich nur für den Einzelfall gültig. Nun kommt noch ein ganz junger Mensch:

Ich leide unter Computersucht... Forumsbeitrag vom 02.04.2004, weiblich, 15 Jahre, anonymisiert

„Hallo,

ich bin neu hier und bin bei der Suche nach Hilfe auf dieses Forum getroffen...

Also zu mir: Ich bin 15 und bin schon früh mit Computer/Konsole in Berührung gekommen, mit zehn saß ich schon stundenlang vorm Rechner ... Aber da hielt es sich noch in Grenzen, denn ich hatte noch Freizeit ... Aber jetzt habe ich DSL und schotte mich immer weiter ab ...

Ich sitze von Montag bis Freitag immer von 15 bis 24 Uhr vorm Rechner und am Wochenende den ganzen Tag (bis vier oder fünf Uhr nachts).

Am Anfang habe ich es selber gar nicht mitbekommen, bis meine Mutter mir sagte, daß ich doch mal was anderes machen sollte ... Ich geh selten bis gar nicht raus (nur, wenn's wichtig ist). Und ich weiß auch, daß das nicht so weitergehen kann, aber ich weiß nicht, was ich dagegen machen kann, denn ich weiß einfach nicht, was ich, außer am PC zu sitzen, noch machen könnte...

Ich hoffe, Ihr könnt mir etwas helfen, ich würde mich jedenfalls sehr freuen!"

Gleich im Anschluß ein ganz ähnlicher Fall. Diesmal aber aus Sicht der Mutter:

Meine Tochter ist seit Jahren onlinesüchtig! Forumsbeitrag vom 24.05.2004, weiblich, anonymisiert

„Endlich habe ich eine Stelle gefunden, wo ich über das Problem sprechen kann.

Meine Tochter ist 17 Jahre alt und hat jetzt die Realschule verlassen, ohne Abschluß und nur mit einem Abgangszeugnis, weil sie seit vier Jahren nur noch vor diesem Computer hängt. Sie ist inzwischen stark übergewichtig, weil sie vor lauter Frust nur noch gedankenlos ungesundes Essen in sich hineinstopft - meist auch vor dem PC. Ich habe keinerlei Einfluß auf sie, und es ist klar, daß sie auch kaum eine Lehrstelle findet ohne Schulabschluß. Freundinnen oder Freunde hat sie keine mehr, obwohl sie früher immer ein fröhliches Mädchen war und viel unternommen hat.

Ich habe alles versucht. Verbote, Druck, Erpressungen. Es hat nichts geholfen, sie hat mit Selbstmord gedroht. Da meine Tochter sowieso labil ist, habe ich keine Möglichkeit mehr, überhaupt noch etwas zu tun. Oder doch? Sie chattet mit wildfremden Männern und bildet sich manchmal sogar ein, verliebt zu sein.

Irgendwann lassen die Internetleute sie aber wieder fallen, und dann sitzt sie weinend vor dem PC. Kann das alles wahr sein? Was kann ich noch tun? Kein Mensch kann von mir verlangen, daß ich meine Tochter jetzt vor die Alternative stelle. Entweder sie hört auf zu chatten oder ich werfe sie raus? Dann kommt sie auf die schiefe Bahn!

Also, wer hilft? Mein Hausarzt sagt, sie muß eine Therapie machen, aber sie lacht mich nur aus. Wir leben in der Nähe von Köln. Gibt es hier eine Niederlassung des Vereins, der diesen Dienst hier anbietet?

Bitte helft mir (uns),
A."

Zum Abschluß ein Fall von Kriegsspiel- und allgemeiner Computersucht. Es verblüfft immer wieder, wie vollständig sich die betroffenen Menschen verändern:

Wenn er am PC sitzt, könnte seine Familie krepieren! Forumsbeitrag 09.07.2004, weiblich, anonymisiert

„Hallo Ihr!

Ich weiß nicht mehr, wie ich mich meinem Mann gegenüber verhalten soll.

Wir haben zwei Töchter (vier Jahre, fünf Monate) und sind seit fast fünf Jahren verheiratet. Als wir uns kennenlernten, war der PC Nebensache, jetzt ist die Familie Nebensache.

Er steht morgens auf trinkt seinen Kaffee am PC, dann geht er zur Arbeit bis abends. Wenn er endlich mal zwischen 18:00 und 21:00 nach Hause kommt, muß das Essen fertig sein. Wenn er fertig ist, setzt er sich an den PC, ohne zu warten, bis unsere Tochter oder ich auch fertig sind, aber die Kleine muß immer sitzen bleiben. Dort sitzt er dann, bis die Kids schlafen und er auch müde ist. Dann geht er auch ins Bett. So ist es Tag für Tag, und am Wochenende kommt er überhaupt nicht vom PC weg. Er sagt, es sei sein Hobby, aber ich glaube, es ist noch mehr.

Seit einiger Zeit zieht er sich auch Pornos rein, mit der Begründung, daß ich nicht will. Aber ist es so schwer zu verstehen? Den ganzen Tag die Kids, den Haushalt, und er läßt ja auch alles nur liegen.

Ich habe ihm schon oft mit Trennung gedroht, aber ich will nicht, daß meine Kids ohne Papa aufwachsen müssen. Er trinkt auch ziemlich viel (Baustelle), dadurch ist er auch sehr aggressiv. Als ich letztens wirklich ausziehen wollte, habe ich gemerkt, daß wir ihm doch wichtig sind, aber geändert hat sich nichts. Zum Beispiel hat er noch immer nicht das Babybett richtig aufgebaut, und alleine kann man das nicht. Er hat keine Zeit, klar, die muß er vor dem PC sitzen.

Er kümmert sich weder um die Kids noch um mich. Wir haben kein Auto, aber ich muß alleine mit zwei Kids einkaufen gehen, seine Zeit ist von der Arbeit so knapp bemessen, daß er die nicht auch noch verschwenden will. Ist das normal, oder bin ich nur zu blöd??

Oftmals hat er mich vor den Kids beleidigt (blöde Kuh, fremd-‚ficken'). Ich frag mich langsam schon, wie man so einen Menschen lieben kann. Er denkt nur an sich und seinen PC. Seiner Familie schenkt er nichts (Geburtstag, Weihnachten), aber er hat in einem Monat 1500,- Euro für seinen PC rausgeworfen, er hat ja jetzt auch drei! Ich weiß genau, wenn ich ihn vor die Wahl stellen würde, PC oder Familie, würde er sich für seinen PC entscheiden. Mich behandelt er wie Dreck, seinen PC wie eine Göttin.

Ich habe ihn damals anders kennengelernt, sonst wären wir nie zusammengekommen, er hat damals sehr um mich gekämpft. Ich weiß nicht mehr, was ich tun soll, hat unsere Ehe noch eine Chance, oder soll ich ihn aufgeben? Er spielt auch seine Kriegsspielchen, wenn unsere große Tochter danebensteht. Wenn ich dann was sage, dann soll sie halt weggehen. Bei jeder Bitte, die ich an ihn richte, tut er voll genervt, weil er dann seinen PC verlassen müßte.

Letztens sollte er kurz nach den Mädels schauen, da ich sein Essen gemacht (täglich Fleisch muß sein) habe. Natürlich saß er am Rechner, als er nicht gemerkt hat, daß die Große ständig vom Sofa auf den Boden gehüpft ist, auf dem aber das Baby lag. Natürlich ist sie irgendwann auf das Baby gefallen. Zum Glück ist nichts passiert, aber das hätte man doch vermeiden können, indem er einfach ein wenig geschaut hätte. Aber nein, die Große wird bestraft, und ihn trifft keine Schuld. Ich dachte, er hätte was gelernt, aber alles blieb beim alten.

Wenn er am PC sitzt (immer, wenn er zu Hause ist), kann die Welt untergehen oder auch seine Familie krepieren, er würde es nicht mal merken!

Ich würde mich über viele Tips und Antworten freuen, da ich schon kurz davor stehe durchzudrehen."

Interviewer und Autoren

Katharina von Bechtolsheim, geb. 1967 in Würzburg, Studium der Slawistik in Berlin und Petersburg, Ausbildung zur Klassenlehrerin am Waldorflehrerseminar Kiel, Ausbildung zur heilpädagogischen Lehrerin in Hamburg, Russisch- und Klassenlehrerin an der Freien Schule Hitzakker, seit August 2004 Klassenlehrerin an der FWS Berlin Kreuzberg.

Renate Hasselberg, geb. 1946. Ausgebildete Krankenschwester. Tätigkeit in der Psychiatrie am Gemeinschaftskrankenhaus Herdecke. Studium der Waldorfpädagogik in Dornach/Schweiz und Zusatzstudium der Psychotherapie. Fortbildung zum Schul- und Entwicklungsbegleiter in anthroposophischen Einrichtungen und Kindergärten.

Dr. Dr. Wolf-Ulrich Klünker, geb. 1955 in Holzminden. Begründer der Delos-Forschungsstelle für Psychologie in Berlin, Leiter der Turmalin-Stiftung (bei Lübeck) und Vorstandsmitglied der Anthroposophischen Gesellschaft in Deutschland. Veröffentlichungen auf den Gebieten Geistesgeschichte, Psychologie und therapeutische Menschenkunde.

Henning Kullack-Ublick, geb. 1955 in Buenos Aires; verheiratet, vier Kinder, Klassenlehrer an der Flensburger Waldorfschule, Seminartätigkeit zu Sucht- und Drogenfragen, Initiator der Aktion mündige Schule: www.freie-schule.de

Dierk Lorenz, geb. 1958 in Hamburg. Seit 1993 in einer Einrichtung der anthroposophischen Sozialtherapie in der Betreuungsarbeit mit geistig behinderten Menschen, seit 2000 als Autor für die Zeitschrift *Info3* tätig.

Gottfried Stockmar, geb. 1954, Ausbildung zum Heilerzieher, 1978-1982 Arbeit als Heilpädagoge; Mitbegründung des Seminars für Anthroposophie in Hamburg; Mitarbeit in der Anthroposophischen Gesellschaft in Deutschland; Begründung einer Freiheitsstiftung; Dozent am Waldorflehrerseminar in Hamburg und in der heilpädagogischen Ausbildung.

Wolfgang Weirauch, geb. 1953 in Flensburg, Studium der Politik und Germanistik (Staatsexamen für das Lehramt Realschule) und der Theologie an der Freien Hochschule der Christengemeinschaft. Herausgeber der Flensburger Hefte, Politiklehrer an der WS Flensburg, Vortragsredner, Mitarbeiter beim Fernstudium Waldorfpädagogik & Coaching e.V.

Jesaiah Ben-Aharon
Die globale Verantwortung der USA
Individuation, Initiation und Dreigliederung
ca. 130 S., kt., EUR 15,–
ISBN 3-935679-19-X

Johannes Rogalla von Bieberstein
Die These von der Verschwörung 1776–1945
Philosophen, Freimaurer, Juden, Liberale und Sozialisten als Verschwörer gegen die Sozialordnung
216 S., kt., EUR 17,–
ISBN 3-926841-36-2

Jimmy Carter
Frieden schaffen im Gespräch
Ein Impuls für die nächste Generation
206 S., kt., EUR 17,–
ISBN 3-926841-71-0

Carola Cutomo
Medialität, Besessenheit, Wahnsinn
188 S., kt., EUR 11,–
ISBN 3-926841-19-2

Hans-Diedrich Fuhlendorf
Rückkehr zum Paradies oder Erbauen des Neuen Jerusalem?
Geschichtsbetrachtungen in apokalyptischer Zeit
352 S., kt., EUR 20,–
ISBN 3-926841-37-0

Wolfgang Gädeke
Anthroposophie und die Fortbildung der Religion
448 S.
Leinen, EUR 25,–
ISBN 3-926841-23-0
kt., EUR 19,–
ISBN 3-926841-24-9

Ludger Helming-Jacoby
Zeugnissprüche
und Sprüche aus dem Hauptunterricht einer Waldorfschule
2. Aufl., 188 S., kt., EUR 15,–
ISBN 3-926841-95-8

Dieter Hornemann
Geheimnisvolles Afrika
Anthroposophische Arbeit im Urwald
102 S., 32 farb. Abb., kt., EUR 14,–
ISBN 3-926841-60-5

Johannes Kiersch
Argumente für die Waldorfschule
Die Antwort auf PISA
2. veränd. Auflage, 160 S., kt., EUR 15,–
ISBN 3-926841-33-8

Peter Krause
Das Judasproblem
Von den spirituellen Hintergründen der Gewalt
128 S., kt., EUR 11,–
ISBN 3-926841-38-9

Peter Krause
Feuer in Tschernobyl
Die Ukraine nach dem SuperGAU
168 S., 37 farb. Abb., kt., EUR 15,–
ISBN 3-926841-58-3

Peter Krause, Faustus Falkenhahn (Hg.)
Einsam – gemeinsam
Jugend im Gespräch
192 S., kt., EUR 12,–
ISBN 3-926841-43-5

Henning Kullak-Ublick (Hg.)
Erziehung zur Freiheit – in Freiheit
Aktion mündige Schule
160 S., 15 farb. Abb., kt.,, EUR 10,–
ISBN 3-926841-94-X

Andreas Meyer (Hg.)
Seele und Geist
Ansätze zu einer spirituellen Seelentherapie
160 S., kt., EUR 14,–
ISBN 3-926841-47-8

FH = Flensburger Hefte

Hans Philippsen
Götter, Hexen und Naturgeister
Sagen und Sagenhaftes der Insel Föhr
144 S., 16 farb. Abb., kt., EUR 13,–
ISBN 3-926841-84-2

Sidney Saylor Farr
Tom Sawyers Nah-Todeserfahrung und die Wandlung seines Lebens
2. Aufl., 204 S., kt., EUR 17,–
ISBN 3-926841-82-6

Wolfgang Weirauch
Im Spiegel der Finsternis
Roman für Jugendliche und Erwachsene. Ab 13 Jahren.
252 S., geb. EUR 17,–
ISBN 3-926841-86-9

Verena Staël von Holstein, Friedrich Pfannenschmidt (Hg.)
Gespräche mit Müller
Feinstofflicher Austausch mit Geistwesenheiten.
Band 1 und 2
Band 1: 324 S., geb. EUR 22,–
ISBN 3-935679-11-4
Band 2: 344 S., geb. EUR 22,–
ISBN 3-935679-12-2

FH 11
Über Tod und Sterben
4. Aufl., 232 S., kt., EUR 15,–
ISBN 3-926841-11-7

FH 13
Hexen, New Age, Okkultismus
3. Aufl., 196 S., kt., EUR 13,–
ISBN 3-926841-08-7

FH 14
Erneuerung der Religion
Die Christengemeinschaft, Sakramente, Kirche und Kultus
4. Aufl., 184 S., kt., EUR 12,–
ISBN 3-926841-07-9

So = Flensburger Hefte Sonderhefte

FH 15
Waldorfschule und Anthroposophie
3. Aufl., 132 S.,
kt., EUR 8,–
ISBN 3-926841-00-1

FH 16
Kulturvergiftung: Rauschgift, Sucht und Therapie
2. Aufl., 228 S.,
kt., EUR 12,–
ISBN 3-926841-21-4

FH 17
Kulturvergiftung: Alkohol
2. Aufl., 160 S.,
kt., EUR 12,–
ISBN 3-926841-34-6

FH 18
Biologisch-dynamische Landwirtschaft, Ökologie, Ernährung
2. Aufl., 184 S.,
kt., EUR 13,–
ISBN 3-926841-03-6

FH 19
Musik
2. Aufl., 184 S., kt., EUR 12,–
ISBN 3-926841-06-0

FH 20
Sexualität, Aids, Prostitution
2. Aufl., 170 S., kt., EUR 12,–
ISBN 3-926841-09-5

FH 22
Erkenntnis und Religion
Zum Verhältnis von Anthroposophischer Gesellschaft und Christengemeinschaft
132 S., kt., EUR 12,–
ISBN 3-926841-13-3

FH 23
Engel
3. Aufl., 196 S.,
9 farb. Abb., kt., EUR 15,–
ISBN 3-926841-15-X

Siehe auch die folgende Seite.

FH 24
Direkte Demokratie / 1789–1989
240 S., kt., EUR 12,–
ISBN 3-926841-16-8

FH 25
Rechtsleben und soziale Zukunftsimpulse
Von der Dreigliederungsidee Rudolf Steiners zur Volksgesetzgebung
244 S., kt., EUR 12,–
ISBN 3-926841-17-6

FH 26
Michael
Januskopf Bundesrepublik
184 S., 8 farb. Abb.,
kt., EUR 12,–
ISBN 3-926841-22-2

FH 27
Strafprozeß, Strafvollzug, Resozialisierung
224 S., kt., EUR 12,–
ISBN 3-926841-20-6

FH 28
Naturwissenschaft und Ethik
204 S., kt., EUR 12,–
ISBN 3-926841-25-7

FH 29
Freie Schule
248 S., kt., EUR 13,–
ISBN 3-926841-28-1

FH 30
Märchen
2. Aufl., 212 S.,
kt., EUR 15,–
ISBN 3-926841-29-X

FH 31
Biographiearbeit
5. Aufl., 232 S.,
7 farb. Abb., kt., EUR 15,–
ISBN 3-926841-31-1

www.flensburgerhefte.de

FH 32
Anthroposophen und Nationalsozialismus
168 S., kt., EUR 12,–
ISBN 3-926841-32-X

FH 33
Destruktive Kulte, schwarze Magie, Sexualmagie
232 S., kt., EUR 14,–
ISBN 3-926841-40-0

FH 34
Alte und neue Seelenfähigkeiten
192 S., kt., EUR 13,–
ISBN 3-926841-41-9

FH 35
Die Christengemeinschaft heute
Anspruch und Wirklichkeit
212 S., kt., EUR 13,–
ISBN 3-926841-42-7

FH 36
Schwangerschaftsabbruch
212 S., kt., EUR 14,–
ISBN 3-926841-44-3

FH 37
Indianer
212 S., 6 farb. Abb., kt., EUR 14,–
ISBN 3-926841-45-1

FH 38
Konfliktbewältigung
2. Aufl., 220 S., 10 farb. Abb., kt., EUR 14,–
ISBN 3-926841-50-8

FH 39
Christus
184 S., 16 farb. Abb.,
kt., EUR 14,–
ISBN 3-926841-51-6

FH 40
Ausländerhaß, Nationalismus, Rassismus
188 S., 13 farb. Abb.,
kt., EUR 14,–
ISBN 3-926841-52-4

Abo- und Bezugsbedingungen s. Impressum, 2. Umschlagseite. Alle Titel auch im Buchhandel erhältlich. Preisänderungen vorbehalten.

FH 41
Anthroposophie und Rassismus
212 S., kt., EUR 14,–
ISBN 3-926841-54-0

FH 42
Sind wir noch zu retten?
Zerstörung oder Verwandlung der Erde?
224 S., 26 farb. Abb., kt., EUR 14,–
ISBN 3-926841-56-7

FH 43
Gebet heute
168 S., kt., EUR 14,–
ISBN 3-926841-57-5

FH 44
Scheidung – warum?
Partnerschaftsprobleme und ihre Bewältigung
2. Aufl., 228 S., 11 farb. Abb., kt., EUR 15,–
ISBN 3-926841-59-1

FH 45
Hüter der Schwelle
Der Mensch am Abgrund
172 S., kt., EUR 14,–
ISBN 3-926841-61-3

FH 46
Jugendideale
208 S., kt., EUR 14,–
ISBN 3-926841-62-1

FH 47
Übungen zur Selbsterziehung
2. Aufl., 216 S., 16 farb. Abb., kt., EUR 15,–
ISBN 3-926841-65-6

FH 48
Angst
188 S., 16 farb. Abb., kt., EUR 14,–
ISBN 3-926841-66-4

FH 49
Depression
200 S., 8 farb. Abb., kt., EUR 14,–
ISBN 3-926841-67-2

FH 50
Erziehung
188 S., 8 farb. Abb., kt., EUR 14,–
ISBN 3-926841-68-0

FH 51
Nah-Todeserfahrungen
Rückkehr zum Leben
2. Aufl., 180 S., kt., EUR 15,–
ISBN 3-926841-72-9

FH 52
Auferstehung
Von der Gegenwart Christi
168 S., 8 farb. Abb., kt., EUR 15,–
ISBN 3-926841-73-7

FH 53
Gedächtnis und Erinnerung
184 S., kt., EUR 15,–
ISBN 3-926841-74-5

FH 54
Ernährungsfragen
176 S., kt., EUR 15,–
ISBN 3-926841-75-3

FH 56
Über Reinkarnation und Karma
Erfahrungen früherer Erdenleben
188 S., kt., EUR 15,–
ISBN 3-926841-78-8

FH 55
Naturgeister
Vom Wirken der Elementarwesen
2. Aufl., 192 S., 16 farb. Abb., kt., EUR 15,–
ISBN 3-926841-76-1

FH = Flensburger Hefte

FH 57
Die Welt im Umbruch
Globalisierung und Kampf aller gegen alle
196 S., 29 farb. Abb., kt., EUR 15,–
ISBN 3-926841-79-6

FH 58
Wirkungen der Musik
204 S., kt., EUR 15,–
ISBN 3-926841-80-X

FH 59
Umgang mit dem Sterben
204 S., 8 farb. Abb., kt., EUR 15,–
ISBN 3-926841-81-8

FH 60
Die Impulse des Bösen am Jahrtausendende
196 S., kt., EUR 15,–
ISBN 3-926841-83-4

FH 61
Die Hintergründe von 666
196 S., 8 farb. Abb., kt., EUR 15,–
ISBN 3-926841-85-0

FH 62
Arbeitslosigkeit
Weg ins Ungewisse
184 S., kt., EUR 15,–
ISBN 3-926841-87-7

FH 63
Feldzug gegen Rudolf Steiner
Über O.T.O.-, Rassismusvorwürfe und Angriffe auf die Waldorfschulen
240 S., kt., EUR 15,–
ISBN 3-926841-88-5

FH 64
Liebe – Die Sonne der Welt
200 S., 8 farb. Abb., kt., EUR 15,–
ISBN 3-926841-90-7

So = Flensburger Hefte Sonderhefte

FH 65
Doppelgänger
Der Mensch und sein Schatten
228 S., 8 farb. Abb., kt., EUR 15,–
ISBN 3-926841-91-5

FH 66
Hellsehen
Der Blick über die Schwelle
192 S., kt., EUR 15,–
ISBN 3-926841-92-3

FH 67
Esko Jalkanen – der Heiler aus dem Norden
Vom Zauber finnischer und baltischer Kultur
184 S., 19 farb. Abb., kt., EUR 15,–
ISBN 3-926841-89-3

FH 68
Liebe Leben
Homosexualität und die Vielfalt der Lebensformen in Zeiten der Individualisierung
192 S., kt., EUR 15,–
ISBN 3-926841-93-1

FH 69
Islamische Impressionen
Brücken zwischen Orient und Okzident
228 S., 12 farb. Abb., kt., EUR 15,–
ISBN 3-926841-96-6

FH 70
Träume
Was wollen sie uns sagen?
192 S., kt., EUR 15,–
ISBN 3-926841-97-4

FH 71
Einblicke in die Anthroposophie
200 S., kt., EUR 15,–
ISBN 3-926841-99-0

Siehe auch die folgende Seite.

FH 72
Es ist an der Zeit
Aspekte der Anthroposophie
216 S., kt., EUR 15,–
ISBN 3-935679-00-9

FH 73
Eurythmie
Aufbruch oder Ende einer jungen Kunst?
204 S., 12 farb. Abb., kt., EUR 15,–
ISBN 3-935679-01-7

FH 74
Abgründe und Chancen in Zeiten des Egoismus
192 S., kt., EUR 15,–
ISBN 3-935679-02-5

FH 75
Einsamkeit
Wege des Ich
216 S., 20 farb. Abb., kt., EUR 15,–
ISBN 3-935679-04-1

FH 76
Kampf der Kulturen?
Eine andere Welt ist möglich
204 S., kt., EUR 15,–
ISBN 3-935679-06-8

FH 77
Gegen das Elend der Welt
Eine Reise nach Afghanistan
200 S., 16 farb. Abb., kt., EUR 15,–
ISBN 3-935679-07-6

FH 78
Familie im Wandel
192 S., kt., EUR 15,–
ISBN 3-935679-08-4

FH 79
Was die Naturgeister uns sagen
Im Interview direkt befragt
3. Aufl., 208 S., kt., EUR 15,–
ISBN 3-935679-09-2

FH 80
Neue Gespräche mit den Naturgeistern
2. Aufl., 196 S., kt., EUR 15,–
ISBN 3-935679-10-6

www.flensburgerhefte.de

FH 81
Die neue Weltordnung
Der Irak-Krieg und seine Folgen
200 S., kt., EUR 15,–
ISBN 3-935679-13-0

FH 82
Aspekte anthroposophischer Psychotherapie
208 S., kt., EUR 15,–
ISBN 3-935679-14-9

FH 83
Werte
Was bestimmt unser Tun und Lassen?
228 S., kt., EUR 15,–
ISBN 3-935679-15-7

FH 84
Eine andere Welt erbauen
Das WeltSozialForum in Mumbai
244 S., kt., EUR 15,–
ISBN 3-935679-16-5

FH 85
Sucht
Neue Drogenwirkungen, Onlinesucht, Beziehungsucht
240 S., kt., EUR 15,–
ISBN 3-935679-20-3

So 1
Partnerschaft und Ehe
5. Aufl., 212 S., kt., EUR 15,–
ISBN 3-926841-04-4

So 2
Das Geheimnis der EAP
212 S., kt., EUR 9,–
ISBN 3-926841-05-2

So 4
Partnerschaft und Ehe II – Briefe
2. Aufl., 72 S., kt., EUR 8,–
ISBN 3-926841-14-1

Abo- und Bezugsbedingungen s. Impressum, 2. Umschlagseite. Alle Titel auch im Buchhandel erhältlich. Preisänderungen vorbehalten.

So 5
Volkssouveränität und Volksgesetzgebung
Die Kernpunkte der Demokratiefrage
338 S., kt., EUR 14,–
ISBN 3-926841-18-4

So 7
Kunst
368 S., 25 farb. Abb., kt., EUR 16,–
ISBN 3-926841-26-5

So 8
Anthroposophen in der Zeit des deutschen Faschismus
164 S., kt., EUR 12,–
ISBN 3-926841-27-3

So 9
Zehn Jahre real-existierendes freies Geistesleben
Zur Geschichte der Gädeke-Studie
92 S., kt., EUR 12,–
ISBN 3-926841-39-7

So 10
Biographiearbeit II
Grundlagen, Praxis, Ausbildungen
2. Aufl., 184 S.,
8 farb. Abb., kt., EUR 15,–
ISBN 3-926841-48-6

So 12
Schwarze und weiße Magie
Von Satan zu Christus
2. Aufl., 184 S., kt., EUR 14,–
ISBN 3-926841-55-9

So 13
Waldorfschulen in Not
244 S., kt., EUR 14,–
ISBN 3-926841-63-X

So 14
Mensch und Computer
156 S., kt., EUR 14,–
ISBN 3-926841-64-8

So 16
Die Schande Europas
Der Krieg auf dem Balkan
200 S., kt., EUR 15,–
ISBN 3-926841-70-2

So 17
Ita Wegman und die Anthroposophie
Ein Gespräch mit Emanuel Zeylmans
216 S., kt., EUR 16,–
ISBN 3-926841-77-X

So 18
Erfahrungen im Umgang mit Tod und Sterben
Beiträge von Leserinnen und Lesern
180 S., kt., EUR 15,–
ISBN 3-926841-98-2

So 19
Die Welt am Abgrund
Jeder Mensch eine Bombe?
200 S., kt., EUR 15,–
ISBN 3-935679-03-3

So 20
Wortgetreu und unverfälscht?
Haben wir in der Gesamtausgabe Texte Rudolf Steiners?
76 S., kt., EUR 8,–
ISBN 3-935679-05-X

So 21
Naturgeister 3
Von Rauchwesen, Wiesenwesen, Torfwesen und Maschinenwesen
196 S., kt., EUR 15,–
ISBN 3-935679-17-3

So 22
Naturgeister 4
Fragenkompendium
erscheint in Kürze
ca. 180 S., kt., EUR 15,–
ISBN 3-935679-18-1